国家棉花市场监测系统

· 国家电子政务工程重点项目

· 中国棉花行业市场监测与信息发布权威渠道

· 中储棉花信息中心有限公司承担建设与运行管理任务

监测系统依托监测网络体系开展监测工作。目前监测网络体系包括国家棉花监测网络信息中心（即中储棉花信息中心有限公司）、22个区域办事机构、163个监测站及1895个监测点四个层次。为进一步提升监测工作水平，监测网络体系仍在不断扩展中。

现有监测指标体系包括棉花价格、生产、购销、库存、国际市场、进出口、纺织品市场七个方面，通过23张监测报表（包括日报、周报表、月报表和专题调查报表）及动态信息监测平台开展监测。经过不断努力，目前监测系统已经能够有效地反映市场变化，积极开展各项监测工作，形成了丰富的监测成果，监测质量在国内外同类机构中处于领先水平。监测系统在不断扩大监测范围、完善数据采集方式、强化数据应用与共享，以主动适应宏观经济环境和国内外棉花市场格局的变化。

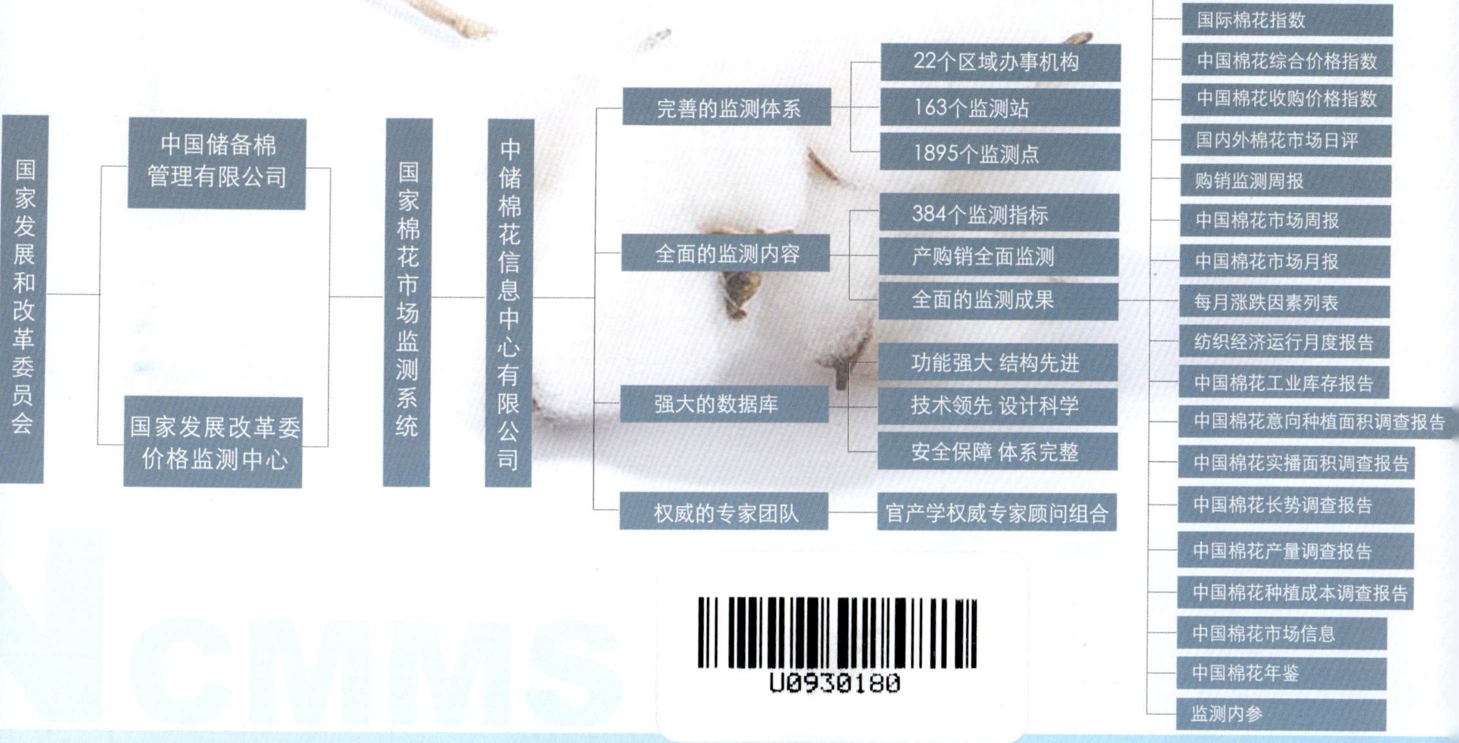

地址：北京市海淀区紫竹院路116号嘉豪国际中心B座15层　　网址：http://www.cncotton.com
电话：010-58931122-267　　传真：010-58931133　　邮政编码：100097

中国储备棉管理有限公司
China National Cotton Reserves Ltd. Company

中国储备棉管理有限公司（简称中储棉公司）成立于2003年，总部位于北京，是执行国家宏观调控政策的国有独资公司，2016年11月整体并入中储粮集团公司，成为中储粮集团全资专业化子公司。中储棉公司具体负责国家储备棉的经营管理，承担中央直属棉花储备库建设任务，履行保护棉农利益、保障纺织供应、稳定棉花市场的职责。中储棉公司下辖25家直属企业，其中仓储类企业19家，非仓储类企业3家，中央棉库建设单位3家，截至2019年底，公司资产总额1118.22亿元。中储棉公司自成立以来，认真落实国家下达的宏观调控任务，累计吞吐储备棉花总量4202万吨，有效平衡了国内棉花产需供求，平稳了棉花市场价格，为国家供给侧结构性改革作出积极贡献，促进了棉花及纺织产业持续健康发展。

经营范围

BUSINESS SCOPE

国家储备棉的购销、存储、加工、进口及物流运输；仓储设施的租赁、服务；棉花储备库的建设、维修、管理；以及相关信息的信息咨询服务。

经营宗旨

BUSINESS AIM

确保国家储备棉数量真实、质量良好、储存安全、调运畅通，确保国家储备棉储得进、管得好、调得动、用得上，维护国家利益，服务宏观调控；强化管理，搞活经营，不断提高国家储备棉的经营管理水平和经济效益，确保国有资产保值增值。

全资子企业

SUBSIDIARY COMPANY

中储棉徐州有限公司
中储棉漯河有限公司
中储棉九江有限公司
中储棉武汉有限公司
中储棉阜阳有限公司
中储棉盐城有限公司
中储棉绍兴有限公司
中储棉岳阳有限公司
中储棉兰州有限公司
中储棉西安有限公司
中储棉菏泽有限公司
中储棉山东诸城有限公司
中储棉如皋有限公司
中储棉永安有限公司
中储棉四川有限责任公司
中储棉阿克苏有限责任公司
中储棉乌鲁木齐有限责任公司
中储棉新疆有限责任公司
中储棉花信息中心有限公司
华远盈盛有限公司

控股公司

HOLDING COMPANY

中储棉库尔勒有限责任公司
中储棉广东有限责任公司
天津中储棉有限公司
中储棉青岛有限公司
中储棉德州有限责任公司

地址：北京市西城区华远街17号
邮编：100032
电话：010-83326505

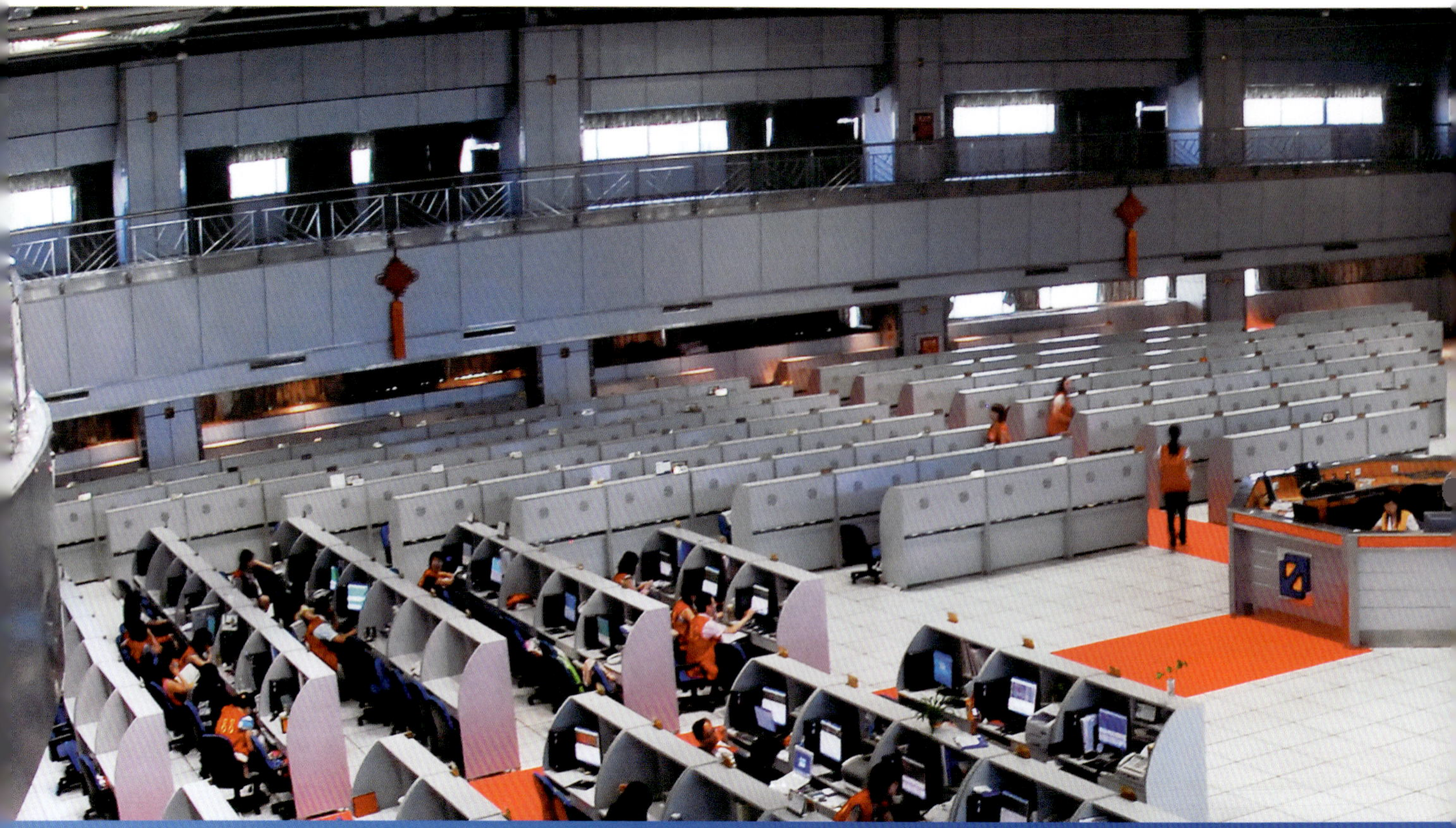

郑州商品交易所简介

郑州商品交易所（以下简称郑商所）成立于1990年10月，是国务院批准成立的首家期货市场试点单位，由中国证监会管理。

郑商所按照《期货交易管理条例》和《期货交易所管理办法》履行职能。依据《郑州商品交易所章程》《郑州商品交易所交易规则》及其实施细则和办法实行自律性管理。遵循公开、公平、公正和诚实信用的原则，为期货合约集中竞价交易提供场所、设施及相关服务，对期货交易进行市场一线监管，防范市场风险，安全组织交易。

郑商所实行会员制。会员大会是郑商所权力机构，由全体会员组成。理事会是会员大会常设机构，下设咨询顾问委员会和品种、交易、监察、自律管理、财务与审计、技术、风险管理等7个专门委员会。目前共有会员164家，指定交割仓（厂）库292家，指定保证金存管银行14家。

郑商所内设办公室、党委办公室（理事会办公室/监事会办公室）、农产品部、非农产品部、期货衍生品部、市场服务部、会员部、交易部、结算部、交割部、市场监察部、系统运行中心、法律合规部、新闻信息部、国际合作部（港澳台办公室）、人力资源部（党委组织部）、财务部、行政部（安全保卫部）、内审部、纪检办公室等20个职能部门，北京研发中心、上海服务与发展中心和乌鲁木齐服务与发展中心等3个分支机构，易盛信息技术有限公司、郑州商品交易所期货及衍生品研究所有限公司、未来大酒店和未来商业运营有限公司等4个下属单位。现有正式员工340人。

郑商所目前上市交易普通小麦、优质强筋小麦、早籼稻、晚籼稻、粳稻、棉花、棉纱、油菜籽、菜籽油、菜籽粕、白糖、苹果、红枣、动力煤、甲醇、精对苯二甲酸（PTA）、玻璃、硅铁、锰硅、尿素、纯碱21个期货品种和白糖、棉花、PTA、甲醇、菜粕5个期权，范围覆盖粮、棉、油、糖、果和能源、化工、纺织、冶金、建材等多个国民经济重要领域。

截至2020年3月底，郑商所累计成交量为2.45亿手，成交金额为8.76万亿元，同比分别增长7.88%和9.08%。

"公开、公平、公正"

郑商所实行保证金制、每日涨跌停板制、每日无负债结算制、实物交割制等期货交易制度。积极适应市场创新发展要求，不断优化制度安排。

郑商所拥有功能完善的交易、交割、结算、风险监控、信息发布和会员服务等电子化系统。会员和投资者可以通过远程交易系统进行期货交易。期货交易行情信息通过路透社、彭博资讯、世华信息等多条报价系统向国内外同步发布。

郑商所注重加强对外交流与合作。1995年6月加入国际期权（期货）市场协会，2012年10月加入世界交易所联合会（WFE），2019年3月加入国际期货业协会（FIA）。先后与美国芝加哥期权交易所、芝加哥商业交易所、印度多种商品交易所、香港交易及结算所有限公司、墨西哥衍生品交易所、泰国农产品期货交易所、加拿大多伦多蒙特利尔交易所集团、德意志交易所、莫斯科交易所等多家期货交易所签订了友好合作协议，定期交换市场信息，进一步扩大了郑商所在国际上的影响力。

面向未来，郑商所将以习近平新时代中国特色社会主义思想为指导，深入贯彻党的十九大精神和十九届二中、三中、四中全会精神，狠抓创新发展，强化市场监管，筑牢发展保障，努力把郑商所打造成品种工具丰富、场内场外协同、运行安全高效、功能发挥充分，位居世界前列的期货及衍生品交易所。

联系方式 contact

- 通讯地址：郑州市郑东新区商务外环路30号
- 邮政编码：450018
- 电话：0371-65610069
- 传真：0371-65613068
- E-mail：czce@czce.com.cn
- 网址：www.czce.com.cn

奎屯新亚科工贸有限公司

奎屯新亚科工贸有限公司，于2008年12月12日经奎屯市人民政府批准注册成立，是集公铁多式联运、仓储物流、大宗物资交易、电子商务信息等行业为一体的现代化综合性物流企业。

公司总投资5.8亿元，建设有占地面积约2496亩的新亚物流园，配套建有含5条有效长度均为850的米铁路专用线的装卸车站1座，园区按功能分为：棉花仓储区（占地面积约1600亩，存储量60万吨/年）、普通货物仓储区（占地面积40万平方米，并建有密闭式库房2幢约2万平方米，年作业量70—80万吨）、煤炭储运区（占地面积430亩，购置了国内先进的C型双车翻车机系统，年储卸能力为300万吨）、集装箱作业区（占地面积共计65万平方米，可堆码3700组箱，正面吊2台，卡码4台，可实现年作业1万个TEU）、综合市场等。已初步形成具有一定规模、技术设备先进、货物转运高效、服务于南北疆和“一带一路”发展的多式联运型物流园区。

公司现设有13个职能部门，拥有一支精干高效的管理团队和一支年轻化、专业化、知识化的员工队伍，具有较强的凝聚力、战斗力、创新力。员工总数150人，大专以上学历占85%，装卸公司配有夹包机、倒短车、正面吊、叉车、铲车等机械车辆60余辆，各类作业人员、专职司机共80余人，提升了公司的社会效益和经济效益。

公司自成立以来，坚持以先进的企业文化为引领，一直秉承“服务创造价值，安全为最大效益”的宗旨，以企业核心价值观“员工增收、企业增效、党员增彩”形成凝聚力、创造力、竞争力。企业党支部自2013年来，历年被奎屯市、伊犁州评为先进党支部、优秀基层党组织。公司2012年被中储棉总公司认定为“国储棉社会承储库”，2014年以来被全国棉花交易市场认定为“全国棉花交易市场指定监管库”，2014年11月被新疆维吾尔自治区评定为“安全生产标准化”二级达标单位，2018年获批为国家级“多式联运”示范物流园区。

公司在业界同行的支持下，在上级主管部门的关心下，将坚持“艰苦创业、开拓进取、服务至上、竭诚用户、诚信天下、奉献社会”的经营理念，与各界同行携手共赢，合作发展！

东证润和资本管理有限公司

——农产品业务总部

东证润和资本管理有限公司（以下简称东证润和），是上海东证期货有限公司的全资风险管理子公司，实缴资本人民币10亿元，是行业内知名的大宗商品服务商，具备大宗商品研究+贸易+交易优势及金融量化优势。

上海东证期货有限公司（以下简称东证期货）是东方证券股份有限公司的全资子公司，东方证券于2015年成功登陆上交所，于2016年H股成功发行并上市，成为行业内第五家A+H股上市券商。

依托于母公司长期的产业积淀及雄厚的资金实力，东证润和农产品业务总部在马驰总的带领下不断开拓创新，为产业客户提供精细化、专业化的多模式个性化服务，赢得了客户的广泛好评。2019年度，棉花期现业务量达15万吨；为服务产业链上游企业，东证润和与新疆及内地50余家大型轧花企业建立了战略合作关系，为轧花企业提供全方位套期保值服务。

同时，东证润和农产品业务总部致力于向产业链终端延伸，为纺织企业持续提供优质货源，目前我们已与浙江、江苏、山东、陕西等地的一些大型纺企建立了紧密的合作关系，助力纺企合理构建原料库存，规避市场风险。并与郑州、青岛、张家港等地的中小型贸易商开展合作，加快现货周转，提高资金利用效率。

东证润和农产品业务总部将始终如一，为涉棉企业保驾护航、风雨相伴，助力棉花产业稳定健康发展。

地址：上海市黄浦区中山南路268号东方国际金融广场1号楼25楼
邮编：200010
电话：021-63325888-1798
网址：www.orientfutures.com

常州市远东塑料科技股份有限公司

常州市远东塑料科技股份有限公司为江苏省高新技术企业、江苏省重合同守信用企业，2015年12月在《全国中小企业股份转让系统》挂牌，证券简称“远东科技”证券代码835062。

公司成立于1987年，是集科研、开发、制造、服务为一体的股份制企业，产品为：PET聚酯捆扎带（俗称塑钢带）、棉花包布、棉花仓储垫块，产品荣获国家专利20多项，填补了国内空白，作为第一起草单位负责起草制定了《包装用聚酯捆扎带》GB/T22344-2018国家标准。产品用途：棉花、化纤、烟草、家电、钢材、造纸、物流仓储等；主要客户有：中储棉（盐城、如皋、永安、诸城、武汉等）有限公司、新疆建设兵团、中棉集团、南京国投、利华棉业、宝武集团、中国化纤等国内大型企业，钢铁行业市场份额占到65%以上。

公司秉承“行业领先、专业追求、诚信经营、尽心服务”的经营理念，携手与您共创美好明天！

呼图壁县云龙棉业有限公司

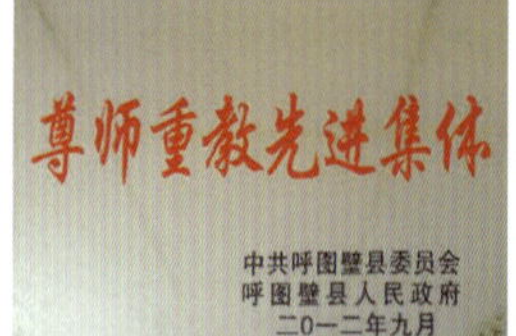

呼图壁县云龙棉业有限公司成立于2010年7月15日，注册地址：呼图壁县五工台镇八十二公里处；法定代表人：叶建华；注册资金：陆仟万元；旗下有四个全资子公司：三个轧花厂，一个贸易公司。

主要经营项目：籽棉收购加工、棉短绒加工、销售；皮棉、棉纱销售。呼图壁云龙棉业公司及旗下子公司厂区总占地面积380亩地，年收购籽棉能力10万多吨，加工皮棉37000多吨。2010年投资更新改建了轧花设备，装了条形码信息系统，棉包回潮率在线测量等配备辅助设备上了机采棉烘干设备、清花设备，成为呼图壁县第一家具有加工机采棉资质的龙头企业。2013年新增了两台地坑式喂花机，2018年再次进行设备改造更新，现在有6条机采棉生产线，企业生产的所有皮棉包包都经过棉花公检系统检验，质量是企业的生命，把它作为生命来抓，一丝不苟，精益求精，始终保持优质高效。客户通过互联网络可以详细地看到我公司产品的所有信息。有力地提高公司产品的竞争力。在棉花加工行业中建立了良好的信誉。在同行业中企业产品质量居州内领先水平，产品质量稳定，从未出现过质量问题，产销率达到100%。

企业位于呼图壁县五工台镇八十二公里处，是高产棉基地及大型棉花交易市场，当地土质适用于种植棉花作物，秋季棉花交售是困扰当地村民的老大难问题。解决了当地农户交售棉花的后顾之忧，带动了当地农户种植棉花的积极性，自2010年以来，每年棉花种植面积在10万亩以上，8千亩地实施机采棉种植，有效的促进了当地农业的发展，同时为我公司的生产原料提供了充足保证，有助于更好的走入市场。

我公司还将充分发挥当地丰富的资源优势，利用有利的地理优势，更大限度利用现有设备生产能力，狠抓市场机遇，提高产品质量，大力开展农业产业化经营，进一步开拓市场，积极发挥本公司在呼图壁县轧花行业中的主导作用，继续做好棉花的收购、加工、销售工作，最终达到农业增产、农民增收、企业增效的目的。

新疆生产建设兵团
第四师创锦棉业有限公司

新疆生产建设兵团第四师创锦棉业有限公司是新疆生产建设兵团第四师创锦农业开发有限公司下属三个子公司之一。企业性质是国有企业，公司成立于1991年4月1日，是第四师范围内专门从事棉花购销业务的大型企业，自负盈亏，独立核算的法人机构，注册资本人民币2000万元。公司地址位于新疆可克达拉市北固山西路583号（第三层）。基本存款账户开立在中国农业发展银行伊犁州分行营业部，账号20365409900100000013731。公司经营范围：棉花、麻类、籽棉收购，麻类加工机械销售，机械及配件，五金交电，百货，农副产品（粮油除外），畜产品，针纺织品，建筑材料，焦炭销售。公司被评为农四师工、交、建、商先进企业，公司始终将“质量、管理、服务、效益”作为经营宗旨，始终以“至真、至诚、至信”为经营理念，以雄厚的资金实力、高素质的专业人才和优质高效的服务在社会上树立起了良好的企业形象，全体员工积极进取、爱岗敬业、团结协作的团队精神，受到了社会各界与广大客户的普遍信赖与支持。获得伊宁市重合同守信用、质量信得过单位，公司下属七个轧花厂、一个贸易公司：奎屯创锦棉业有限公司、乌苏市创锦棉业有限公司、莎车县三得利棉业有限责任公司、新疆兵团农四师棉麻公司六十五团轧花二厂、克达拉市榆树庄子棉花加工厂、可克达拉市六十四团苇湖棉花加工厂、可克达拉市六十七团洪海棉花加工厂、济南创锦棉业有限公司。

截至2018年12月末，固定资产原值总计33106万元，固定资产净值总计14065万元，实收资本总计19246万元。

为做大做强，公司年皮棉经营量8万吨，年预计获利2000万元，通过对员工培训和吸收具有专业知识的人才，建立一支高素质的营销队伍，进一步强化棉花质量管理，实现棉花的商标注册，形成自己的品牌。

公司具有国家标准级棉花检验室，建立了科学的计算机网络化业务管理系统，设施齐全，运输便利。以棉花销售为主，形成了棉花种植、籽棉收购、皮棉加工、棉产品销售、棉机配件销售等规模化产业链的龙头企业。在此基础上为扩大经营规模，公司在做好四师各植棉单位的棉花购销工作外，还利用自身资源优势、管理优势、资金优势、机制优势，“立足四师、服务纺织、面向新疆、走向世界”，努力开拓疆内外棉花收购和市场经营，积极探索进出口业务，实现规模经营。还积极拓展经营棉蛋白、棉粕等棉花下游产品，扩大企业的经营范围，实现规模效益。公司内部管理不断完善，通过进一步压缩开支、降低成本，公司效益和各项经营指标有可能继续维持在较高水平。

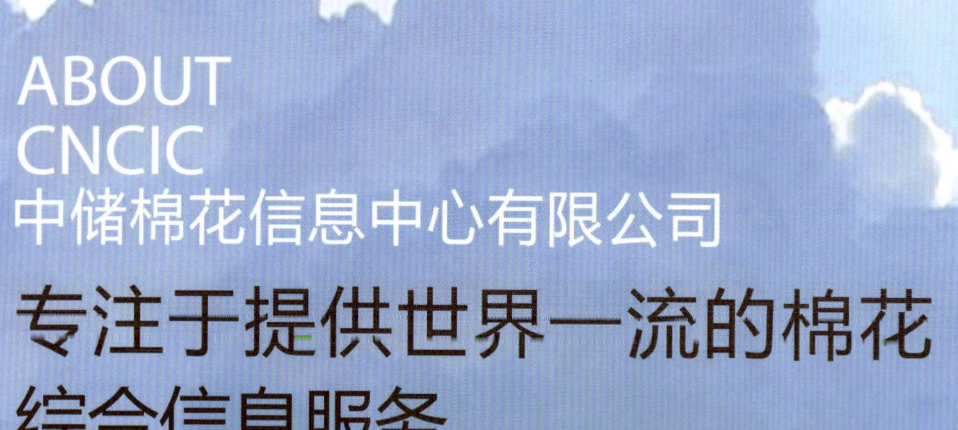

Devoted to providing world's first-rate integrative cotton information service

中储棉花信息中心有限公司是中央直属企业中国储备棉管理有限公司的全资子企业，成立于2004年，主要业务是建设和维护国家棉花市场监测系统（该系统是国家“金宏工程”中唯一一个棉花专业监测信息系统），监测和研究国内外棉花市场，为国家有关部门棉花宏观调控决策提供信息参谋服务，同时为国内外涉棉企业提供市场资讯、商务信息、专业咨询等服务。

信息中心全体员工始终坚持“共享价值，创新未来”的企业价值观，秉承“志向高远、脚踏实地，朝气蓬勃、胸怀宽广，勇担责任、务实创新”的企业精神，专注于提供世界一流的棉花综合信息服务。

Founded as a wholly-owned subsidiary of China National Cotton Reserves Corporation in 2004, China National Cotton Information Center (CNCIC) is mainly in charge of the construction and maintenance of National Cotton Market Monitoring System (NCMMS), the only professional cotton market information monitoring system of China's Macroeconomic Management Information System. NCMMS monitors and analyzes the cotton market in and outside of China, assists Chinese government in macroeconomic regulation decision making, and provides market information, trade information and consulting service for all cotton-related entities around the world.

CNCIC's staff will always adhere to the value sense of “shared value, creative future” and persist in the corporate spirit of “lofty ideal with down-to-earth efforts, vigorous, broad-minded, responsible, practical and creative”.

中国棉花网是中储棉花信息中心有限公司下属的全球权威的棉花专业信息网站和专业网络媒体之一，秉承“及时、准确、全面、权威”的服务宗旨，与国内外主要涉棉机构、企业均建立了长期稳定的合作伙伴关系，在国内外棉花行业颇具影响力。

中国是全球棉花生产和消费大国，生产和消费均占世界总量的三分之一左右。同时，棉花关系着广大棉农收益、纺织就业和经济增长，在我国一直深受政策青睐和呵护。在党的十八届三中全会提出“市场将在资源配置中起决定性作用”精神的指导下，中国棉花产业正在步入完全市场化、全球一体化轨道。中国棉花网作为专注于棉花的专业媒体，将亲历产业转型升级的点滴业绩，见证产业蓬勃向上的辉煌成就。

品牌优势：

※ 凝练十余年的行业口碑和品牌影响力

※ 覆盖全国的棉花市场监测网络体系

※ 翔实、全面而有效的专业数据库

※ 专业团队打造独一无二的前瞻性报告

※ 遍布上下游快速而有针对性的资讯传播

※ 细致入微的商务服务和个性化企划宣传

※ 不断突破的技术与持久追求的创新力

As a subsidiary platform of CNCIC, CNCOTTON is one of the most authoritative professional cotton information websites and Internet media in the world. With timely, accurate, comprehensive and authoritative service principle, CNCOTTON enters into partnership with major cotton-related organizations and entities worldwide and has strong influence in the world's cotton industry.

As the largest cotton producer and consumer in the world, both cotton production and consumption of China account for one-third of world's total. Meanwhile, cotton relating to the income of growers, the job opportunity of textile sector as well as the growth of national economy, the cotton industry has been enjoying the protection from policy in China. The 3rd Plenary Session of 18th CPC Central Committee points out that the market should plays decisive role in resource allocation. In light with the spirit, China's cotton industry will be completely marketized and globalized. As professional cotton media, CNCOTTON will experience the progress of industry transition and upgrading, and witness the great success of China's cotton industry in the future.

中国棉花网联系电话：010-58931122-198　13263386818

新疆国泰棉业有限公司

新疆国泰棉业有限公司成立于2010年，位于新疆自治区沙雅县海楼乡（210省道67千米处）。企业注册资金2420万元，资产总额2亿元，年产值10亿元；棉花经营总量达到5万吨以上，销售额突破10亿元。总公司占地面积约200亩，各个分公司占地面积均为100亩。现共有员工1000人左右，其中专业技工50人，专业技师10人。公司于2015年10月被中国棉花协会认定为“中国棉花”标志挂牌企业。

公司名下基地企业有：

1、新疆大可国泰国际贸易有限公司
2、新疆大可智库农业有限公司
3、新疆国泰棉业有限公司
4、沙雅国泰棉花有限公司
5、沙雅银泰棉业有限公司
6、且末县新垦棉业有限责任公司
7、库车盛华棉业有限公司
8、新疆生产建设兵团棉麻沙雅分库
9、沙雅民安仓储物流有限公司

公司是集棉花收购、加工、销售、仓储、流通于一体的现代化企业，采取“企业+农户+专业合作社+种植基地”产业化经营模式，始终遵守“内强素质、外树形象”的办厂宗旨，拥有先进的管理经验和技术，争取在企业管理、生产经营方面有新的突破，以求取得更大的经济效益。目前主要生产成包皮棉，年产量5万吨。公司把质量作为企业发展的根基，多方面采取措施，提升产品质量，仅2014年至2017年就累计投入4000余万元对加工厂实施提升产品质量的一系列技术改造，2018年，已计划再投入3000万元对加工厂生产设备工艺及场地的升级系列进行改造，使公司每条生产线均达到国内最高水平，并全部配备自动喂花系统、三丝挑拣机。籽棉收购加工期间，还为每个加工厂配备大量人员专门挑拣“三丝”。公司皮棉优质品率和质量一直位居同行前列，尤其是异性纤维含量低，品牌被业内广泛认可。2017年，投入2000余万元升级机采设备及购买先进机采机，公司名下5家加工厂设备工艺可达到年加工10万吨皮棉的产量。特别是在2014年10月初投资成立新疆生产建设兵团棉麻沙雅分库，给当地企业带来了很大的便利，节省运输成本，同时就业岗位增加，更给沙雅县树立产业链条效应。

目前，公司销售网络已遍及上海、浙江、江苏、河南、河北、山东、湖南、湖北、广东、四川、安徽、福建、江西等国内各大纺织城市和省份，与国内100余家客户建立了合作伙伴关系，并与国内30余家大型纺织企业建立了长期固定合作关系。

公司奉行“诚信经营、顾客至上”的经营理念，以“谋发展、求创新、守诚信、优服务、重质量、增效益”的企业精神，在历年的棉花销售中，售后服务均得到客户的一致好评，在棉花行业中给公司树立了良好形象。我们承诺：追求“客户满意”是我们的目的，打造“服务品牌”是我们的目标！

2018/2019

中国棉花年鉴

CHINA COTTON ALMANAC

中储棉花信息中心有限公司 编

Edited By China National Cotton Information Center Ltd.Company

中国出版集团

中译出版社

编写说明

2018/2019年度，全球经济上行近两年后，受货币政策收紧，特别是美国搅局影响，世界经济协同发力、均衡增长的良好局面逐渐离去，驱动经济增长的力量呈现耗散态势。全球棉花产不足需，供求关系进一步走向平衡，中国缺口再度收窄。储备棉大规模出库红利不断释放及国内外经济升温推动棉花及纺织经济运行显著回暖。《中国棉花年鉴2018/2019》全面系统客观地反映了2018/2019年度中国棉花市场运行情况，主要涵盖行业发展概况、主要产棉省区概况、年度报告、统计资料、大事记、政策文件和附录等七个部分。

《中国棉花年鉴》（以下简称《年鉴》）是至今我国唯一一部集中反映棉花行业年度发展与趋势的工具书，《年鉴》集权威性、史实性、研究性、收藏性为一体，主要面向国内外棉花加工流通、纺织企业，金融与投资、贸易与咨询、科研与教育机构以及各级政府管理部门和行业社团组织发行。

本书涉及大量统计数据和史实资料，总体上按照棉花年度计算（2018年9月1日至2019年8月31日）。除国家棉花市场监测系统外，统计数据主要来源于国家统计局、棉花主产省（市、自治区）统计局、中国海关总署、中国纺织品进出口商会、郑州商品交易所、美国农业部（USDA）、国际棉花咨询委员会(ICAC)和美国洲际交易所（ICE）等相关涉棉机构。

为增强可读性，我们在编写过程中对部分数据进行了二次整理，相应部分的原始数据以原出版单位为准，年度报告中所涉及的数据、资料、观点均由文章作者提供，政策文件部分均采用相关部门的政策原文，未标明来稿单位的文章均由《年鉴》编辑部编撰。

在编写过程中，相关部门给予我们大力支持，各相关单位、地方有关机构也给予了热情帮助，我们在此表示诚挚的感谢。

由于编写时间较紧，书中难免有不足之处，望各位读者不吝赐教，我们将认真改进，把《年鉴》做得更好，为推动中国棉花行业发展贡献微薄之力。

《中国棉花年鉴》编委会

2020年2月

目录

第一部分　行业发展概况

第二部分　主要产棉省区概况

第三部分　年度报告

第四部分　统计资料

棉花生产

棉花购销

棉花价格

棉花进出口

纺织品服装进出口

棉花消费

中国棉花产销存预测

全球棉花产销存预测

第五部分　大事记

第六部分　政策文件

第七部分　附　录

第一部分

行业发展概况

行业运行概况

2018/2019 年度（2018 年 9 月 1 日至 2019 年 8 月 31 日），受美国发起贸易争端影响，全球贸易环境不稳定性急剧上升，经济增长放缓，虽然全球棉花产量下降较多，但是消费萎缩明显，总体供需略显紧张。中国国内仍存在巨大产需缺口，储备棉去库存政策继续实施，保障国内棉花供应。受中美贸易摩擦影响，2018/2019 年度我国纺织品服装出口下降，国内纺织企业订单减少，企业信心不足，纱产量明显萎缩。价格方面，国内棉价振荡下跌，年度末国内棉花价格 B 指数和郑棉主力合约较年度初分别下降了 20% 和 25%。

棉花价格振荡下跌 2018/2019 年度，受中美贸易摩擦反复发酵，消费需求不振影响，国内棉价振荡下跌。2018 年 9 月，美国对 2000 亿美元中国商品加征 10% 关税正式生效，棉价开始下行；2019 年 5 月份以后，美国对 2000 亿美元中国商品加征关税由 10% 提高到 25%，棉价开始加速下跌。2018/2019 年度末，国内棉花价格 B 指数回落至 12994 元 / 吨、郑棉主力合约为 12500 元 / 吨，较年度初分别下降了 3301 元 / 吨、4220 元 / 吨，降幅分别为 20%、25%。

国家政策效果良好 2018/2019 年度，新疆棉花目标价格补贴政策和储备棉去库存政策继续实施。目标价格补贴政策充分稳定了新疆棉农的收益，新疆棉花产量达到 510 万吨，继续创造历史新高。从 2019 年 5 月到 9 月，累计挂牌销售储备棉 116.2 万吨，保障了棉花供应，稳定了市场预期，内外棉花价差大幅缩小，有效降低纺织企业用棉成本，国产纱竞争力大幅提高，外纱进口量有所减少。

棉花供需略显紧张 2018/2019 年度全球棉花总产量下降较多，消费量也出现萎缩。从总量来说，2018/2019 年度全球棉花供需略微偏紧，总产量略小于消费量；中国国内仍然存在巨大产需缺口，储备棉去库存政策继续实施，保障国内棉花供应，使得中国以外地区棉花呈现供大于求的局面。美国农业部（USDA）数据显示，2018/2019 年度全球棉花库存期末库存为 1731.6 万吨，库存消费比继续下降到 66.2%，同比提高了 0.3 个百分点。

纺织行业运行不畅 2018/2019 年度，全球贸易环境不稳定性急剧上升，经济增长放缓，我国纺织品服装内外需求明显降温，企业订单减少，纺纱产量明显萎缩。2018/2019 年度我国纺织品服装出口同比下降 2.39%，国内消费也受到影响，纺织企业产成品库存大幅积压，纱布价格大幅下降，企业经营困难，整个纺织产业链运行不畅。

棉 花 生 产

2018年新疆棉生产呈现“一稳两升”特点，即总产稳、单产升、质量升。新疆棉生长初期虽然受到了恶劣天气侵袭，但影响有限，加上补贴价格较高，部分农作物改种棉花，致使棉花种植面积增加，总产量仍基本保持稳定。根据国家棉花市场监测系统调查，2018/2019年度我国棉花总产量607.5万吨，同比下降0.9%；中国棉花平均单产124.0公斤/亩，同比增加0.8%。具体情况如下：

2018年黄河流域温度、湿度较为适宜，光照较为充足，新棉单产和质量均略好于上年同期，但由于面积降幅较大，总产量呈下降趋势。预计该区域平均单产78.6公斤/亩，同比提高0.3%；预计总产量64.8万吨，同比下降8.1%。

长江流域大部分地区降雨较前两年明显减少，温度、湿度较为适宜，棉花长势好于同期，部分省份籽棉单产有较大幅度增长，但因增提面积减少较多，总产量呈持平略增趋势。预计该区域棉花平均单产65.0公斤/亩，同比增长17.0%；预计总产量34.9万吨，同比增长2.6%。

西北内陆棉花平均单产144.6公斤/亩，同比下降2.1%；预计总产量504.9万吨，同比下降0.1%。前期新疆部分地区出现灾害性天气，影响棉花生长，部分地区进行补种等措施，减少了对棉花单产的不利影响，产量较去年同期略有下降；同时由于新疆种植面积较去年同期增加，抵消了单产下降的影响，新疆整体产量较去年同期持平。预计2018年新疆平均单产144.9公斤/亩，同比下降2.2%，预计总产量501.0万吨，同比下降0.1%。

棉 花 收 购

2018年新疆棉产销呈现“两降”特点，即价格降、销售降。自9月份开秤以来，受中美经贸摩擦、纺织市场需求乏力、新棉集中上市、国内外期现货价格下跌等因素影响，新棉收购价格“高开低走”，加工企业收购籽棉更趋谨慎，并未出现往年的抢收现象。收购期籽棉价格逐步回落，新疆手摘棉开秤价在6.8—7.6元/公斤，收购结束时回落至6.3—6.6元/公斤；机采棉开秤价在6.0—6.3元/公斤，回落至5.3—5.5元/公斤。11月全国采摘基本结束，全国均价6.29元/公斤，同比下跌 0.46 元 / 公斤，新疆籽棉平均收购价格在 6.27 元 / 公斤，同比下跌 0.3 元 / 公斤，内地交售进度快于去年同期，其中长江流域平均收购价格在 6.24 元 / 公斤，同比上涨 0.51 元 / 公斤，黄河流域 6.56 元 / 公斤，同比下降跌 0.01 元 / 公斤。随着中美贸易摩擦加剧，现货价格继续下行，棉纺企业普遍对后市悲观，采购量降低，新疆棉花销售进度同比有较大幅度下降，社会库存和商业库存均处于近几年高位。

棉 花 加 工

2018/2019 年度棉花加工技术进一步发展。随着《中共中央国务院关于全面加强生态环境保护坚决打好污染防治攻坚战的意见》的逐步落实，棉花加工行业热源改造的迫切性增强，2018/2019 年度，新疆棉区清洁环保热源技术改造进入快速发展阶段。在市场需求作用的推动下，新疆地方棉花加工企业机采棉技术改造进入了快速发展时期，新疆地方棉花加工企业机采棉技术改造明显加快。随着多年来棉花加工行业机采棉通风除尘技术的持续研究与不断优化，2018/2019 年度，机采棉通风除尘技术基本突破了高含杂、大风量的处理难题，相关除尘装备已经应用于棉花加工生产线，并得到实验验证，机采棉加工通风除尘技术取得重大突破。

2018/2019 年度棉花加工企业经营效益情况及结构变化。2018/2019 年度，我国棉加工企业经营结构调整较为明显，兵团棉企挂牌交易与租赁合营并举，集团化经营趋势明显。2018/2019 年度，以兵团棉企改革为契机，传统棉花及其棉副产品大宗贸易为主的国有投资企业，采取收购或租赁合营的形式，开展棉花现货收购、加工业务，实现棉花及其棉副产品期现货协同经营，国有贸易企业助推兵团棉企改革，期现货交易协同经营。2018/2019 年度，加大规模的棉花产业经营企业集团已经率先开展了“龙头企业 + 合作社 + 棉农”经营模式，并取得了一定的成绩。

2018/2019 年度棉花加工设备销售变化情况。随着兵团棉花加工企业挂牌交售与租赁合营等经营模式的变化，棉花加工市场化运作更加灵活，以及棉花期现货交易低价位波动，一定程度上刺激了资本对于棉花加工领域的投资，再加上新疆地方机采棉改造力度增强，除尘技术完善与成熟等利好因素，2018/2019 年度，棉花加工设备销售数量与销售额均呈现触底反弹趋势。

棉 花 消 费

2018/2019 年度，全球经济增速放缓，消费需求乏力。根据国家棉花市场监测系统数据测算，全年度棉花消费量 798.8 万吨，同比下降 6.8%。

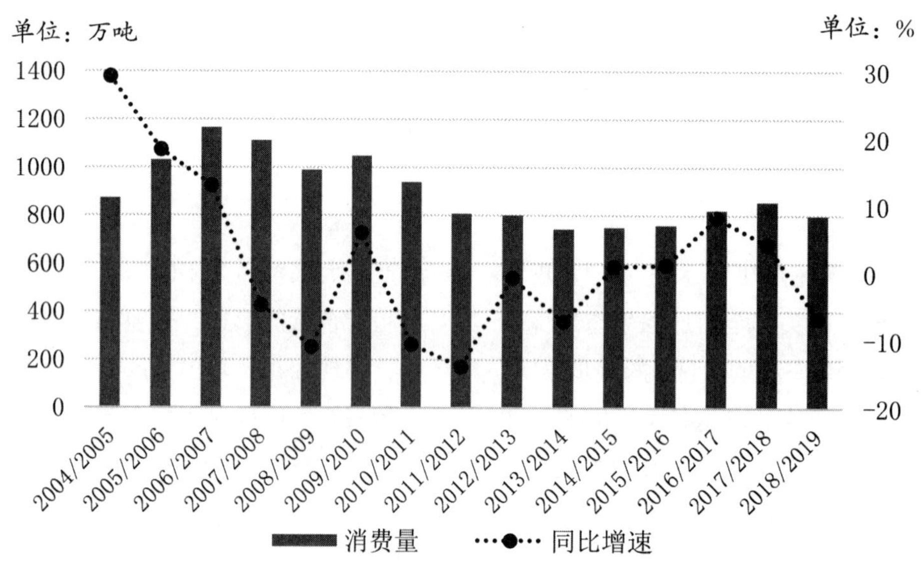

图 1-1　2004/2005-2018/2019 年度我国棉花消费量及同比增幅

纺纱产量较往年明显下降。受中美贸易摩擦影响，2018/2019 年度，国内纺织市场订单减少，企业信心不足，纱产量明显萎缩。据国家统计局数据显示，2018/2019 年度我国纺纱产量 2578.5 万吨，同比下降 21.1%，较过去三年均值下降 26.9%。

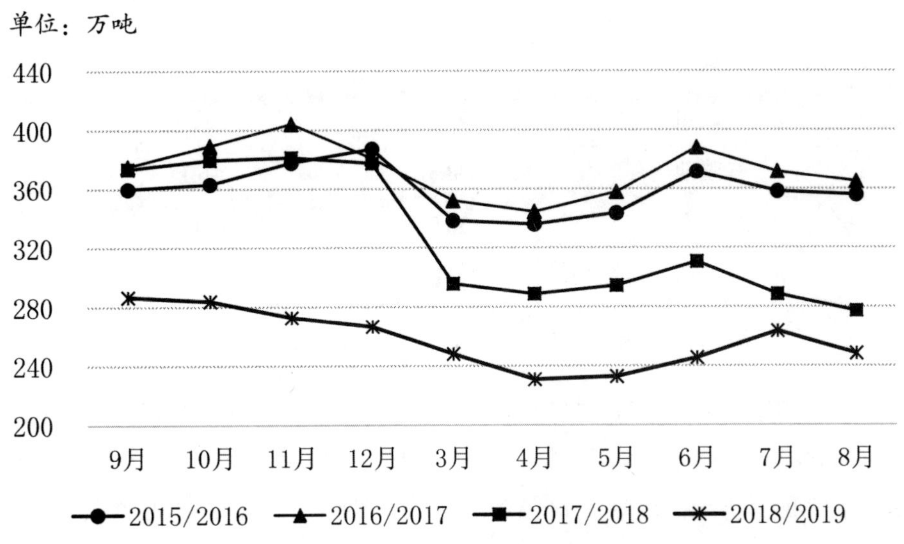

图 1-2 2015/2016—2018/2019 年度我国纺纱产量分月对比

棉花消费分布相对集中，沿海地区消费趋增。据国家统计局数据显示，2018/2019 年度，福建省纱产量 589.9 万吨，超越山东位居全国首位，占全国纱产量的 20%，山东省、江苏省纱产量位居全国第二、第三，分别为 464.5 万吨、320.3 万吨，占比分别为 15.8%、10.9%。整体来看，除了福建、湖南、新疆纱产量同比分别增加 7.3%、6%、4% 外，其余各省纱产量均有不同程度减少，河南、河北、山东纱产量下降明显，同比下降幅度分别达 45.6%、43.1%、41.4%。

表 1-1 2018/2019 年度分省纺纱产量及占比情况

（单位：万吨）

排名	地区	纱产量	同比（%）	占比（%）
1	福建	589.9	7.3	20.1
2	山东	464.5	–41.4	15.8
3	江苏	320.3	–26.9	10.9
4	湖北	318.5	–5.3	10.9
5	河南	292.9	–45.6	10.0
6	新疆	178.3	4.0	6.1
7	浙江	163.5	–8.2	5.6
8	江西	136.5	–17.7	4.7
9	安徽	120.6	–4.4	4.1
10	湖南	108.2	6.0	3.7
11	河北	96.5	–43.1	3.3

续表

排名	地区	纱产量	同比（%）	占比（%）
12	四川	72.3	–21.7	2.5
13	陕西	38.3	–6.1	1.3
14	广东	30.9	–21.0	1.1
合计	全国	2931.1	–21.66	100.00

数据来源：国家统计局

纺织品服装出口下降。随着中美贸易摩擦反复发酵，我国纺织品服装出口下降。据海关总署统计，2018/2019 年度我国纺织品服装出口额为 2735.23 亿美元，同比下降 2.39%。分结构看，纺织品出口韧性仍在，服装出口趋弱，全年度纺织品出口额为 1199.58 亿美元，同比增加 2.47%，服装出口额为 1535.64 亿美元，同比下降 2.51%。分月来看，我国纺织品服装出口同比增速整体呈放缓态势，2019 年 2—3 月份出口波动较为剧烈。

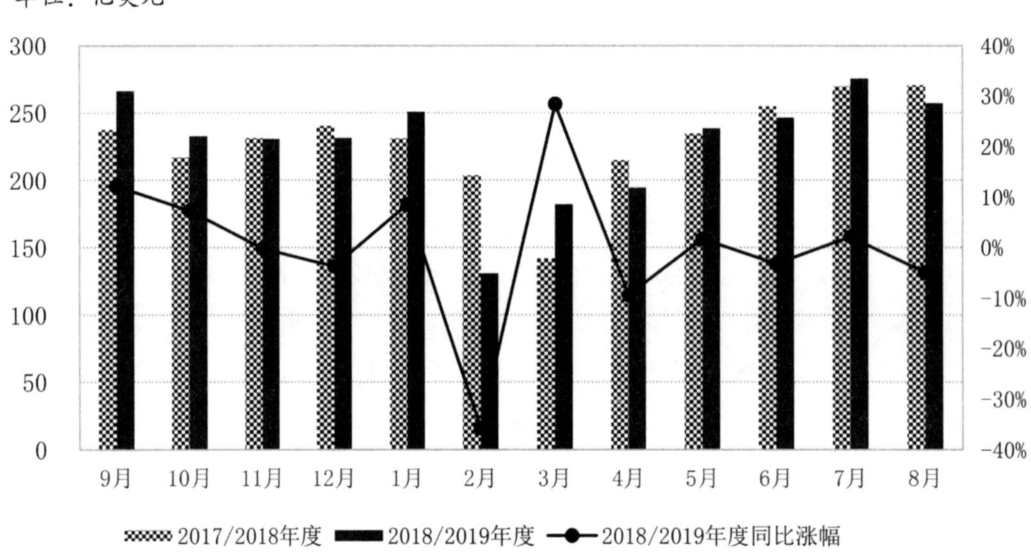

图 1–3　2018/2019 年度我国纺织品服装出口额分月统计及同比对比

棉花进出口

2018/2019 年度，我国棉花进口量为 202.86 万吨，同比增加 70.7 万吨，增幅 53.5%，出口量为 4.83 万吨，同比增长 35.3%。

一、棉花进口量同比增长 53.5%

1. 按国别和地区统计

2018/2019 年度，我国棉花进口量为 202.86 万吨，同比增加 70.7 万吨，增幅 53.5%。

表 1–2　2018/2019 年度中国棉花进口分地区统计

（单位：万吨）

国别	数量	国别	数量
合计	202.86	苏丹	3.93
澳大利亚	50.82	墨西哥	3.80
巴西	47.92	希腊	3.30
美国	36.47	马里	2.85
印度	23.80	科特迪瓦	2.20
乌兹别克斯坦	8.43	喀麦隆	2.05
贝宁	5.01	哈萨克斯坦	1.60
布基纳法索	3.99	其他	6.67

数据来源：中国海关总署（不含已梳的棉花）。

2. 按时段统计

2018/2019 年度，我国棉花进口量呈现前高后低的趋势。从 2018 年 9 月—2019 年 1 月为上升期，月均进口量 17.5 万吨。2019 年 2 月—8 月逐渐回落，月均进口量 11.5 万吨。2018 年 12 月—2019 年 2 月为进口高峰期，月进口量均超过 20 万吨，最高进口量为 2019 年 1 月，达到 27.99 万吨。2018 年 9 月—2019 年 8 月，我国棉花月均进口量为 16.9 万吨，同比增加 5.9 万吨。

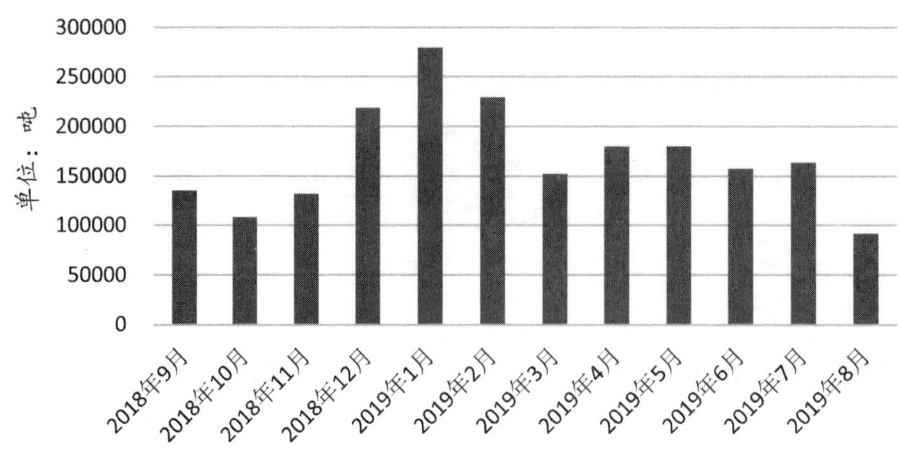

图 1-4　2018/2019 年度中国棉花进口量分月图

二、棉花出口量同比增长 35.3%

2018/2019 年度，我国棉花出口量为 4.83 万吨，同比增加 1.26 万吨，增幅 35.3%。

表 1-3　2018/2019 年度中国棉花出口分地区统计

（单位：万吨）

地区	数量	地区	数量
合计	4.83	中国台湾	0.19
越南	1.65	巴基斯坦	0.18
印度尼西亚	1.03	日本	0.14
孟加拉国	0.67	韩国	0.12
印度	0.42	泰国	0.11
马来西亚	0.23	朝鲜	0.08

数据来源：中国海关总署（不含已梳的棉花）。

棉 花 价 格

收购价格振荡下行。受贸易摩擦影响，2018/2019年度籽棉收购价格整体下行。年度初期，新花收购市场一改往年抢收现象，籽棉收购价格高开后低走；2018年12月—2019年4月初，受中美贸易磋商带动，籽棉收购价格有所回升；2019年5月份以后，随着美国对中国商品加征关税开始实施，籽棉收购价格随之下行。2018/2019年度，南疆地区整体收购价格相对较高，市场一度出现“北棉南运加工”现象，后期随着郑棉期货和皮棉现货价格走低，南疆地区加工企业亏损严重。

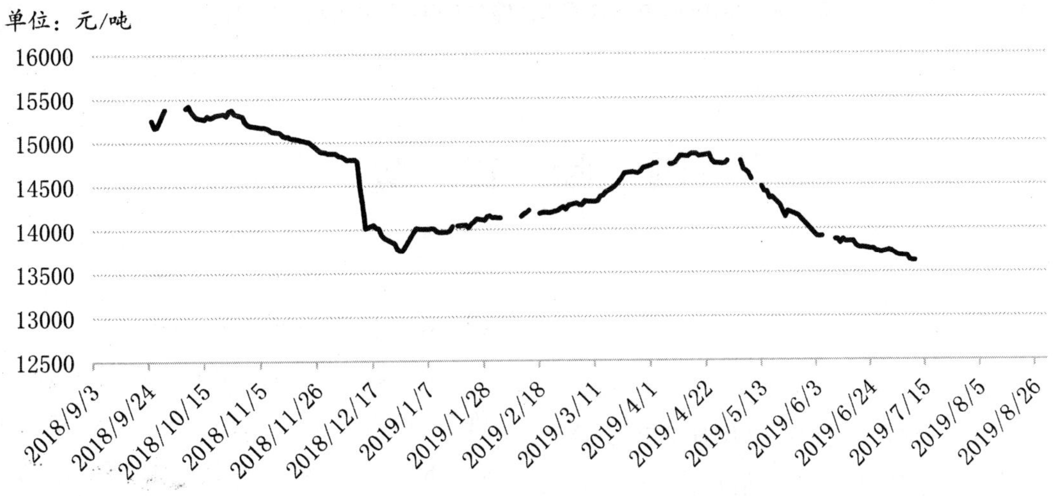

图 1–5　2018/2019 年度中国棉花收购价格指数走势

棉花价格振荡下跌。2018/2019年度，受中美贸易摩擦反复发酵，消费需求不振影响，国内棉价振荡下跌。2018年9月，美国对2000亿美元中国商品加征10%关税正式生效，棉价开始下行，2019年5月份以后，美国对2000亿美元中国商品加征关税由10%提高到25%，棉价开始加速下跌。2018/2019年度末，国内棉花价格B指数回落至12994元/吨、郑棉主力合约为12500元/吨、国际棉花指数（M）为70.24美分/磅、洲际交易所（ICE）棉花期货价格收于58.83美分/磅，较年度初分别下降了3301元/吨、4220元/吨、21美分/磅、24美分/磅，降幅分别为20%、25%、23%、29%。

国内棉价高于进口棉折人民进口成本。2018/2019年度，国际棉花指数（M）1%关税折人民币进口成本平均为14085元/吨，滑准税折人民币进口成本平均为15099元/吨，国内棉花价格B指数年度均价为15202元/吨，国内棉价整体高于1%关税进口棉成本1116元/吨，高于滑准税进口棉成本102元/吨。

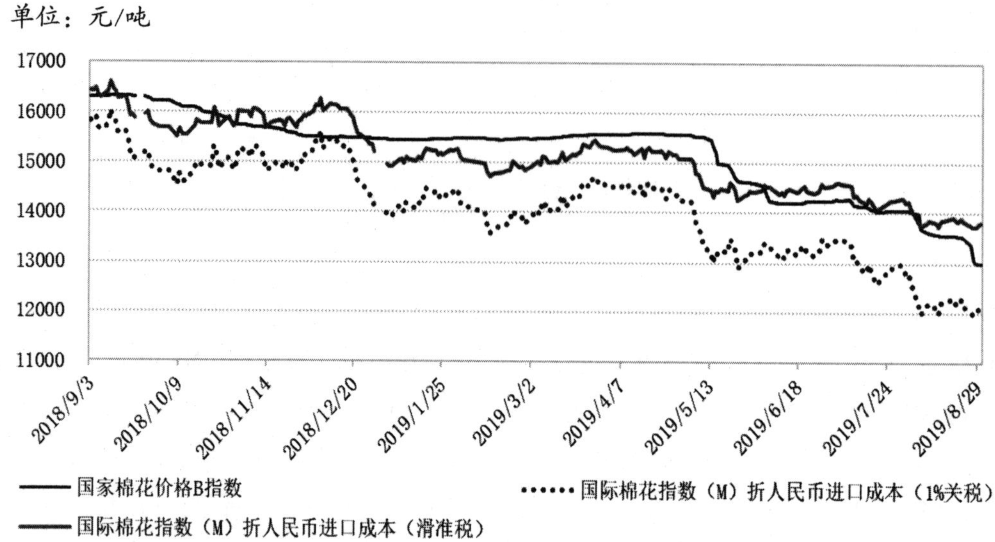

图 1-6 2018/2019 年度国内外棉花期现货棉花价格走势对比

国 际 市 场

一、概述

根据美国农业部（USDA）的数据，2018/2019 年度全球棉花期初库存增加 0.7%，产量减少 4.6%，进口量增加 3.3%，消费量减少 2%，出口量减少 0.4%，期末库存减少 1.4%。由于产量减幅大于消费减幅，全球基本面由上年度的 22.2 万吨盈余变为 47.7 万吨缺口，期末库存仅小幅下降，供需仍属于基本平衡。

2018/2019 年度，ICE 棉花期货近月合约平均价 72.05 美分 / 磅，同比下跌 7.87 美分 / 磅，跌幅 9.8%；国际棉花指数（M）平均价 81.92 美分 / 磅，同比下跌 7.05 美分 / 磅，跌幅 7.9%。2019 年 8 月 31 日，ICE 棉花期货主力合约（2019 年 12 月合约）收盘价为 58.83 美分 / 磅，同比下跌 23.4 美分 / 磅，跌幅 28.4%。

表 1-4 2018/2019 年度全球棉花产销存预测表

（单位：万吨）

年度	期初库存	产量	进口量	消费量	出口量	期末库存
2018/2019	1760.1	2571.3	925.4	2619.0	900.2	1735.1
2017/2018	1748.1	2695.1	896.2	2672.9	903.9	1760.1
同比（±）	+12	−123.8	+29.2	−53.9	−3.7	−25

数据来源：美国农业部。

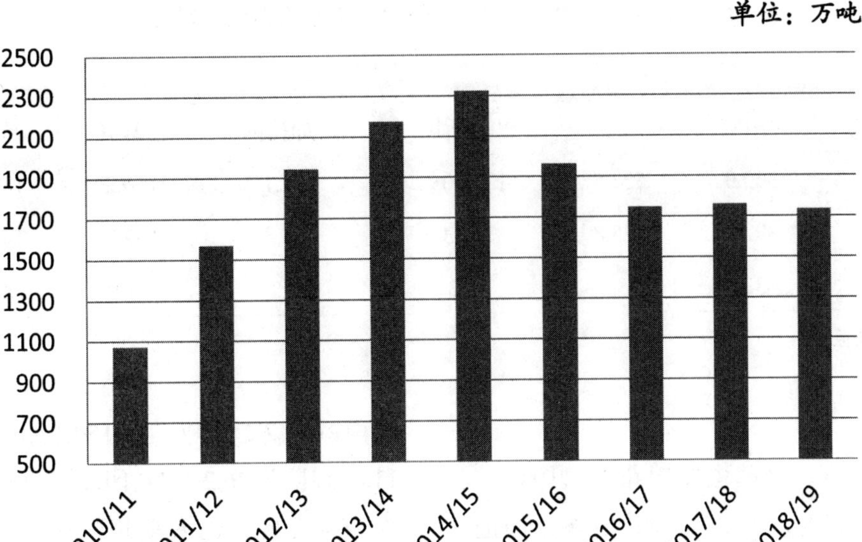

图 1–7 2010/2011—2018/2019 年度全球棉花库存变化趋势

二、产需状况

1. 产量

2018/2019 年度，除巴西棉花产量大增以外，全球其他主产棉国的产量普遍减少，中国产量增加 5.5 万吨，为 604.2 万吨；印度减少 69.7 万吨，为 561.7 万吨；美国减少 55.5 万吨，为 400.0 万吨；巴基斯坦减少 13 万吨，为 165.5 万吨；巴西增加 71.9 万吨，为 272.6 万吨；土耳其减少 6.5 万吨，为 80.6 万吨；西非减少 1.3 万吨，为 121.5 万吨；澳大利亚减少 56.6 万吨，为 47.9 万吨，乌兹别克斯坦减少 12.6 万吨，为 71.4 万吨。

表 1–5 2018/2019 年度主要国家棉花产量同比对比表

（单位：万吨）

年度	中国	印度	美国	巴基斯坦	乌兹别克斯坦	巴西	土耳其	澳大利亚	西非
2018/2019	604.2	561.7	400.0	165.5	71.4	272.6	80.6	47.9	121.5
2017/2018	598.7	631.4	455.5	178.5	84	200.7	87.1	104.5	122.8
同比（±）	5.5	–69.7	–55.5	–13	–12.6	71.9	–6.5	–56.6	–1.3

数据来源：美国农业部。

2. 消费量

2018/2019 年度，除越南以外，全球主要棉花消费国的消费普遍减少，中国消费量减少 32.7 万吨，为 860.0 万吨，印度消费量减少 3.3 万吨，为 522.5 万吨，巴基斯坦消费量减少 4.3 万吨，为 233.0 吨，孟加拉国消费量减少 2.2 万吨，为 161.1 万吨，土耳其消费量减少 12 万吨，为 150 万吨，越南消费量增加 8.7 万吨，为 152.4 万吨，印尼消费量减少 7.6 万吨，为 68.6 万吨。

表 1–6　2017/2018 年度主要国家棉花消费量同比对比表

（单位：万吨）

年度	中国	印度	巴基斯坦	孟加拉国	土耳其	越南	印尼
2017/2018	860.0	522.5	233.0	161.1	150.2	152.4	68.6
2016/2017	892.7	525.8	237.3	163.3	162.2	143.7	76.2
同比（±）	−32.7	−3.3	−4.3	−2.2	−12	8.7	−7.6

数据来源：美国农业部。

3. 进口量

2018/2019 年度，全球主要棉花进口国中，除中国和印度进口量增加以外，其他国家的进口量普遍减少，中国进口量增加 85.6 万吨，为 209.9 万吨，印度增加 2.7 万吨，为 39.2 万吨，越南减少 2.2 万吨，为 150.2 万吨，土耳其减少 11.4 万吨，为 76.2 万吨，印度尼西亚减少 10.2 万吨，为 66.4 万吨，巴基斯坦减少 11.9 万吨，为 62.1 万吨，孟加拉国减少 8.7 万吨，为 156.8 万吨。

表 1–7　2018/2019 年度主要国家棉花进口量同比对比表

（单位：万吨）

年度	中国	孟加拉国	越南	土耳其	印度尼西亚	印度	巴基斯坦
2018/2019	209.9	156.8	150.2	76.2	66.4	39.2	62.1
2017/2018	124.3	165.5	152.4	87.6	76.6	36.5	74.0
同比（±）	85.6	−8.7	−2.2	−11.4	−10.2	2.7	−11.9

数据来源：美国农业部。

4. 出口量

2018/2019 年度，美国、澳大利亚和印度的出口量减少，而其他主要出口国的出口量增加，其中美国出口减少 33 万吨，为 321.4 万吨，澳大利亚出口减少 6.1 万吨，为 79.1 万吨，印度出口减少 36.4 万吨，为 76.4 万吨，巴西出口增加 40.1 万吨，为 131 万吨，西非出口增加 16.5 万吨，为 101.3 万吨，希腊出口增加 6.1 万吨，为 29.5 万吨。

表 1-8 2018/2019 年度主要国家棉花出口量同比对比表

（单位：万吨）

年度	美国	澳大利亚	印度	巴西	西非	希腊
2018/2019	321.4	79.1	76.4	131.0	101.3	29.5
2017/2018	354.4	85.2	112.8	90.9	84.8	23.4
同比（±）	-33	-6.1	-36.4	40.1	16.5	6.1

数据来源：美国农业部。

5. 期末库存

2018/2019 年度，印度、巴西和美国的期末库存增加，其他主产棉国的期末库存减少。其中中国减少 50.6 万吨，为 776.6 万吨，美国增加 14.2 万吨，为 105.6 万吨，巴基斯坦减少 7.3 万吨，为 54.3 万吨，印度增加 1.9 万吨，为 202.8 万吨，巴西增加 67.9 万吨，为 256.4 万吨，澳大利亚减少 6.1 万吨，为 79.1 万吨。

表 1-9 2018/2019 年度主要国家棉花期末库存同比对比表

（单位：万吨）

年度	中国	印度	巴西	美国	巴基斯坦	澳大利亚
2018/2019	776.6	202.8	256.4	105.6	54.3	79.1
2017/2018	827.2	200.9	188.5	91.4	61.6	85.2
同比（±）	-50.6	1.9	67.9	14.2	-7.3	-6.1

数据来源：美国农业部。

三、价格走势

2018/2019 年度，ICE 棉花期货走势分为两个阶段，第一个阶段是 2017 年 9 月 1 日至 2018 年 6 月中旬，这段时间 ICE 期货探明底部之后快速上涨，前后经历了三波上涨行情，最后达到全年的高点；第二个阶段是 2018 年 6 月中旬至年度末期，这段时间 ICE 期货从年度高点迅速回落，最终跌回到 80 美分上方。

2018/2019 年度，ICE 期货近月合约最高价是 2018 年 6 月 12 日的 95.21 美分，比 2017/2018 年度高 9.89 美分，最低价是 2017 年 10 月 20 日的 66.88 美分，较 2017/2018 年度高 0.34 美分，年度平均价为 79.96 美分，较 2017/2018 年度高 6.97 美分。

2018/2019 年度，代表进口棉中国主港到岸均价的国际棉花指数（M）与 ICE 棉花期货近月合约走势保持一致，最高价是 2018 年 6 月 13 日的 101.35 美分，较 2017/2018 年度高 6.87 美分，最低价是 2017 年 10 月 23 日的 79.62 美分，较 2017/2018 年度高 4.93 美分，年度平均价为 89.01 美分，较 2017/2018 年度高 6.28 美分。

图 1-8　2018/2019 年度 ICE 棉花期货走势同比对比

图 1-9　2018/2019 年度国际棉花指数（M）走势及同比对比

第二部分

主要产棉省区概况

新疆维吾尔自治区

一、棉花生产

1. 棉花面积、总产量和单产情况：据国家统计局数据显示，2018/2019 年度新疆棉花种植面积约 2491.3 千公顷，皮棉总产量约 511.1 万吨，较上年同期 501 万吨略有增加，整个棉花种植、生产期间，新疆 4—5 月局部地区出现风灾等不利气候，尤其是巴州尉犁县棉农进行了多次补种。6—10 月天气较好，总产总体平稳。

2. 种植成本及收益：根据国家棉花监测系统农户调查结果，2018/2019 年度全区棉花种植平均成本为：手摘棉 2303 元 / 亩（含土地租赁费），较上年增加约 14 元 / 亩；机采棉 1633 元 / 亩（含土地租赁费，比上年增加 27 元 / 亩。因国家目标价格补贴政策的执行，使棉农平均收益相对其他农作物收入较好，棉农植棉积极性较高。

由于地方棉农植棉种子品种较多质量不一，农民各自购买，造成各地区轧花厂加工皮棉指标一致性不高。地方企业及农业合作社土地流转进一步加快，相关部门也逐步加大对农民植棉的引导，以提高棉花品质。

二、棉花收购加工

1. 新疆自治区发展和改革委员会向社会及时公布符合资质的目标价格改革试点授牌诚信企业名单，相关部门联合加强监管力度，收购期间棉农售棉资料信息通过收购数据系统审核录入更加准确便捷，棉农可自主选择就近销售，优棉优价的实施使各方利益也得到进一步保障。2019 年度自治区除继续执行棉花目标价格补贴政策外，推出了“保险 + 期货”试点方案，有效保障了目标价格改革政策的顺利实施。

2. 为保障新棉顺畅及时入库公证检验，全疆已有 40 多家棉花专业监管库通过有关部门联合认证，一次性库容量达 700 余万吨。为适应棉花生产销售形势的不断变化和发展，郑州商品交易所在原有棉花交割库基础上，新增指定新疆中新建现代物流、中储棉库尔勒公司和新疆银棉为棉花期货标准交割库，后续将根据具体情况继续增加符合条件的棉花期货交割库，极大地方便了新疆当地资源企业和棉花贸易商就近交割和商品棉入库需求。

三、纺织生产及棉花消费

2019 年初在贸易摩擦背景下整体外贸订单出现萎缩迹象，棉花消费量持续下滑，纺织企业开机率下降，原料采购趋于谨慎，但用棉比例保持基本稳定，截至 2019 年 8 月新疆仍有 200 余万吨棉花商业库存。

四、年度自治区棉花产业整体运行情况及特点

近年，因国家目标价格补贴，棉农收入较稳定，随之地方政府及各大企业加大了新疆地方植棉土地的整合力度，持续优化棉花品种结构，不仅确保棉花品质的一致性，使棉花生产实现标准统一和品质统一，进一步优化棉花品种结构、提

高棉花生产综合效益。棉花生产模式逐步向高质量、低成本、高效益转变，棉花生产呈现出规模化种植比例增加、种植成本降低、集约化水平提升的发展态势。

棉花种植采摘机械化进一步推进，种植品种逐步向优质高产集中，棉花采摘交售、加工期更加集中。棉花加工和纺织企业开始大量通过期货点价方式进行销售和原料采购。全年呈现棉花总体消费下滑、原料供应充足、纺织纱线库存增加、价格下降的态势。北疆大部分棉花加工企业因为前期收购成本相对较低，积极利用期现结合方式进行套保销售，部分缺少资金的企业贴近市场进行销售，收入较好，但北疆的博乐地区和南疆部分地区因抢收致使收购成本较高，未能顺利套保或随市场价格销售而出现亏损。

（国家棉花市场监测系统新疆联络处）

新疆生产建设兵团

2018 年，对兵团棉花产业特别是生产、流通产业是极其重要的一年。兵团全面深化改革，全面推进团场综合配套改革，大力推进国资国企改革，棉花生产、流通领域组织体系、分配体制发生了重大变革，职工经营活动、市场活力得到了极大释放。

一、棉花生产情况

（一）团场综合配套改革激发了植棉职工的生产积极性。

兵团全面推进团场综合配套改革，落实承包职工生产经营自主权，彻底改变团场以往大包大揽的农业生产管理方式，不搞行政命令和行政干预，取消团场义务工和统一种植计划、统一农资采供、统一产品收购等“五统一”做法。承包职工种什么、不种什么，买谁的农资、不买谁的农资，用谁来服务、不用谁来服务，把农产品卖给谁、不卖给谁，都由职工说了算，任何单位、个人都不得干预。为做好团场综合配套改革的配套改革工作，兵团修订了 2018 年棉花目标价格改革方案。明确了交售范围，实现在兵团范围内自由交售籽棉。实行价补分离，籽棉销售价格完全由市场决定。

系列改革举措从体制机制上确定了职工的经营自主权，职工种植棉花的积极性大幅提高。2018 年，兵团棉花种植面积 1281 万亩，较上年同比增加 250.6 万亩，增幅 24.3%；皮棉总产 204.65 万吨，同比增加 35 万吨，增幅 20.8%；单产 159.8 公斤 / 亩，同比减少 3.1 公斤 / 亩，降幅 1.9%。

（二）棉花质量显著提升

2018 年，由于天气原因和棉花目标价格改革棉花质量试点的继续推进，棉花质量提升效果显著。2018 年，兵团棉花各项质量指标都较上年有所提高，其中：白棉 1–3 级占比 94.89%，同比增长了 1.12 个百分点；轧工质量 P1+P2 比率 98.26%，提高了 0.45%；平均长度 29.36mm，较上年增长了 0.09mm，28mm 以上占比 98.41%，兵团第五师、第六师、第七师、第八师、第十师棉花长度均超过兵团平均水平；平均长度整齐度指数 82.46%，较去年提高了 0.1 个百分点；马克隆值级 A+B 占比 96.13%，同比增长 8.45 个百分点；平均断裂比强度 28.81cN/tex，同比提高 0.3cN/tex。

二、棉花流通情况

（一）国资国企改革增强了棉花流通市场活力

按照兵团全面深化改革部署，兵团大力推进以“四个一批”为核心的国资国企改革，推进政企分开，减少对企业的行政干预，充分发挥市场配置资源的决定性作用。兵团多年以来的连队管种植、团场管加工、兵师管销售的棉花购销体制得以改变，棉花流通市场活力增强。各师积极推动棉花加工企业出售、租赁和股份制改革，鼓励各类市场主体、民间资本平等进入棉花购销环节。兵团植棉职工的售棉选择趋于多样化，棉麻公司、植棉职工的市场意识增强。棉花价格随行就市、棉企和职工风险共担的市场机制逐步形成。

（二）皮棉销售缓慢

2018/2019 棉花年度，籽棉收购总体平稳，但皮棉销售缓慢。由于 2019 年 5 月美国对中国商品两次加征关税的清单中，包含了大部分纺织服装产品，影响了中国纺织服装产品出口，纺织行业预期不稳，下游需求不旺，价格持续下跌，纺织企业运行压力较大，导致棉纺市场供大于求，皮棉价格走低，销售慢于往年。到 2019 年 8 月底，2018 年度皮棉尚未销售完毕。

三、兵团纺织行业发展情况

一是产能增加。截至 2018 年底，兵团已形成棉纺 536.13 万锭（含气流纺），较上年增加了 44.13 万锭，增长 9.0%。兵团规模以上纺织服装生产企业 69 家，较上年增加了 10 家。二是产值增长。规模以上纺织服装产业实现总产值 190 亿元，同比增长 13.8%，其中纺织业总产值 160 亿元，同比增长 9.7%，化学纤维制造业总产值 25.3 亿元，同比增长 34.6%，纺织服装、服饰业总产值 4.7 亿元，同比增长 104%。三是产量有增有减。规模以上企业生产棉纱产量 55.9 万吨，同比增长 14.3%；布 1.27 亿米，同比下降 16%；服装 418 万件，同比下降 44.7%。

数据来源：新疆生产建设兵团 2018 年统计年鉴

（新疆生产建设兵团发改委）

山　东　省

一、棉花生产

（一）棉花面积、总产量和单产

棉花种植面积逐年减小，产业发展后劲不足。棉花是山东省重要的经济作物和主要的纺织原料，作为我国传统棉花产业经济大省，山东棉花产量持续多年位居全国第二、内地第一。2017/2018 年度，山东省棉花种植面积约为 436.2 万亩，皮棉单产 79.1 公斤 / 亩，总产 34.5 万吨。全国棉花种植面积为 4844.5 万亩，山东省种植面积占全国棉花种植总面积的 9%。2018/2019 年度，山东省棉花种植面积约为 275 万亩，皮棉单产 78.9 公斤 / 亩，总产 21.7 万吨。全国棉花种植面积为 5028 万亩，山东省种植面积占全国棉花种植总面积的 5.547%。2018/2019 年度山东省各项指标均比 2017/2018 年度有所减少，特别是面积、总产减少幅度较大，山东棉花产量持续多年位居全国第二、内地第一的地位变更到全国第三、内地第二。

（二）2018/2019 年度棉花生产的主要特点

山东作为我国内地棉花主要产区，在内地棉区棉花种植面积和产量自 2008 年开始下降的情况下，2018/2019 年度，棉花种植面积继续减少，许多棉农弃棉种粮。目前，山东省棉花种植主要分布在以济宁、菏泽两市为代表，围绕金乡大蒜种植为主的高附加值片区；以滨州、东营两市为代表，以盐碱地种植为主的片区；以德州市为代表的鲁西北片区。三个片区呈现出如下特点：

1. 植棉成本基本稳定。据山东省农业厅信息中心棉花生产成本收益与劳动生产率基点调查显示，山东棉花生产成本稳定在上年水平，遏制了继续上涨态势，其中增加部分主要表现在人工方面，而物化成本低于去年。

2. 面积产量持续减少。棉花种植面积和产量持续下滑是山东省棉花产业的最大问题。2008 年度棉花种植面积为 1332 万亩，2014 年以来，内地取消棉花临时收储政策后，棉花种植面积和产量不断下滑，2015 年度为 773 万亩，总产量为 53.7 万吨，2016 年度为 700 万亩，总产量为 54.8 万吨，2017 年度的棉花种植面积约为 436 万亩，产量为 34.5 万吨，2018 年度棉花种植面积约为 275 万亩，产量为 21.7 万吨，是 2008 年以来的最低点。

（三）目标价格补贴政策全部落实

按照省财政厅下发的 2018 年度棉花目标价格改革补贴资金补贴方案，2019 年 4 月开始，全省享受棉花目标价格补贴的种棉农户，按照每亩 150 元的标准获得补贴。补贴资金于 2019 年 4 月开始拨付，已全部到位。

（四）启动“棉花保险”试点每亩收益不低于 1216 元

2018/2019 年度山东省首次启动棉花目标价格保险试点工作，运用“政府 + 保险 + 期货”协作推进的市场化模式，以财政资金撬动作用化解棉花市场风险，保障棉花种植收益，稳定棉花生产。

棉花目标价格保险费每亩 120 元，由山东省财政全额保障，不增加棉农负担。投保的目标价格为保障每亩棉花收益不低于 1216 元，保险时限为 2019 年 9 月 1 日至 12 月 31 日，市场价格以郑州商品交易所棉花大宗交易价格为基准。在此期间，如棉花市场价格低于目标价格，差价部分将形成赔付责任，由保险公司一次性全额赔付至投保棉农。如棉花市场价格高于目标价格，棉农在按市场价格获得收益的同时，保险公司按每亩 50 元给予补偿，提高棉农获得感和种棉积极性。

试点工作安排在投保意愿强烈的产棉大县开展，首批确定在济南市平阴县、东营市东营区、寿光市、济宁市鱼台县、德州市的夏津县和武城县等 6 个县（市、区）启动试点，试点县（市、区）内所有棉农均可享受保险补贴政策。

二、棉花加工及销售

（一）棉花加工企业概况

截止到 2019 年 08 月 31 日，2018/2019 棉花年度山东共有 7 个产棉市 100 家棉花加工企业按照棉花质量检验体制改革方案的要求加工棉花并进行公证检验，检验量达到 542286 包，122002 吨。分别占全国的 2.29%、2.28% 比上一年度参加公检企业减少 15 家，公检量减少 39940 吨。

（二）棉花加工企业生产情况

山东作为我国内地棉花主要产区，在内地

棉区棉花种植面积和产量从2008年开始下降的情况下，检验量在2016/2017年度出现历史最低点，而2017/2018年度检验量出现恢复性增长，2018/2019年度检验量出现负增长，全年检验542286包，122002吨，较去年减少39940吨。鲁北（东营、滨州、潍坊）、鲁西北（聊城、德州）、鲁西南（济宁、菏泽）三大传统产棉区检验量分布较均衡。

从2018/2019年度新体制棉花检验情况来看，山东省棉花的轧工质量主要集中在“中档”，今年占到99.44%，高于全国“中档”棉花轧工质量2.17个百分点。

（三）棉花品质情况

根据棉花公检情况看，山东棉花主要以淡点污及白棉为主，长度在27—28毫米之间，马克隆值以C、B级为主，断裂比强度集中在中等级与很强级之间，长度整齐度指数为82.19%。整体看，属于宜纺棉花。

1. 颜色级

山东省棉花颜色级以淡点污棉及白棉类型居多。2018/2019年度淡点污占比56.4%，白棉占比38.4%，白棉3级所占比例最多，占比31.5%，依次是淡点污2级、淡点污1级，分别占比30.0%、22.6%。与全国检验结果相比，我省白棉比例偏低。

2. 长度

2018/2019年度，山东省棉花长度检验结果集中在27—28毫米之间，29毫米以上和26毫米以下的检验结果偏少，29毫米占比明显低于全国检验结果。全省新体制棉花细绒棉长度逐包检验平均长度27.92毫米。

3. 马克隆值

2018/2019年度，山东省新体制棉花细绒棉马克隆值级A级占比3.24%，较上年下降2个百分点；C级占比59.89%（主要是C2，占比59.83%），比去年提高16个百分点；B级占比36.87%（主要是B2，占比36.73%），比去年增高5个百分点。总体来看我省棉花A级占比偏低，C级占比偏高。

4. 断裂比强度

2018/2019年度，山东省新体制棉花细绒棉断裂比强度集中在中等级与很强级之间，中等级及以上占99.79%，中等级占25.92%，强级占56.3%，很强级占17.57%。棉花断裂比强度指标较好。

5. 长度整齐度

2018/2019年度，山东省新体制棉花细绒棉平均长度整齐度指数为82.19%。80.0—85.9的占比98.19%。

（五）棉花销售依然疲软

随着市场供需双方僵持时间的深入，供大于求的矛盾日益加剧，棉花市场整体继续承压下行，未来由结构性需求带来的棉花质量高低分化趋势将更加明显。棉花销售依然疲软。加之，近年来，国家连续三年实施了棉花轮出政策，有效地加大了棉花的资源。2019年5月开始至9月30日，历时5个月，轮出成交116.2万吨。同时，中美贸易摩擦也极大地影响了棉花贸易，棉花贸易企业举步维艰。在棉花贸易方式上，基差、点价、套保、仓单销售等与期货贸易更加关联的贸易方式大量运用，传统的一买一卖方式逐步减少。

三、纺织生产与棉花消费

2019年，山东省纺织棉纱产量位居全国的地位滑至第三位，布产量位居全国的地位滑至第四位，整个行业在外需低迷、内需趋缓的市场大环境下保持生产，生产、效益情况均低于去年同期。2019年1—10月，山东省纱、布累计产量分别为303.05万吨、38.56亿米。2018年1—10月，纱、布累计产量分别为576.9万吨、72.9亿米。纱、

布同比增长幅度为 –47.47%、–47.11%。产量的下降，远远大于全国水平。

2018 年度中美贸易战贯彻始终，引导棉花价格断崖式下滑。中美贸易战一直是影响棉花市场的主要因素，涉棉企业都受到了牵连。2019 年 5 月 13 日，郑棉开盘 12 分钟即“跌停”；5 月 14 日“跌停”再现。期货市场更多地是反映预期，业者悲观情绪可见一斑。

现货市场也随之变化，2019 年 1 月中国棉花价格指数 3128 级棉花价格在 16310—16350 元 / 吨之间，一直到 2019 年 5 月初，中国棉花价格指数 3128 级棉价出现下滑，维持在 15900—15100 元 / 吨，至 2019 年 5 月 13—14 日，期货连续跌停，现货也同时大幅度下跌，棉价连续跌破 15000 元 / 吨、14000 元 / 吨、13500 元 / 吨，一路下行至 8 月 30 日的 12985 元 / 吨。棉花价格的暴跌，直接影响到棉纱的价格暴跌，纺织厂的生产受到严重的创伤，导致国内众多纺织企业限产、停产，产品积压，亏损严重。

中美贸易战从根本上对国内的涉棉企业造成了重大影响，一方面是心理上的悲观影响，产业各方补库心理受到制约，渠道库存持续收缩，从国储成交率、疆棉出疆量同比明显减少可以进行侧面验证；另一方面产业端的实质消费数量减少和节奏的变化，整体看国内下游服装产业链被迫加速向东南亚等地转移，节奏上看国内产业端的库存结构变化也带来短期棉花的消费减量，进出口数量明显减少。

2019 年，我国纺织行业发展面临的国内外风险挑战明显增多，全行业坚持深化供给侧结构性改革，持续加快推动转型升级，努力克服下行风险压力，生产情况大体平稳。但山东省纺织企业的表现尤为严峻，在内外市场需求放缓、贸易环境更趋复杂、综合成本持续提升等多重压力下，企业投资增长动力偏弱，效益水平下滑，主要经济运行指标均呈现放缓态势。总之，纺织行业面临的内、外部形势较为复杂，发展的压力很大。

（国家棉花市场监测系统山东办事处　张共伟）

河　北　市

一、棉花生产

1. 棉花面积、总产量和单产

河北省 2018/2019 年度棉花生产总体情况呈“二减一增”态势，即面积减、总产减、单产增。据统计部门数据，全省棉花播种面积 315.58 万亩，比上年减少 98.41 万亩，减幅 23.77%；皮棉单产 76.01 公斤 / 亩，比去年增加 3.48 公斤，增幅 4.8%；总产 23.99 万吨，比上年减少 6.11 万吨，减幅 20.29%。

2. 种植品种

河北省良种普及率稳步提高，随着科技种植意识的增强，棉农自留种逐步减少，购买商品棉种数量增加，从而确保了棉种质量，良种普及率稳定提高，主要优良品种：国欣棉 3 号、GK99–1、农大 601、冀科棉 1 号、冀 863、希普 6、邯杂 2 号、石抗 126、冀杂 2 号等一批优良品种被棉农所接受和推广，优种率达到 97% 以上。

3. 生产特点

（1）棉花播种面积下滑但下滑幅度有所遏制。2018 年度新棉上市以来，棉价持续走低，植棉收入锐减，棉农植棉积极性仍不高。比同期减少23.77%，种植面积继续下滑。由于河北省开始执行国家植棉保护区面积300万亩的政策，下滑幅度有所遏制。

（2）棉花播种期更趋合理。2018年度棉花播种大部分从4月22日开始，比常年推迟了3—5天，有效克服了以往播种过早出苗不好的现象。适期晚播，既利于出苗、培育壮苗，又可有效减轻棉花早衰现象。

（3）降雨及时利于棉花播种。2019年4月21—22日全省棉区普降透雨，改善了土壤墒情，棉农抓住有利时机抢墒播种，播种进度加快，播期相对集中，全省从南到北播种时间预计比往年缩短了3—5天。

（4）出苗整齐。2019年播期降雨虽多，但后期温度升高快，有利于棉花出苗和棉苗生长，绝大部分棉田出苗好、出苗快，苗全、苗齐、苗壮。但由于部分棉田播种较早，前期日照不足，出现光合不足现象，新出叶泛黄，棉苗偏弱。

（5）伏桃多。苗期与蕾期雨水充足，加上5月份连阴雨日较多，棉花生长普遍偏旺。7月上旬河北省棉区大范围降雨，缓解了土壤旱情，之后天气好转，晴朗高温天气持续，棉花进入结铃盛期，伏桃个数明显高于常年。

（6）病害较轻，虫害偏重发生。棉花苗期病害较常年偏重发生，但由于气温升高迅速，病害危害程度低于预计。苗期蚜虫中偏重发生，二代棉铃虫发生轻微，但伏蚜发生早而重，防治难度大。棉田盲椿象个别地块发生严重，总体重于去年，为中度发生。

4. 棉花生产存在的问题

当前棉花生产存在的主要问题是棉价低、用工多、天气差，造成植棉效益下降，棉农收入减少，植棉积极性受挫，导致全省植棉面积持续大幅下滑，主要原因有以下几个方面。

（1）棉花生产规模小，棉田基础薄弱。河北省棉花生产的特点是农户数量多而经营规模很小，户均棉田4—5亩。棉花生产基础设施条件差，可持续发展能力弱。随着种植业结构调整，河北省棉区主要集中在水肥条件差的黑龙港流域。全省水浇地比例下降，旱薄碱地比例增加，棉田质量明显下降，抗灾减灾能力减弱，对发展棉花生产构成直接威胁。近些年化肥用量增加，有机肥用量减少，地膜棉使用比例大，“白色污染”加重，棉田土壤环境质量日益下降。

（2）棉花生产费工费时，用工成本增加。棉花从种到收历时7个多月，生产管理技术复杂，病虫防治、整枝打杈、采摘等要花费大量的人工。随着农村劳动力的大量外出务工，从事棉花生产的青壮年劳力越来越少，大多为老人和妇女，加之棉花生产技术性要求强，在一定程度上制约了棉花生产的发展。

（3）机械化程度低，劳动强度大。棉花整个生长季节只有耕地、整地、播种和铺膜采取机械化作业，其余大部分种植环节要人工完成，特别是采收环节，机械化程度低、劳动强度大，与农民“既要省力，又要得利”的种植理念相悖，所以不愿意种植棉花。棉花还是个药罐子，一生病虫害多发，需要频繁的使用农药，中毒事故时有发生，棉农苦不堪言，落后的生产方式直接损害了棉农的身体健康，同时增加了防治成本，农民植棉意愿下降。

（4）棉花产业化程度较低，市场竞争力弱。棉花市场主体组织化程度低，在市场竞争中处于不利地位。河北省棉农生产规模小，生产盲目性很大，产品市场认同感和竞争力较低；省内棉农合作组织尚处于初级阶段，棉农没有形成代表自身利益的组织或团体，在市场谈判中处于被动地位，棉农利益得不到保障。

5. 棉花补贴情况

河北省自2018年春季开始执行棉花生产保

护区政策，保护区面积为300万亩。中央在2019年7月份下拨河北省2018/2019年度棉花补贴资金资金71040万元，为了侧重鼓励保护区棉农，将资金分成两部分，80%作为所有棉农都有的补贴，20%作为侧重补贴保护区棉农。全省核实棉花种植补贴面积300.61万亩，按照实际种植面积平均计算分配80%的资金56832万元，补贴标准是191元/亩；河北省保护区面积300万亩，保护区内实际种植231.2万亩，按照保护区实际种植面积平均计算分配20%的资金14208万元，亩均61元。我省2018/2019年度棉花补贴资金，非保护区191元/亩，保护区为252元/亩。

二、棉花收购、销售及质量

1. 加工企业生产情况

2018/2019年度，河北省棉花公证检验涉及5个产棉地市，上报公检的加工企业45家，比上一年度上报公检企业60家减少了15家，年检验量151986包，约合33991.5吨，送检数量占河北总产量的14%多点，近85%的棉花加工出来未送检就进入市场直接销售了。

2. 收购及销售情况

河北省参与棉花收购并上报公检的企业总数量比上年度减少了15家，收购进度缓慢，从2018年9月开始到2019年3月底，河北唐山地区收购进度接近100%、邢台70%左右、邯郸75%左右、衡水75%左右、沧州80%左右，各地收购进度虽不均衡，总体交售量接近80%以上，尚有20%多的籽棉没有收购上来。明显特点是棉农交售不积极、企业收购不积极、报送公检不积极。

国家连续三年实施了棉花轮出政策，有效加大了棉花的供给资源，受中美贸易摩擦、国家宏观调控及抛售储备棉等多种因素的影响，现货市场也随之发生较大变化。本年度河北地产棉标准级价格，在2019年1月前后稳定在15500—16300元/吨，在4月底前稳定在15000—15800元/吨，从5月份开始棉花价格大幅下滑，到8月底下跌至12900—13600元/吨，棉花价格的暴跌，导致棉花收购企业和纺织企业都面临亏损，棉农收入的减少也极大地影响棉农植棉积极性。

3. 公检质量情况

据河北省纤维检验部门统计，2018/2019年度河北省有45家加工企业送检棉花合计151986包，约合33991.5吨（送检比例较小，预计总产24万吨）。从送检的棉花质量检验结果分析：

（1）长度分布是：30毫米301包占0.2%、29毫米7211包占4.74%、28毫米74315包占48.9%、27毫米60611包占39.88%、26毫米9186包占6.04%、25毫米354包占0.23%，29/28/27毫米是主体长度。

（2）颜色值级分布：白棉总体占46.4%、其中白棉2级占5.8%、白棉3级占38.5%、白棉4级占2.0%、将近一半是白棉3级，平均是2.91级；淡点污棉总体占46.5%，其中淡点污棉1级占27.0%、淡点污棉2级占17.9%、淡点污棉3级占1.6%，淡点污棉平均是1.45；淡黄染棉占7.2%，平均2.23级。

（3）轧工质量：93.39%为P2档，6.61%为P3档。

（4）马克隆值分布是：A级（3.7—4.2）11472包占7.55%；B级57508包占37.84%，其中：B1档（3.5—3.6）282包占0.19%、B2档（4.3—4.9）57226包占37.65%；C级83006包占54.62%，其中：C1档（≤3.4）74包占0.05%、C2档（≥5.0）82932包占54.57%。河北区域棉花的马克隆值主体是C2档和B2档。

（5）断裂比强度：很差（≤23.9）23包占0.02%、差（24.0—25.9）1084包占1.19%、中等（26.0—28.9）57409包占37.77%、强（29.0—

30.9）75904 包占 49.94%、很强（≥ 31.0）16846 包占 11.08%，断裂比平均强度达到 29.28，强级及以上的占 61.02%、中等级及以上占 98.79%。

综合来看，2018 年度河北省棉花质量特点是长度较好、强度很好、色泽中等、马值偏高。

三、纺织运行情况

1. 行业主要产品产量 66.7% 下滑，增加值增速继续低位运行。

2019 年 1—12 月，河北省规模以上企业主要大类产品产量中，仅印染布、化学纤维、轻革增速保持增长。纱、布、绒线、无纺布、服装、和鞋产量同比下滑，在细分 36 个品类中产量同比上升的有 12 个，占比 33.3%，下降的有 24 个，占比 66.7%。

四个子行业中仅化学纤维制造业增加值增速持续保持了高速增长，实际完成 20.31%，皮革、毛皮业维持了低速增长完成 0.15%，纺织业增速继续下滑实际完成 -9.42%，纺织服装、服饰业增速实际完成 -15.29%，纺织业和纺织服装、服饰业仍是行业负拉动的主要因素。

在出口交货值方面，四个子行业中化学纤维业连续九个月实现止增长完成 0.8%，但增速大幅放缓，纺织业、纺织服装服饰业两个子行业仍继续下滑，分别完成 -21.7%、-22.7%，皮革、毛皮、羽毛及其制品和制鞋业完成 -68.6%，行业整体出口下滑形势短期内很难扭转。

2. 投资增速下滑幅度趋缓，增速下行减慢

2019 年 1—12 月河北省纺织工业固定资产投资增速同比下降 2.2%，投资增速出现大幅回升态势，下滑速度减缓。

在四个子行业固定资产投资中纺织业完成 -5.4%，纺织服装、鞋、帽制造业 2.8%，皮革、毛皮、羽毛及其制品和制鞋业 6.4%，化纤业 -10.6%，四个子行业中除纺织业稍有下滑外，纺织服装、鞋、帽制造业，皮革、毛皮、羽毛及其制品和制鞋业、化纤业均有较大幅度回升。

在四个子行业技术改造投资中纺织业完成 -0.4%，在连续四个月正增长后出现下滑，纺织服装、鞋、帽制造业完成 8.7%，皮革、毛皮、羽毛及其制品和制鞋业 12.1%，化纤业完成 0.5%，后三个子行业的技术改造投资均出现较大幅度的回升。

3. 全行业用电量低速增长

2019 年 1—12 月河北省全行业用电量增速基本持平，1—12 月累计增长 0.07%，扭转了持续下滑态势，四个子行业纺织服装、服饰业和化学纤维制造业保持了用电量的增长，占比 67% 的纺织业用电量仅仅下滑了 0.3%。

4. 运行质效下滑明显，行业利润大幅降低

河北省 1247 家规模以上入统企业，从业人员平均人数 32.5 万人，同比减少 1.7 万人，下降 5.0%。

2019 年 1—12 月完成主营业务收入 1865.2 亿元，同比下降 4.4%，利润总额 114.6 亿元，同比下降 19.2%，

亏损企业数 166 家，同比增加 49 家，增长 41.9%，增幅大幅上涨。其中：纺织业 100 家，增加 26 家，增长 35.1%；纺织服装、鞋帽业 27 家，增加 13 家，增长 92.9%；皮革毛皮羽毛业 29 家，增加 9 家，增长 45%；化学纤维业 10 家，同比增加 1 家，增长 11.1%。

亏损企业数出现较大幅度的波动，化学纤维业亏损面占比仍保持了较高比例达到 24.39%，纺织业、亏损企业数量占比达到 60%，是全行业亏损企业数同比增长的主要原因。

亏损总额 5.89 亿元，同比增长 83.2%，四个子行业亏损额全部增加，尤其纺织服装鞋帽业亏损额大幅上升，增幅达到 457.3%。纺织业和化纤业亏损额增幅也在 75% 以上。

（国家棉花市场监测系统河北办事处　王彦章）

安 徽 省

1. 棉花面积、总产和单产

据安徽省统计局数据，2019 年度全省棉花种植面积约 90.45 万亩左右，较上年度的 129.45 万亩减少 39 万亩，同比减少近 30%，棉花种植面积进一步萎缩。2019 年安徽省棉花总产量为 5.6 万吨，较上年度的 8.9 万吨减少 3.3 万吨，同比减少 37.6%。

2. 棉花种植成本及收益

据安徽省物价局统计，2019 年全省棉花（皮棉）单产为 85.87 公斤，比上年的 89.28 公斤减少 3.41 公斤，减幅 3.82%。主要原因是 2019 年安徽省棉花产区夏秋连旱，持续高温少雨，棉田土壤墒情较差，导致棉花减产。2019 年安徽省皮棉价格继续下跌，全省皮棉平均出售价格为每 50 公斤 667.07 元，比上年 707.21 元下跌 40.14 元，跌幅 5.68%。

2019 年安徽省棉花每亩总成本为 2073.49 元，比上年 2101.99 元下降 28.5 元，降幅 1.36%；扣除农户实际支出的每亩现金成本为 496.79 元，比上年 531.31 元下降 34.52 元，降幅 6.5%。2019 年全省棉花每亩物质与服务费用为 466.04 元，比上年 472.83 元略降 6.79 元，降幅 1.44%。其中，每亩种子费、农家肥费、农药费、机械作业费、燃料动力费等比上年有所减少。

2019 年安徽省棉花种植每亩人工成本为 1428.99 元，比上年 1416.45 元微增 12.54 元，增幅 0.89%。主要原因是安徽省农业劳动日工价的提高，2019 年全省农业劳动日工价为每天 96.8 元，比上年每天 90 元增加 6.8 元，增幅 7.56%。

2019 年全省棉花每亩土地成本为 178.46 元，比上年的 212.71 元减少 34.25 元，减幅 16.1%。每亩土地成本减少的主要原因是近年来种棉收益不高，农民种植意愿降低，流转地价格有所下降。由于今年棉花每亩物质与服务费用和土地成本均有不同程度的下降，抵消了人工成本略增对总成本的影响，导致棉花每亩总成本和现金成本均呈下降趋势。

2019 年安徽省棉花每亩净利润亏损额为 669.69 元，比上年 541.38 元亏损增加 128.31 元，增幅 23.73%。每亩现金收益 907.01 元，比上年 1029.3 元减少 122.29 元，减幅 11.88%。

3. 棉花收购加工企业情况

由于种植面积大幅减少，棉花收购加工企业收不到足够多的棉花，尤其是 400 型加工企业处境尤为艰难，很多企业被迫关门歇业、破产、倒闭、转行，处境十分艰难，当前全省沿江棉区尚有企业收购加工，其他地区只有个别企业还在收购加工，2019 年度全省经公检的皮棉只有 1200 多吨，籽棉收购价在 3.2 元 / 斤左右，比上年度下降 10% 左右。

（安徽省棉麻有限责任公司　陶劲春）

河 南 省

一、河南省棉花生产情况

2018/2019 年度，全省植棉面积 40 万亩左右，平均皮棉亩产 70 公斤，皮棉总产约 2.8 万吨。

1. 主要技术模式推广情况。棉花多熟高效套种模式，提高了棉田综合效益，在促进农民增收、农业增效方面发挥了重要作用，是今后发展的方向。河南省目前以推广蒜棉套种、早熟西瓜与棉花套种、麦瓜棉多熟套种等为主。

一是在南阳盆地棉区。重点在淅川县、西峡县、镇平县、社旗县、唐河县、方城县、邓州市等县（区、市）推广棉蒜、棉麦间作套种技术，示范面积约 1500 亩。

二是在豫东地区。重点在民权县、宁陵县、虞城县、睢阳区、太康县、尉氏县、扶沟推广麦瓜棉一年三熟套种技术；在杞县、通许、柘城县、中牟县推广蒜棉套种技术；开封市、周口市、商丘市三市推广示范面积约 8000 亩。

三是在沿黄棉区，重点在内黄县、新乡县、延津县、灵宝、孟津、巩义、荥阳、中牟、封丘、濮阳县一线的推广春育夏栽轻简化机械化规模植棉技术，推广面积约 2000 亩。

2. 新技术模式创新示范情况。今年同步开展的荷兰豆与棉花高效套种技术示范（前茬棉花品种为中棉所 50）也取得初步成效。荷兰豆选用的是早中熟食用型品种，每亩播种量 2.5 公斤，种植密度 10000 株左右，荷兰豆属于爬蔓作物，初生花节为 16—17 节，有效结荚角位达 26—27 节，果荚翠绿、扁平、品质优良。采用棉花和荷兰豆套种模式，利用上年的棉杆免拔柴，于上年 10 月中下旬将荷兰豆顺棉行播种于棉行一侧 10 厘米左右，由于在棉花收获后期不急于拔柴种麦，短季棉株上部的未吐絮棉桃有足够的时间正常成熟吐絮采收，从而保证了棉花的采收品质，有利于种植桃大、质优、高产、生育期偏长的中早熟棉花品种；而棉花杆可以在来年春季作为荷兰豆攀爬的支架，省去了种植荷兰豆需要在田间绑插支架的物料和用工。荷兰豆于 4 月上旬前后开始开花结荚，4 月下旬—5 月中下旬可分批采收鲜豆荚。经测产，荷兰豆亩产鲜豆荚 502 公斤，市场收购价格每公斤 7.2 元，亩产值约 3614 元，除去采摘荷兰豆雇工费用每公斤 1 元左右，每亩毛收入约 3112 元，比传统种植其他农作物有更高的收益。如果实行订单生产，大面积种植，其规模效益更加可观，是当地群众生产致富的可靠模式，也是利用高效套种以豆保棉的重要途径，发展前景十分广阔。

3. 棉花新品种中棉 425 示范情况。由中国工程院喻树迅院士培育并提供的短季棉新品种中棉 425，安排在河南省尉氏县张市镇崔庄村，中棉 425 种植示范面积 150 亩，等行距 80 厘米，株距 10 厘米，麦后直播，机械化播种。经过田间实地测产：平均密度 4166 株 / 亩，株高 92cm，单株成铃 12.7 个，亩成铃 52908 个，经 85% 缩值折算，亩产籽棉 224.9 公斤，按单铃重 5 克，衣分

36%，折合亩产皮棉 80.9 公斤。该品种抗虫耐病，品质优良，适合在河南省黄河以南棉区麦后直播种植。

二、2018/2019 年度河南棉花市场情况

棉花市场特点：中美贸易形势发展一波三折，棉花供应充足，需求维持弱势。

中美经贸关系进展的相关消息仍是近期棉花行情的主要驱动因素。中美贸易关系进展相关消息牵动着棉花市场走势，考虑到中美贸易关系复杂多变，预计棉价大概率维持震荡走势。

11 月下旬以来，受中美贸易磋商形势因美方先后出台涉港、涉疆人权法案，大部分中国进口企业、国际棉商、投资机构认为，年底前中美达成一致并签署第一阶段协议的希望已非常渺茫；但 12 月中旬传出消息，中美第一阶段经贸协议已达成一致。受中美贸易乐观情绪提振，国内棉花期现货价格均呈现反弹走势。但下游需求并未出现好转，棉企库存攀升，皮棉销售压力上升。新棉供应持续增加，而下游需求恢复缓慢，春节前难现集中补库行情。需求疲软行情下，棉价上涨缺乏有效支撑，预计国内现货棉价走势平稳为主。

三、河南省纺织行业经济运行基本形势

2018/2019 年度，河南省棉纺织行业生产较为平稳。大部分企业生产正常。产能利用率 77% 左右，纱线企业平均纱支水平维持在 40 支以上。面料生产以销定产居多，差异化产品占主流。纺织品服装增长质量继续改善。

据了解，规模以上企业全年生产纱线 268.1 万吨，布产量 17.1 亿米。化纤产量 78.3 万吨。

河南省纺织行业出现投资增长趋缓的特点：河南省纺织企业投资规模继续萎缩。部分地市县区承接产业转移的进度加快，特别是豫东地区织造设备引进速度加快，为后续投资增长增加新动能。重点企业的技术改造和规模扩张，为行业发展增加了动力。中国平煤神马集团牵头，在平顶山建设中国尼龙城，重在打造尼龙产业链；新野纺织、新乡化纤、平煤神马、恒天永安、许昌裕丰纺织有限公司等重点企业正在扩容，为行业发展增加了新动能。

在全国增速放缓的大背景下，河南由于内部结构调整优化，有发展动能，高质量发展是效益增长的驱动。据了解，纺织行业固定资产投资延续趋缓态势。

四、行业面临的形势与发展建议

1. 贸易保护主义抬头，全球经济持续复苏乏力，消费信心削减，消费需求预期向弱，将影响到衣着类消费品的支出。

2. 国内方面，内需消费平稳增长。国民经济继续平稳增长，为内需消费提供良好经济环境；消费意愿有所增长，消费金融快速发展，为内需扩大提供积极支撑；内需升级特征显著，消费者对品质、文化、环保等方面需求增多，体验消费、共享经济等快速发展，均对纺织行业优化供给侧结构提出了新的挑战。

2019 年以来，我国纺织行业的国内外发展环境更为严峻，市场需求放缓与贸易环境风险交织，挑战和困难因素明显增多。河南省纺织产业与全国纺织大形势基本一致。纺织行业坚持深化供给侧结构性改革，继续加快推进转型升级，在生产经营压力加大的情况下，抵御下行风险压力的韧性持续显现，景气度仍然保持在扩张区间，经济运行态势与外部形势基本相符。

建议相关部门出台有关政策，引导产业升级。

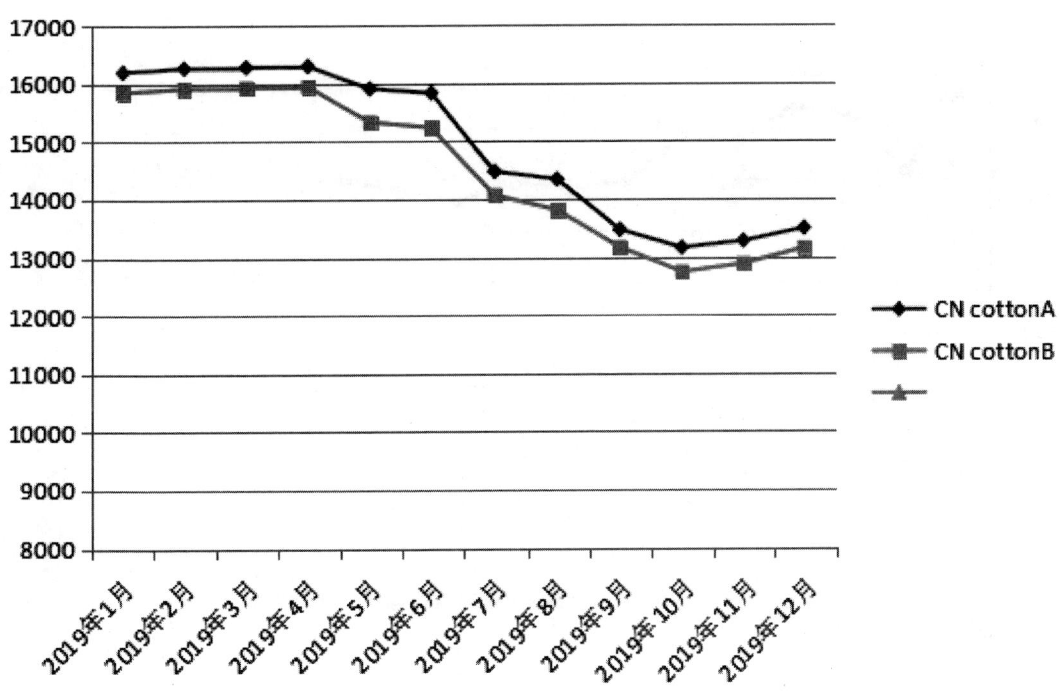

图 2–1　2019 年棉花价格月走势图

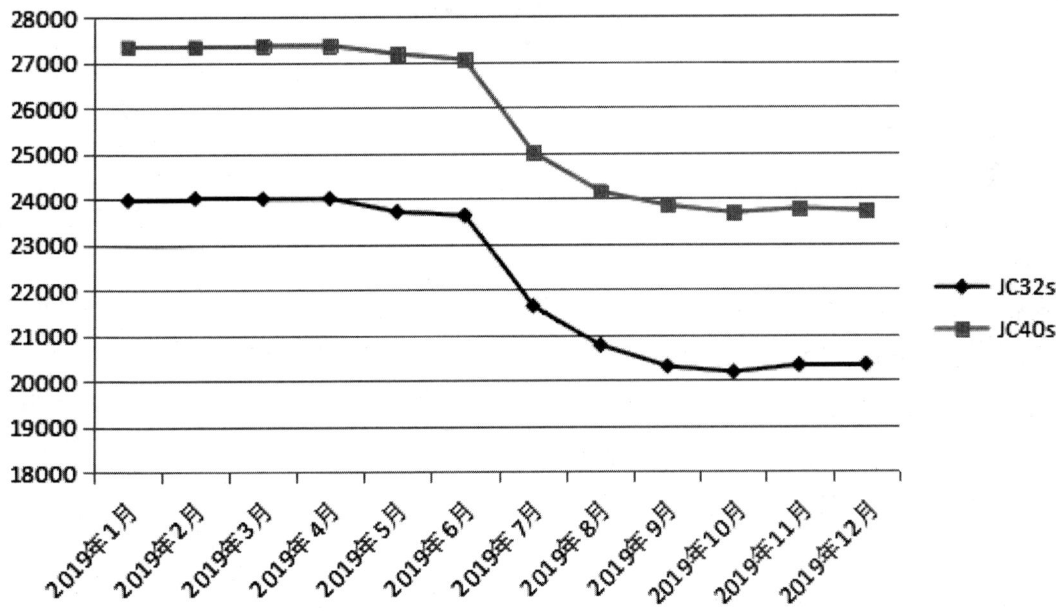

图 2–2　2019 年棉纱价格月走势图

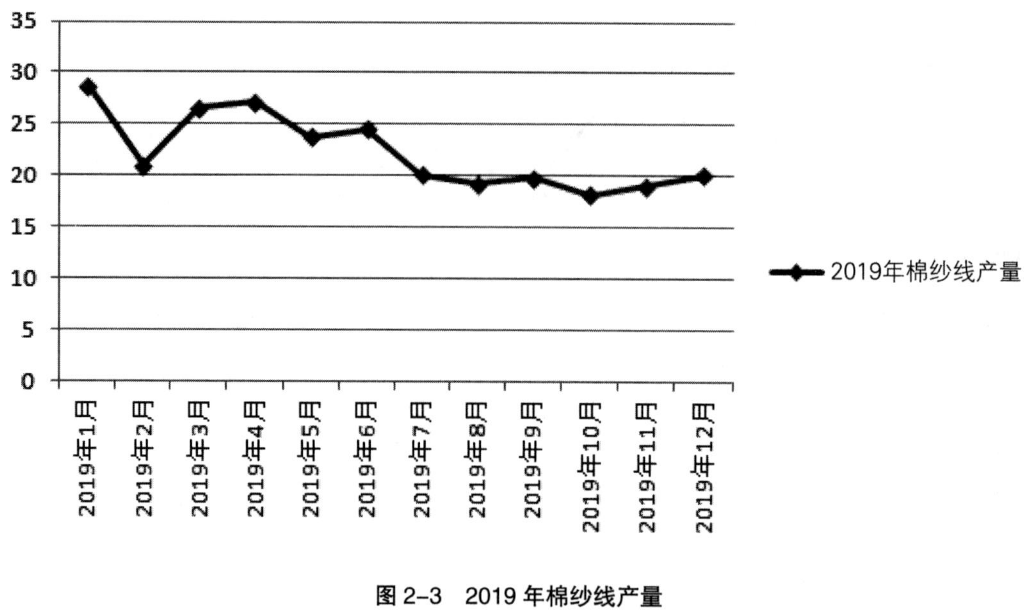

图 2–3　2019 年棉纱线产量

（河南省棉花协会　魏勇）

江　苏　省

一、棉花生产与成本收益

1. 棉花面积、总产量和单产

据国家统计局统计，2018/2019 年度江苏全省棉花面积为 24.9 万亩，同比下降 37.5 万亩，降幅 60.1%，连续 12 年降，再创历史新低，仅为最高年份（1984 年，1082 万亩）的 2.3%，植棉面积占全省种植面积的 0.22%，棉花种植已经从江苏农业的主力品种变成一个边缘品种，几乎忽略不计。种植方式上，营养钵育苗约 22.7 万亩，仍是主体育苗类型，轻简育苗约 0.8 万亩、直播棉约 1.4 万亩。全省平均单产 82.7 公斤（统计部门数据），与上年基本持平。总产 2.1 万吨，比上年减少 3 万吨，下降 58.8%；总产在全国排名第 9 位，与去年持平，占全国产量比重 0.34%，同比下降 0.56 个百分点。全省已无规模植棉区域，徐州、南通、盐城传统主产区都只剩下小块零星种植，其中徐州丰县略多，有 7 万多亩。

2. 种植成本及收益

据统计，江苏全省籽棉平均收购价约 6.1 元 / 公斤，同比下降 5.8%，最低收购价约 5.6 元 / 公斤，最高收购价 6.5 元 / 公斤。受成本刚性上涨、产量水平下降和价格下跌等综合因素影响，今年植棉效益再度滑坡，这也是植棉面积减少的主要原因。在成本中，因为未实现机械化，人工投入多是刚性成本支出的主要部分，约占总成本的 5 成以上，另外农药、化肥、地膜投入也大于水稻、玉米等粮食作物。江苏省耕地面积相对少，又是沿海经济发达地区，对时鲜蔬菜、水果的消费需求快速增加，虽然棉花种植有300元/亩的政府补贴，但时鲜蔬菜、水果收益远好于传统的粮食、棉花，从近几年的发展趋势看，棉花和传统粮食的种植面积将保持下降趋势，棉花减速更快。

3. 种植品种

由于种植面积少，大都为小块零星种植，在品种上缺少统一规划，相对随机，主要有国欣318、泗棉698、徐杂3、铜杂411、中棉63、泗阳822、中棉所50。

4. 生产特点

（1）3月下旬—6月上旬：光温适宜，棉花播种育苗、移栽进展顺利。3月底至4月底，主产区升温平稳，光照充足，雨日较少，对播种出苗有利，基本实现一播全苗。全省棉花平均出苗率80.5%。5月上旬—6月上旬，主产区气温偏高，油菜和小麦提前成熟让茬，土壤墒情基本适宜；移栽后，在田棉苗生长发育较为理想，苗情去年同期基本持平。

（2）6月中旬—7月上旬：晴雨相间，梅雨期间区域性强降水频次少，对生产影响较小。今年梅雨期较往年偏短，6月22日入梅，7月9日出梅。前期以局地分散性降水为主，后期全省性过程降水强度略大。梅雨期间总体雨强偏弱，淮河以南雨量比常年偏少3成，区域性强降水呈过程性和间歇性，且频次少。期间，全省出现4次区域性暴雨，较常年（7次）偏少，加之棉花主产区北移，强降水过程对棉花生长影响不大。据6月20日苗情调查显示：株高29.17cm，果枝0.71台，蕾0.78个，分别比去年+2.87cm、–0.09台、–0.04个。

（3）7月中旬—8月中旬：持续晴热高温，部分地区旱象显露，影响授粉和坐桃；台风中断高温，东部强降雨地区，部分农田短时受淹，大风造成棉花花蕾脱落，个别棉株倒伏。7月中旬以来，江苏省受副高影响，出现了区域性持续高温天气，大部分地区最高气温35—36摄氏度。随着高温的持续，农田失墒快，淮北北部及沿江苏南部分地区显露旱情，其中丰县、沛县地区达到中等以上干旱。7月21—23日受台风影响，高温中断，全省普遍出现降水及6级以上大风，中东部地区大到暴雨、部分地区大暴雨。台风对生产利弊皆有，台风降水补充了土壤水分，缓解了淮北北部部分地区的旱情，但大风导致棉花花蕾脱落，个别棉株倒伏，强降雨造成东部部分农田短时受淹，受灾严重的地区集中淮北等地。据8月15日的苗情调查汇总分析：单株蕾为30.43个，当日花为1.33朵，小铃为5.55个，大铃为18.5个，与去年相比较–7.73个，–0.93朵，–4.37个，+12.2个。

（4）10月上旬—11月末，成熟期光照充足，多晴好天气。10月以晴或多云天气为主，光照充足，降水偏少，气温基本接近常年，对棉花的最后成熟非常有利。10月下旬进入秋收高峰期，11月上中旬阴雨天气偏多，部分影响秋收工作的开展，11月底秋收工作基本结束。据10月10日产量构成分析，伏前桃、伏桃、早秋桃、晚秋桃分别为0.53、18.46、13.01、2.36个，比去年+0.52、+11.98、–8.13、+0.73个，占比分别为1.54、53.73、37.86、6.87个百分点。

二、棉花收购、加工与销售

1. 棉花收购加工企业构成及变化情况

由于棉花种植面积大幅减少，缺少籽棉资源，江苏收购加工企业也逐年减少。2018/2019年度，从公检数据看，全年只有泰州1家企业参与公检，比上年少了3家，公检数量4932吨，减少3354吨，据了解，这家企业的籽棉资源大部分来自外省，如安徽、江西、湖北。另外，一些200型企业也有参加收购加工，但量都很少，一般只有100—200吨，且大都是棉、粮、蔬菜、水果兼营。

2. 棉花收购、加工和销售成本及利润情况

2018年度江苏省棉区开秤收购普遍晚于周边地区，在10月中旬以后。收购主体分散，400型、200型都有参加，200型厂大都是与纱厂签订协议锁定渠道、价格，以订单式收购加工为主。2018年度，由于中美贸易战影响，棉花价格一路下跌，400型企业专门生产加工仓单棉，降价损失相对较小，总体效益一般。200型厂主要销售给纱周边熟识的纱厂，由于纱厂资金紧张，赊欠现象比较普遍，加上价格一直下跌，企业普遍亏损。

三、纺织生产与棉花消费

1. 纺织生产及销售情况

据江苏省统计局数据显示，2018全省纱产量303.2万吨，同比减少14.3%，布产量69.4亿米，同比减少21.7%，规模以上棉纺织企业数量953家，同比减少143家，实现销售产值994.9亿元，同比下降13.9%，实现利润38.4亿元，同比下降21.2%，企业数量持续减少。从国家发改委公示的配额申报企业看，2018年江苏共有108家纺织企业参与申报，同比减少3家，108家企业自报纱锭数共计899万锭（含气纺、涡流纺折算），减少204万锭，户均8.3万锭，80%以上为5万锭以下的中小企业。2018年度受中美贸易战影响，棉花价格高开低走单边下跌，江苏棉纺企业经营困难，倒闭一部分，外迁一部分，总量持续减少。

2. 棉花消费

2018年度，江苏省纺织企业用棉主要以外购新疆棉、储备棉、进口棉为主，地产棉可以忽略。江苏省劳动力市场整体缺口较大，纺织行业由于行业盈利能力差，工资水平低、劳动强度大、工作环境差，纺织企业普遍存在招工难用工困难，员工以40岁以上群体为主。近年来棉纺织规模在逐渐萎缩，除了自然关停的，还有不少转移到新疆、甘肃及国外。在消费结构上，棉花被价格便宜的涤纶、粘胶替代量在持续增加，纱支规格整体提高变细，用棉量相对减少，2018年度全年用棉量在100万吨以下，棉花消费量延续下降趋势。

3. 纺织行业经济运行特点

2018年度，江苏省纺织行业运行总体相对平稳，但受中美贸易战影响，经营难度很大，总体规模收缩，效益下降。原料、产品价格大幅波动，原料供应上，储备棉常态化轮出，稳定了供应渠道，储备棉轮出价格与国际市场联动，稳定了内外棉花差价，保持了国内纺织产品的国际竞争力。在新疆棉占主体的原料供应中，江苏距离新疆较远，运输成本相对较高，好在拥有全国最大的后道织造加工产业链，棉纱主要销售在本地和出口，销售运输成本低，运输综合成本并不高。地处后道加工中心，江苏棉纺行业能够及时掌握后道需求信息，开发新特品种、发现商机。江苏纺织产品档次在“新、特、高”具有明显优势。

（江苏省农垦棉业有限公司　何银官）

陕 西 省

一、棉花生产

1. 棉花面积、总产量和单产

据国家统计局统计，2018/2019 年度陕西省棉花种植面积为 5.5 千公顷，同比减少 1.6 千公顷，降幅 22.54%；总产量 0.8 万吨，同比减少 0.2 万吨，减幅为 20%；平均单产 1399.5 公斤 / 公顷，同比增加 49.5 公斤 / 公顷，增幅为 3.67%。

据调查，2018/2019 年度当地棉农植棉物化投入及其它成本 20705.7 元 / 公顷，比去年增加 2092.65 元 / 公顷，增幅 11.24%。植棉物化投入为 11754.75 元 / 公顷，比去年增加 2561.7 元 / 公顷，增幅 27.87%；人工及直接费用成本为 8950.95 元 / 公顷，比去年减少 469.05 元 / 公顷，减少 4.98%。

按照当地籽棉收购均价每公斤 6.20 元、亩均籽棉产量 237.58 公斤计算，每亩毛收入 1473.00 元，去除每亩植棉总成本 1380.38 元，每亩纯利润 92.62 元。比起其他（西瓜、苹果、冬枣等）作物，其效益差距大约 10—20 倍，当地近几年植棉面积下降，以改种瓜、果的较多，之所以当地棉农每年还有种植，大多仍以瓜棉、果棉套种为多。

2. 植棉品种

2018/2019 年度陕西植棉的主要品种是中棉 41 号以及棉农自留棉种。

3. 生产特点

2018/2019 年度，陕西当地棉农大多小面积套种、自己务作为主，自用棉比重大。今年棉花播种适时，棉田墒情适宜，气温好于往年，出苗率齐。虽然个别田块有轻度黄萎病发生，主要虫害仍以蚜虫为主，但危害程度轻微，药物防治一般 10 天左右进行一次，与往年差不多。陕西棉区前期微旱，中期雨水正常，气候湿润，适宜棉花正常生长，总体伏前桃、伏桃成铃好于去年同期；后期降雨偏少，偏旱，秋桃成铃差于去年同期；采拾期雨水偏少，利于棉花采拾，今年采拾的籽棉一致性好，品质以白棉 3–4 级为主。籽棉含水小，棉花等级好于往年。

二、棉花收购加工与销售利润

1. 棉花收购加工企业构成及变化情况

2018/2019 年度，全国棉花收购资格证放开以后，陕西省内具有收购加工能力的 400 型棉花加工企业有两家，今年没有进行收购加工，当地棉花主要由 200 型企业进行收购加工，棉企收购环节谨慎，包包测水、包包试轧衣分，全部由小型纺企及当地自由市场零星消化。

2. 棉花收购、加工和销售成本及利润情况

陕西省内棉企自 10 月初开秤收购，收购量不大，收购均价 6.2 元 / 公斤，收购加工企业除去加工费每吨 1000 元，加工销售 3128B 级皮棉每吨毛利不到 200 元，微利经营。

3. 棉花收购、加工及销售的特点

由于陕西地区一般棉农种植面积小，产量不大，今年收购价格有所下降，销售比较顺畅。

由于棉企对后期加工出的皮棉销售前景持谨慎态度，收购采取包包测水，进度缓慢；企业真正开秤收购的少，收购量不大，加工企业基本上采取收购一定量再开机生产，边加工边销售，加工企业基本存货很少。

三、纺织生产与棉花消费

1. 棉花消费下降。据统计，2018/2019 年度陕西棉花消费量达到 26.5 万吨，同比下降 7.02%。

2. 主要产品纱产量全年大幅下降，布 12 月份产量大幅下降、全年有所下降；化学纤维、服装产量大幅增长。

据陕西省统计局统计数字显示，2019 年 1—12 月，陕西省规模以上纺织工业主要产品产量：生产纱 31.85 万吨，同比降 20%；化学纤维 44717.70 吨，同比增 16.6%；生产布 69284.90 万米，同比降 8.1%；服装 5905.90 万件，同比增 23.7%。

表 2-1　2019 年 1—12 月全省规模以上纺织工业产品产量

行业	指标名称	计量单位	生产量		比同期增长%	
			本月	累计	本月	累计
纺织	化学纤维	吨	3754.00000	44717.00	12.2	16.6
	纱	万吨	3.16	31.85	–33.5	–20.0
	布	万米	5626.3000	69284.900	–24.8	–8.1
	服装	万件	595.90	5905.90	7.9	23.7

3. 全省纺织行业主营业务收入低于全省规模以上企业主营收入 8.7 个百分点。

2019 年 1—12 月，全省规模以上企业 6818 户。主营业务收入 24526.8 亿元，比去年同期主营业务收入 23680.7 亿元增长 3.6%，低于去年同期 9 个百分点。其中，纺织业完成主营业务收入 260.5 亿元，同比下降 5.1%，低于全省 8.7 个百分点；纺织服装、服饰业完成主营业务收入 81 亿元，同比增长 11.9%，高于全省 8.3 个百分点；化学纤维制造业完成主营业务收入 23.7 亿元，同比增长 8.7%，高于全省 4.5 个百分点

4. 全省纺织业实现利润低于全省工业实现利润水平 5—8 个百分点。

据陕西省统计局统计数字显示，2019 年 1—12 月，全省规模以上企业 6818 户，实现利润 2167.00 亿元，同比下降 11.7%，低于去年同期 35 个百分点。其中，纺织业实现利润 19.4 亿元，同比下降 16.7%，低于去年同期 12.1 个百分点，纺织服装、鞋、帽制造业实现利润 4.9 亿元，同比下降 19.7%；化学纤维制造业实现利润 1.5 亿元，同比下降 16.7。

（国家棉花市场监测系统陕西办事处　易建祥）

江　西　省

一、棉花生产

1. 种植面积、产量

作为长江流域五个棉区之一的江西棉区，全省近五年棉花种植面积、单位产量及总产量情况如下：

表 2-2　2015 年—2019 年江西省棉花种植面积、单位产量及总产量

年份	种植面积（千公顷）	单位面积产量（公斤 / 公顷）	总产量（万吨）
2015 年	81.1	1428.0	11.6
2016 年	76.4	1472.0	11.2
2017 年	50.6	1516.2	7.7
2018 年	45.6	1495.7	6.8
2019 年	42.6	1546.7	6.6

数据来源：国家统计局数据

2. 种植特点、成本及收益

江西省当前棉花生产存在“规模小、效益低”“花工多、劳动强度大、机械化程度低”“从业人员趋于高龄化和女性化，且文化程度低”和“农田基础设施差、抗自然风险能力弱”的“三低一弱”的特点。省内主产区在九江彭泽县，2019 年彭泽县棉花种植面积约 51.8 万亩，同比减少 2.2%，皮棉总产 4.8 万吨，籽棉单产 240 公斤 / 亩。

棉花种植成本较去年有所降低。分类看，生产资料成本 285 元 / 亩；抗旱 200 元 / 亩；人工成本 576 元 / 亩，每亩总成本 1061 元。综上，本年度棉花（皮棉）平均亩产量 93.6 公斤，平均售价 15.90 元 / 公斤，产值合计 1488 元，农户亩均纯收益 427 元。

3. 棉花收购加工与销售利润

2019 年，江西棉花质量良好，皮棉等级以白棉三级为主，全省以 200 型小包加工企业为主。受到资金短缺影响，籽棉收购量不大，一般在 200 万—400 万斤之间，收购价格 3.2 元 / 斤左右（衣分 39%—41%），统花 3.1 元 / 斤。目前皮棉报价 13500—13600 元 / 吨，利润约 400 元 / 吨。

二、纺织行业经济运行特点

2019 年，我国纺织行业面临经贸形势复杂多变，不确定性因素交织，为行业高质量发展带来

多重考验。1—10月份，纺织行业生产低速增长，效益有所下降，投资趋于谨慎，内需市场增速放缓，外贸出口面临一定压力。经贸形势压力推动产业加快转型升级，企业危机意识、创新意识进一步增强。江西省纺织行业规模居全国第八，近年来全省纺织行业紧紧抓住沿海发达地区纺织产业加速向中西部转移这一历史机遇，在实现行业快速发展的同时，也扛起了推进建设工业强省的“先锋”旗帜。

2019年1—10月，全省棉纱产量为128万吨。1—6月，全省纺织服装行业实现营业收入818亿元，同比增长5.3%；实现利润37.5亿元，同比增长6.1%。实际出口16.9亿美元，其中，服装出口12.5亿美元，纺织品出口4.4亿美元。在50户重点企业中，上半年有30户企业营业收入实现同比增长。其中，赛得利（九江）实现营业收入18.2亿元，增长47.9%；赛得利（江西）12.8亿元，下降6.6%；江西德鑫纺织2.4亿元，增长10.1%；华瑞石化纤维有限公司1.9亿元，下降1.6%；南昌华兴针织1.5亿元，增长17.9%。与此同时，全省纺织服装行业主要产品产量有涨有跌。其中，服装产量3.4亿件，同比下降1.7%；纱产量64.4万吨，同比下降2.7%；布产量3.9亿米，同比增长34.2%；化学纤维产量31.6万吨，同比增长26%。此外，在2019年3月19日，于都县还被中纺联授予“中国品牌服装制造名城”称号，成为江西省第五个国家级纺织服装产业基地。

对于动辄主营业务收入上万亿元的江苏、浙江等纺织强省来说，江西纺织显得有点像“小字辈”，即使在江西本省内，纺织也位于有色、钢铁、石化等行业之后，少了些支柱产业的光环。

部分数据来源：羽绒金网

（国家棉花市场监测系统江西办事处　张岩岩）

湖　南　省

一、2019年棉花种值和产量情况

1. 2019年植棉面积略有减少。据各市州最新上报数据显示，2019年全省棉花种植面积145.3万亩，较上年减少1.2%。其中，常德市74.15万亩，占全省面积的51%；岳阳市36.58万亩，占比25.2%；衡阳市16.6万亩，占比11.4%；益阳市11.11万亩，占比7.56%；其他市州6.82万亩，占4.7%。

2. 单产有所下降。受前期低温阴雨影响，棉花苗期生长发育较迟。7月上中旬，衡阳棉区遭遇两次特大暴雨，部分棉田淹水10—20小时，导致个别田块死苗减产。7月下旬至9月上中旬，全省主产棉区普遍干旱少雨，导致长势后劲不足，秋桃偏少。进入吐絮高峰较往年早10—15天，单铃重较去年降低10%左右，预计亩产籽棉220—250公斤，较上年减10%—15%。同时，后期持续干旱导致纤维发育不足，纤维品质下降。

二、2019年纺织企业情况

1. 湖南省2019年各棉纺企业开工率均呈良好状态，棉纱销售订单价位回落幅度较小，故利润空间稳定，部分改进提升棉纺生产加工设备智能化、用工量大幅减少的棉纺企业均有持续扩大生产规模的考虑和安排。

2. 纺织企业总体感觉形势尚可，但现金流依然紧缺、资金回笼缓慢，不过销售滚动账期较往年有所减短，应收款金额呈总额控制的态势，并且极少出现以往的死账呆账及跑单情况。

3. 棉纺企业年度后期基本上是随行就市，以竞拍购入国家储备棉为主要的主导纺品用棉，原料库存用量总体较往年低。

（国家棉花市场监测系统湖南办事处 张露）

甘 肃 省

一、棉花生产情况

1. 种植面积、总产量和单产

受 2017 年棉花行情好转、价格大幅上涨、效益不断提高的影响，2018/2019 甘肃棉花种植继续呈现“三增”的发展态势。据甘肃省统计局统计，2018/2019 年度全省棉花种植面积 32.30 万亩，比上年增长 28.17%；总产量 3.53 万吨，同比增长 30.74%；单产 109.33 公斤 / 亩，同比增长 0.68%。

2. 种植成本和收益

2018/2019 甘肃棉花生产总体呈现生产成本、土地成本、产值收益“三增”的特点。据甘肃省发展和改革委统计，2018/2019 年度甘肃棉花种植总成本平均每亩 1876.95 元，同比增加 28.05 元，增长 1.52%。其中，生产成本每亩 1670.22 元，同比增加 27.85 元，增长 1.70%；土地成本每亩 206.73 元，同比增加 0.2 元，增长 0.10%。每亩棉花主产品产值 1832.10 元，同比增加 10.06 元，增长 0.55%；副产品产值 409.63 元，同比增加 86.95 元，增长 26.95%。

二、棉花销售情况

自 2018 年 9 月开秤以来，由于受中美贸易摩擦升级、纺织市场旺季不旺、新棉集中上市、国内外期现货价格下跌等因素综合影响，甘肃加工企业收购籽棉趋于谨慎，并未出现往年抢购现象，籽棉收购价格保持基本稳定，但比上年有所下降。2018 年 10—11 月，甘肃籽棉收购价格为每公斤 6.5—6.6 元，同比下降 7%—8%。

三、纺织经济运行情况

2018/2019 年度，甘肃纺织行业总体呈现规模、产值和利润“一平二减”的发展态势。2018/2019 甘肃纺织行业规模以上工业企业 12 个，与上年持平，实现工业总产值 9.29 亿元，比上年下降 20.12%；工业销售产值 9.90 亿元，下降 7.04%，其中出口交货值 5694 万元，下降 1.96%；全省纺织行业实现利润总额 183 万元，同比下降 96.53%，下降幅度比较大。

2018/2019 年度甘肃纺织行业规模以上工业企业总资产贡献率 2.31%，比上年下降 1.96 个百分点；产品销售率 106.57%，比上年提高 14.95 个百分点。

（国家统计局甘肃调查总队 徐英花）

浙 江 省

一、棉花生产

1. 种植面积、总产量与单产

根据国家统计局统计，2018/2019年度种植面积4.20千公顷，同比减少7.3%；总产量0.60万吨，同比持平；平均单产1402.3公斤/公顷，同比增加5.9%。

作为零星产区，棉花种植依然是黄土丘陵、河滩沙地（盐碱地）等土壤质量相对较差的区域。

2. 种植品种、成本及收益

2018/2019年度，全省棉花主要种植品种为湘杂棉8号、中棉所87、中棉所63，还有少量的农民上年自留种籽。

相对于经济作物，种棉效益偏低；而且较种粮（水稻、鲜食大豆、鲜食玉米）、蔬菜的效益也偏低，种棉的亩收益相当低，因此仅是不计工本的一些老年人在参与种棉。

二、棉花收购和加工

由于浙江省多数市县的加工企业因加工数量不能达到规模化生产的要求和无力承担质检体制改革的目标，2018/2019整个棉花年度，全省没有一家棉花加工企业按照棉花质量检验体制改革方案的要求加工棉花并进行公证检验。

由于棉花数量少、皮棉加工水平低，全省没有形成完善的收购市场。本省加工企业中尚有部分皮辊棉加工，呈散、小、弱的特征，由于生产量小且分布在多个市县，并且浙江省棉农的植棉收入占总收入的比例较小，据估计全年的棉花产值也仅仅大约一个亿左右。

三、纺织经济运行

据浙江省统计局统计数据显示，全年纺织业生产总值4319.7亿元，较上年的4875.0亿元下降11.4%。

从产量上看，全年纱产量173.17万吨，同比减少9.1%；全年织造企业生产布83.21亿米，同比减少39.5%。

全年纺织服装出口交货值4727.51万亿元，同比增加6.9%。其中纺织纱线、织物及制品出口2686.59万亿元，同比增加9.2%；服装及衣着附件出2040.92万亿元，同比增加4.1%。

全年进口纺织纱线、织物及制品1387.4万亿元，同比减少3.7%。

综上，2018/2019年度纺织行业运行情况如下：

一、产值与产量双降，除了产业转移外，也说明了纺织行业面临的环境依然严峻。

二、出口增长较好，是企业摆脱了对美国的单纯依赖，转而开拓其他市场，大力推动高质量发展，着力化解各种外部风险的有效成果。

数据来源：1. 2018年浙江统计年鉴

2. 浙江省商务厅统计数据

3. 杭州海关统计数据

（国家棉花市场监测系统浙江办事处　张建华）

四　川　省

纺织生产与棉花消费

1. 坯布高库存，棉花原料需求少

中美贸易摩擦下，出口订单明显减少，下游高成本坯布产能过剩是今年川内纺纱织布企业遭遇的最大挑战。坯布产能过剩直接导致企业间竞争激烈，为了去库存，企业纷纷降低坯布价格，使得整个坯布市场价格大幅度下跌，利润严重压缩。为了企业能够正常运转，2019 年 6—9 月间，大部分纺织企业亏本抛售库存。

为了降低风险，纺织企业通过降低用棉比例，压缩开工率、各种理由放假等方式，千方百计降低企业经营风险，这样一来间接地影响了上游原料供应企业，购买原料的态度越来越谨慎，纺织企业和原料供应企业可以说是唇亡齿寒。

2. 面料订单少，印染企业订单不足

整个纺织市场的需求减弱也极大地影响了纺织企业。服装企业下达到面料贸易商的单子也相应减少。据四川棉麻介绍，2019 年外贸订单较上年减少 50% 左右，利润也下降 30% 左右。同样地，印染厂接到的坯布染色数量也下降很多，像 2018 年那样满负荷开工的日子不复存在。

3. 中美贸易摩擦断升级，有实力企业转移国外，订单减少

2018 年以来，中美贸易摩擦逐步升级，2019 几乎达到到了白热化程度。服装出口美国订单减少，对中国纺织企业影响巨大。部分川内有实力纺织企业将工厂转移至越南、巴基斯坦等国家。中美贸易摩擦加速了纺织品服装订单向其它国家转移，导致外贸企业订单急剧下降，从而影响了整个纺织行业。

4. 纺织企业面临设备更新和原料成本暴跌压力

从 2019 年 5 月初开始，棉花原料受中美贸易摩擦影响，川内棉花原料从公定 16000 元 / 吨暴跌至 13000 元 / 吨，短期内跌幅 3000 元 / 吨。纺织企业的利润从萎缩到亏损，一方面是因为用工成本不断攀升，另一方面是近年来环保政策趋严，迫使企业必须更新机器和环保设备。另外，从市场需求来看，客户对于产品品质的要求也越来越高，产品样式的需求越来越多，以前的设备已不能满足市场需求，部分企业被迫更新了设备，部分企业选择放弃多年经营的企业 . 还有一些只能为规模大一点企业做代加工。

5. 纯坯布去库存缓慢，涤棉坯布相对较好

据四川省乐山市土主坯布批发市场透露，2019 年纯棉坯布产能过剩并未得到有效缓解。大部分企业年末坯布库存在 40 天—50 天左右，全年大部分时间多于 40 天，而 2018 全年大部分企业库存不超 30 天。从坯布库存数据可以看出，库存仍旧处于高位，产能依旧过高，相于纯棉制品，涤棉混纺品种主要为内销，且四川有着国内比较成熟的工装生产基地与产业链，工装面料企业，订单相对稳定。

（国家棉花市场监测系统西南办事处　聂广富）

中储棉阜阳有限公司

中储棉阜阳有限公司（以下简称阜阳公司）是隶属于中国储备棉管理有限公司（简称中储棉公司）的全资子公司。2016年，中储棉公司与中国储备粮管理集团有限公司（简称中储粮集团公司）战略重组，阜阳公司成为中储粮集团公司的三级子公司，具体承担国家储备棉的储存发运和履行保护棉农利益、保障纺织供应、稳定棉花市场的“两保一稳”宏观调控任务。

阜阳公司建成于2002年6月，是安徽省唯一的国家棉花储备库，地理位置优越，交通便利，东北毗邻阜蚌路，西接致富路，距济广高速阜阳东入口3公里，库内设有铁路专用线，总占地面积221亩。现有仓库20栋，设计仓容6.3万吨，钢结构库房1栋，钢罩棚1个，铁路专用线总长1450米。公司注册资本金2837.668634万元，设办公室、财务科、业务科、安全科、设备科五个职能科室，从业人数为44人。

阜阳公司以“内强素质，外树形象，规范管理，争先创优”为指导思想，牢固树立“以人为本”的科学发展观，以学习创新为动力，以甘于奉献为基础，以更新员工知识结构、提高员工的综合素质、增强员工对企业的认同感、归属感、凝聚力为目标，融入中储粮集团公司的“责任、感恩、团结、诚信”企业价值观，努力创建学习型服务型企业，弘扬拼搏奉献精神，使员工“爱库如家、库兴我荣”的意识持之以恒，充分发挥员工工作积极性和主动性，为阜阳公司稳步健康发展提供思想保障。

在中储粮集团公司和中储棉公司的正确领导下，阜阳公司积极发挥企业文化思想引领作用，充分利用现有设备、设施优势和中储粮集团公司发展平台，在做好国家储备棉储存、发运的同时，积极开展商品棉代储、仓单质押、租赁、信息服务等业务，加强安徽片区社会承储单位的检查指导，为稳定安徽棉花市场、维护农民利益和确保国有资产保值增值等方面发挥了积极作用。

地址：安徽省阜阳市颍东区向阳街道办事处致富路6号

电话：0558-2377785

中储棉永安有限公司

中储棉永安有限公司是隶属于中国储备棉管理有限公司的全资子公司，注册资本300万元。位于福建省永安市贡川工业园10号。主要职责是承担国家储备棉的储存保管和履行保护棉农利益、保障纺织企业需求、稳定棉花市场的“两保一稳”宏观调控任务。

永安公司毗邻永武高速、永宁高速、永漳高速和鹰厦铁路贯通，是闽西北重要交通枢纽和物资中转、集散地。占地面积193.15亩，建有钢结构库房16栋、观察场1栋、卸货场2栋、设备库1栋和业务楼；库区有完备的消防及防雷设施、火灾自动报警、温湿度自动监控系统，并配有夹包车、牵引车、平板拖车等一整套较为现代化的装卸设备，是一座具有现代化水平的棉花专用储备库。

永安公司秉承“责任、感恩、团结、诚信”的企业价值观和“客户第一、服务至上”的服务宗旨，竭诚为广大客户提供优质、高效的服务。

公司经范围：国家储备棉、商品棉储存；仓储设施租赁、仓储服务。

地址：永安市贡川镇贡川工业园10号

联系电话：0598-5138807

中储棉兰州有限公司

中国储备棉管理有限公司（简称中储棉公司）成立于2003年3月，现为中国储备粮管理集团有限公司全资子公司，承担着“保护棉农利益，保障纺织供应，稳定棉花市场”的重要使命，有效发挥着保障国家粮食安全“压舱石”、服务调控“主力军”、调节市场“稳定器”的作用。

中储棉兰州有限公司是中储棉公司直属的全资子公司，是西北地区重要的现代化棉花储备企业。公司建设项目于2000年9月经国家计委批准立项，2002年9月开工建设，2004年10月正式建成投入使用，占地面积242亩，总建筑面积34,146平方米，设计仓储能力5万吨。公司地处兰州市红古区花庄镇，库区南邻109国道，北靠京藏高速公路，距火车站1公里，交通运输便利。公司有标准棉花储备库房16栋，铁路专用线1.4公里，各类作业设备50余台，配备较为先进的视频联网监控系统、火灾自动报警系统、红外线侦测系统，消防设备、设施按小型消防站标准配置。2014年公司改制后，主营业务扩大至国家储备棉管理、货运代理、仓储服务、代购代销、设施租赁、信息咨询、保税代理、仓单质押等。2015年，公司通过了仓储物流企业安全生产标准化一级达标评审，多次被上级评为安全业务管理先进单位，党支部先后被甘肃省国资委党委、中储棉公司党委评为先进基层党组织。

地址：甘肃省兰州市红古区花庄镇工农路1号
电话：0931-6273559

中储棉广东有限责任公司

中储棉广东有限责任公司于2011年8月注册成立，由国家发改委2001年批准立项，中央财政资金投资建设。项目占地面积150亩，库房15栋，库容5万吨，是中国储备棉管理有限公司控股的独立法人单位，产权归属中央。

公司地理位置优越，是珠三角大湾区的核心地段；交通四通八达，拥有独立的铁路专用线，与全国铁路网贯通；并与沈海高速、京珠高速、广园快速路、广深高速路等主干道紧密相连；通过水路可由新沙港和黄埔集装箱码头走向世界各地。公司具有完备的消防及防雷设施，两部消防车和企业专职消防队，并配有棉花出入库计算机管理系统、火灾自动报警、库区电视安全监视系统、温湿度自动感应系统、红外线防盗系统以及叉车、牵引车、移动装卸平台等一整套较为现代化的装卸设备，是一个具有现代化水平的棉花专用储备库。

地址：广东省广州市黄埔区（萝岗区）宏达路33号
电话：020-82060252

中储棉漯河有限公司

中储棉漯河有限公司，系中国储备棉管理总公司全资子公司。主要职责是国家储备棉的储存、保护棉农利益、保障纺织供应及稳定棉花市场的“两保一稳”的宏观调控任务。

公司位于河南省漯河市孟南工业区纬三路中段，具有区位优越、交通发达的优势。漯河市是国家二类交通枢纽城市，也是全国棉花重要集散地之一。公司建设专业棉花仓库 29 栋，室内仓容 6.5 万吨，室外、罩棚可存放棉花近 2 万吨，总库容可存放 8.5 万吨。

我公司具有完备的消防及防雷设施，两部消防车和企业专职消防队，并配有火灾自动报警、温湿度自动监控系统以及叉车、牵引车等一整套较为现代化的装卸设备，是一个具有现代化水平的棉花专用储备库。经过十几年储备棉轮换工作和部分商品棉、交易棉入出库工作的实际操作，培养了一支纪律严明、作风硬朗、能连续作战的员工队伍，具备了多种形式条件下完成棉花入出库工作的能力。

地址：河南省漯河市郾城区祁山路北段
联系人：万 峰　　联系电话：13683956677

中储棉武汉有限公司

中储棉武汉有限公司是中国储备粮管理集团有限公司所属中国储备棉管理有限公司的全资子公司，位于武汉市江夏区大桥新区。东邻京广铁路，南连京珠、沪蓉高速，西依 107 国道，北靠长江水运码头，交通十分便捷。于 2003 年 10 月 30 日竣工投产，占地面积 195.7 亩，总建筑面积 43191.3 平米，设计棉花库容 5 万吨，总投资为 5633 万元。库区配有消防安全、防雷、温湿度测报等自动化监控、防盗系统，是一座国有现代化专业储备库。

公司围绕主责主业，全力执行国家宏观调控政策，忠实履行“两个确保”职责。同时，发挥区位、铁路专用线和仓储管理等优势，积极开展对外经营业务，与国内许多涉棉及纺织企业保持着良好的合作关系，系郑州商品交易所指定交割库。

地址：湖北省武汉市江夏区大桥社区三合涵洞
联系方式：027-81946585

中储棉岳阳有限公司

中储棉岳阳有限公司（下称岳阳公司），于2004年建成并投入使用，主要从事国家储备棉储存业务。公司地处岳阳市城陵矶仓储物流区，北连通江达海的城陵矶新港码头，东靠京港澳高速、杭瑞高速、107国道和京广铁路，水陆交通十分便利。

公司总投资5668万元，库区占地212.3亩，建有标准化库房17栋，面积3.2万平方米，货坪场地3万平方米，总仓容量达7万吨；建有铁路专用线998米，棉花日中转、装卸能力超1500吨。

公司拥有一支专业的棉花管理团队和警消队伍。库区建有安防系统、消防报警系统，岳阳市应急管理局城陵矶救援站驻扎在公司内，全方位保障库存物资安全。

岳阳公司在做好储备棉管理的同时，也面向市场积极拓展棉花代储代运业务，将以高效、热情、周到的专业水准竭诚为您服务。

地址：湖南省岳阳市岳阳楼区城陵矶上江陵路
联系人：杨翔龙
电话：0730-8571171

中储棉徐州有限公司

中储棉徐州有限公司位于江苏省徐州市高新技术开发区，具有得天独厚的“五省通衢”交通优势，西靠京沪铁路，南临连霍高速公路，北连104、206、307、310国道，纵贯全区。距市中心、观音民航机场分别为6、40公里，交通便利。其前身是中国储备棉管理总公司徐州直属库，是中储棉系统第一个开工、第一个建成投入运营的直属单位。

公司总占地面积335.8亩，拥有库房31栋（59624平方米），钢罩棚2座，棉花仓储能力达11万余吨。注册资本为1000万元。

公司现有员工50人，下设有业务科、财务科、设备科、安全科和办公室“四科一室”。具有完备的消防及防雷设施，两部消防车和企业专职消防队，并配有棉花出入库计算机管理系统、火灾自动报警、温湿度自动监控系统以及叉车、牵引车等一整套较为现代化的装卸设备，是一个具有现代化水平的棉花专用储备库。经过几年储备棉轮换工作和部分商品棉、交易棉入出库工作的实际操作，培养了一支纪律严明、作风硬朗、能连续作战的员工队伍，具备多种形式条件下棉花入出库工作的能力。

通讯地址：徐州市铜山新区华夏路7号
联系电话：0516-66665958

中储棉盐城有限公司

中储棉盐城有限公司地处江苏省盐城市城北新洋经济区，距“宁靖盐”“沿海”高速公路入口仅一步之遥，离机场、火车站约15分钟车程，交通十分便捷。公司于2004年底运营，占地172亩，设计仓容5万吨，其中库房16栋32000㎡，铁路钢罩棚4000㎡，室外观察场6000㎡，自备叉车、牵引车等作业设备以及铁路专用线。

十多年来，公司借助央企平台发挥区域优势，在做好国家储备棉管理任务的同时，还开展了代储代运、三方监管、电子撮合等多项业务，提供进口棉到库商检和新疆棉铁路中转等服务，具有完全自主装卸作业的能力。现已成为华东地区仓储服务较完善的棉花交易平台和集散地之一。

2015年，公司顺利成为中储棉公司系统首批、盐城市仓储企业第1家安全生产标准化一级达标企业。2018年，被江苏省公安厅、江苏省国资委等10家省级政府部门表彰为“江苏省平安企业”。

地址：江苏省盐城市开放大道北路216号
联 系 人：蒋永昌
电　话：18862006058，0515-68602379
传　真：0515-68602383

中储棉如皋有限公司

中储棉如皋有限公司系中国储备棉管理有限公司全资子公司，于2014年3月注册，注册资金3000万，2018年9月建成投入使用。

公司坐落于江苏省南通市如皋市长江镇物流园区航海路9号，总占地121253.94平米，总投资约1.68亿元，总建筑面积约4.06万平方米。建有库房16栋，罩棚2处，货场一座，其他如业务、消防、监控、设备楼等一应俱全，并预留有4栋仓库用地，建成后总仓容为6.3万吨，目前在库储备棉5.6万吨。

公司地处长三角中心位置，东濒黄海，南邻长江，与张家港隔江相望，紧邻如皋港苏中国际码头，宁通、京沪、沿海高速等即将建成，新长、宁启铁路穿境而过，交通方便，是集江海河联运、水陆空一体的立体式交通格局。南通素有“纺织之乡”之称，如皋公司具有天然的地理和交通优势，已然成为苏中、苏北地区棉花储存、中转之首选门户，

如皋公司在聚焦主责主业的同时，全力做好商品棉代储代运工作，全心全意为客户做好服务。

地址：江苏省南通市如皋市长江镇物流园区航海路9号
联 系 人：宋超
联系电话：0513-69915163，13775883860

中储棉九江有限公司

中储棉九江有限公司位于赣鄱之滨，美庐足下的浔阳九江，公司始建于2001年，2004年投入使用，占地面积243.98亩，现有库房26栋，钢罩棚3个，铁路专用线一条，长度264米，棉花实际仓储能力达9.2万吨。

长期以来，九江公司认真执行国家宏观调控政策，切实履行集团公司“两个确保”企业宗旨。公司自成立以来，以党建引领，服务国家宏观调控，较好发挥棉花储备的“蓄水池”和“稳定器”作用。公司下设3个科室，即综合科、财务科、安全与业务管理科，现有员工41人。

公司共配备各类作业设备52台，其中夹包机17台，牵引车5台，平板车24节，高空作业车和高空作业平台各1台，移动式登车桥4台。

公司经营范围：国家储备棉、商品棉储存，仓储设施的租赁、仓储服务。

地址：江西省九江市濂溪区新港镇
电话：0792-8734688

中储棉绍兴有限公司

中储棉绍兴有限公司是隶属于中储粮集团的一家三级企业，位于浙江省绍兴市越城区亭山工业园区，是2002年10月由国家投资建成的大型棉花专用仓储企业。公司占地185亩，建有棉花标准库房19栋，棉花总仓容量6.3万吨，配备有夹包机16台，牵引车2台，平板车12台，日最高作业量500吨。库内配备有监控系统、火灾报警系统、消防联动系统、电子巡更系统。配备消防水池1200立方米，消防车两台。

绍兴公司地理位置优越，距离省会杭州市60公里、宁波北仑港140公里、上海港200公里。沪杭甬、上三、甬金、诸甬等高速公路环绕绍兴城；距104国道仅5公里，距最近高速公路绍诸高速仅8公里，交通状况极为便利。所储棉花不仅能在本地收储、销售，还可迅速调运，辐射长江三角洲，甚至整个华东地区。

地址：浙江省绍兴市越城区二环西路368号
联系方式：0575-88061651

中储棉菏泽有限责任公司

中储棉菏泽公司是国家投资建设的大型棉花专用仓库，占地186.32亩，建有棉花标准库房16栋，总面积31252平方米，仓容5万吨。公司现有观察场地2500平方米，设备用房、消防楼等辅助生产设施1700平方米，装卸设备包括12台夹包机、4台牵引车和16台平板车等，满足四条作业线同时作业，装卸能力达1000吨/日。库区有电视监控系统、消防联动系统，夜间有红外线监控安全系统、电子巡更系统；库房内有视频监控系统、自动火灾报警系统，消防水池1200立方米，消防车两台。库区实现防雷全覆盖，防汛设施能够防御百年一遇的洪涝灾害。

在软件建设上，我们高立标准、严抓规范、全力贯标、从严治企。我们注重抓制度建设和员工素质的提高。自我公司运营以来，通过建章立制工作的不断完善，建设"五型"公司，以实现争创"全国一流文明仓库"的总体工作目标；奉行"安全第一，规范有序"的管理理念、"爱岗敬业，团结奋进"的团队精神。公司出台了近100项规章制度，来规范工作流程和员工行为，确保仓库的安全运行。我司被中储粮、中储棉授予"先进党组织""青年文明号""安全、业务先进管理单位"等多项荣誉称号。

地址：菏泽市黄河西路5666号
联系人：王彦峰
电话：15865162527

中储棉青岛有限公司

中储棉青岛有限公司（以下简称"青岛公司"），主要职责是确保国家储备棉数量真实、质量良好、储存安全，确保国家储备棉储得进、管得好、调得出，维护国家利益，服务宏观调控；不断提高经营管理水平和经济效益，确保国有资产保值增值。库区占地面积133亩，库房15栋（共计28633平方米），铁路专用线长度705米，可存储棉花5.5万吨。

库区内具有先进的消防监控设备可随时感应库区内出现的火情并立即报警，库内自备的小型救火队也能迅速投入战斗；拥有叉车、牵引车19部，另有多台升降机、电子称等自动化设备，是一个具有现代化水平的棉花专用储备库。经过多年储备棉轮换和商品棉出入库的实际操作，培养了一支纪律严明、作风硬朗、能连续作战的员工队伍，具备多种形式条件下棉花入出库工作的能力。

多年来，我们始终坚持"以人为本、规范管理、科学储棉、确保安全"的管理理念和"规范、严谨、创新，诚实、协作、敬业"的企业文化。于2015年10月被评为"国家安全标准化一级企业"，连续十年被市政府评为青岛市文明单位，连续多年被中储棉公司评为"安全管理优秀单位"和"安全检查指导优秀单位"。

联系地址：山东省青岛市城阳区流亭街道仙山西路中段
联系人：石林
联系电话：13706348923

中储棉德州有限责任公司

中储棉德州有限责任公司（以下简称公司）于 2012 年 9 月 4 日正式投入运营，是隶属于中国储备粮管理集团有限公司下属中国储备棉管理有限公司的全资子公司，注册资金 200 万元。主要从事国家储备棉的储存保管、商品棉代储代运等业务。

公司整体占地面积 14 万平方米，建筑面积 3.2 万平方米，其中生活生产辅助设施 4000 平方米。现有库房 16 栋，设计仓容 5 万吨，库内消防、应急管理体系健全，生产生活设施配备充足、运行良好。

运营至今，公司紧紧抓住中储粮集团改革发展机遇，以党建为引领，坚持聚焦主业主责，坚定不移履行“两个确保”责任，强化安全生产保障，深入推进储备棉去库存，不断创新管理理念，全面深化企业改革，努力提高企业效益和工作效率，企业管理基础水平不断夯实，向着“主业突出、调控有力、机制完善、管理严格、安全可靠”的高质量发展目标持续迈进。

地址：德州市湖滨北大道北首
电话：0534–7062215

中储棉山东诸城有限公司

中储棉山东诸城有限公司成立于 2014 年 2 月，是中储棉公司全资子公司。公司地处青岛保税港区诸城功能区，位于山东省诸城市舜盛路 998 号，东邻 206 国道，南依青兰高速，距青岛港 72 公里。主营业务为棉花存储、发运，商品棉代购代销，仓储设施租赁及物流服务等。公司依托青岛保税港区地域优势，在进口棉接、卸、转、运、存等方面，具有得天独厚的区位优势、便捷的交通条件和完善的服务体系。

公司于 2019 年 11 月投入运营，占地面积 218.08 亩。共建有标准棉花库房 24 栋、观察场及集装箱卸货站台钢罩棚 2 座，配备消防报警系统、消防车等消防设备设施及夹包车、牵引车、登高车等 30 余台装卸工艺设备，可存储棉花近 9 万吨，接卸能力可达 1500 吨 / 日，具备较强的棉花接卸、仓储能力。

诸城公司经营管理规范，业务运行高效，智能化、标准化管理水平较高。下一步，公司将继续秉承“责任、感恩、团结、诚信”的企业价值观，为广大棉花客户提供优质、便捷的服务。

地址：山东省潍坊市诸城市舜王街道舜盛路 998 号
电话：0536–6487629

中储棉西安有限公司

中储棉西安有限公司隶属于中储粮集团中国储备棉管理有限公司，是中储棉公司在陕西设立的唯一直属企业，成立于2003年元月。公司位于陕西省西咸新区泾河新城永乐镇北街，占地180亩，库容5万吨，建有钢结构棉花储备库16栋，铁路专用线910米，铁路站台钢罩棚2064平方米，露天货场2376平方米，消防水池1600立方米，以及配套的办公综合楼、警消楼、消防泵房、配电室、设备库等，配有夹包车、牵引车、拖板车等现代化装卸设备。在消防安全设施方面，配有消防车及消防烟感自动报警防盗安全监控系统，设有专职消防警卫人员。公司下设综合科、安全与业务管理科、财务科三个职能部门，现有员工40人。主要经营国家储备棉、商品棉的储存、发运，仓储设施的租赁、服务，代储代运，仓单质押等业务。公司曾被授予陕西省“消防安全先进单位”、中储棉公司“安全管理先进单位”、全国棉花交易市场“先进交割仓库”、省“应急管理示范单位”、国家安监总局“安全生产标准化一级企业”等荣誉称号。公司将以现代化的设施设备、科学高效的管理，为客户提供快捷、周到、热情、安全的服务。

地址：陕西省西咸新区泾河新城永乐镇北街
联系电话：029-36381434

中储棉四川有限责任公司

中储棉四川有限责任公司系中国储备棉管理有限公司全资子公司，注册资本2300万元，负责运营管理的成都中央直属棉花储备库（以下简称成都库）是西南地区集储备、中转、配送于一体的专业化、规范化和现代化的棉花现代仓储物流库，是四川省规划确定的棉花现代物流核心节点库。成都库于2018年投入运营，占地面积169亩；拥有仓库房16栋，共3.1万平方米；罩棚式库房4栋；集装箱装卸库房1栋，占地面积3600平方米。库区安防、温湿度监控采用数据化采集、智能化管理，安设红外线对射、温湿度监测、报警等专业化的监控系统；消防设施设备配套齐全，配有中型消防站1座，占地面积679平方米，消防车2台，配有各类叉车、夹包车、拖车等20余台，电子地磅120吨。成都库地处成都平原半小时经济圈核心区，距成都39公里，距国家重大技术装备基地德阳21公里，距科技城绵阳50公里，距离亚洲最大集装箱编组站、蓉欧班列始发站——青白江铁路港1小时车程。成都库所在区域交通便利，辐射面广，库区紧邻宝成铁路支线——广（汉）岳（家山）铁路约2千米，距成（都）兰（州）铁路什邡站约10千米，距离成（都）绵（阳）高速复线4千米，距离在建的成都经济区环线高速（三绕）入口约2千米。

地址：四川省什邡市经济开发去北区昌平大道38号
联系人：麦文龙
联系电话：0838-8199856

中储棉库尔勒有限责任公司

中储棉库尔勒有限责任公司位于新疆库尔勒市火车西站，是由中国储备棉管理有限公司和新疆农资（集团）有限公司共同出资设立的专业棉花仓库。注册资本1000万元，其中中储棉公司占55%，新疆农资（集团）占45%。

主要经营项目有棉花收购和批发零售棉花、化肥、塑料薄膜、其他化工产品、其他农畜产品，以及仓储服务，机械设备租赁，铁路运输代理服务，货物进出口业务，经济贸易咨询。

公司于2011年9月建成并投入运营，占地348.09亩，有4幢共8千平方米的钢结构库房，2条铁路专用线，1.5万平方米的钢罩棚站台，9万平方米的混凝土场坪和5万平方米的观察场。可露天存放棉花15万吨，室内存放1.6万吨，年货物吞吐量达25万吨。公司下设5个职能部门，即储运部、财务部、安保部、设备部和办公室。现有员工47人。

作为目前在新疆建成的唯一储备棉中转储备库，公司承担着国家储备棉在新疆地区的收储和中转任务。在中储棉公司和有关部门的大力支持下，认真落实国家棉花宏观调控政策，特别是在临时收储和储备棉去库存工作中，主动作为，较好地完成了储备棉入库、储存和出库等任务，稳定了棉花市场，保护了棉农和涉棉企业的利益，发挥了市场“压舱石”作用。自国家2014年对新疆地区实施棉花目标价格改革以来，库尔勒公司申请成为全国棉花交易市场监管仓库，2019年又成为郑州商品交易所棉花交割仓库，开展了代储代运、期货交割、棉花中转等多项业务，与国内外众多贸易商和纺织企业建立密切合作关系，持续保持着与棉花供应链上下游诸多企业的良好互动。

目前公司发展势头良好，各项工作稳步推进，为保障国家粮食安全、服务经济社会发展稳定大局积极作出贡献。

地址：新疆库尔勒市火车西站大二线原农资二级站院内

联系人：窦超美

联系电话：0996-6878088，13070009393

年度报告

第三部分

2018/2019年度中国棉花和纺织行业运行分析报告

中储棉花信息中心有限公司总经济师　冯梦晓

2018/2019年度，全球棉花产不足需，供求关系进一步走向平衡，中国缺口再度收窄。贸易战令全球经济前景蒙上阴影。三年来支撑中国乃至全球棉花纺织产业运行的内生动力与外部环境时移世易。

一、全球经济驱动力量呈现耗散态势

2018年，全球经济上行近两年后，受货币政策收紧特别是美国搅局影响，世界经济协同发力、均衡增长的良好局面逐渐离去，驱动经济增长的力量呈现耗散态势。

1. 美国加息引发资金回流，部分新兴经济体金融市场动荡不安。

次贷危机后，美国及其他主要经济体实行非常规货币政策，助力美国摆脱通缩、恢复经济增长。全球流动性泛滥成灾。新兴经济体国家利率相对较高，为寻求高额回报，大量套利资金纷纷流入新兴市场。为刺激经济增长，新兴经济体利用当时美元较低的融资成本大量借入美元，债务规模明显扩张。随着美国经济持续复苏，2015年末，美联储开始加息，美元走强，资本回流美国，新兴经济体面临货币贬值压力。2018年年初美元指数在89左右横盘振荡4个月，于4月下旬大幅上涨，8月中旬达到高点96.984，涨幅超过9.9%。期间，土耳其、阿根廷、智利、印尼、墨西哥和哥伦比亚等高外债、高通胀、高赤字，新兴经济体汇率大幅贬值，金融市场风雨飘摇，经济遭到强烈冲击，重创全球股市。

2. 动荡与繁荣，贸易战令全球经济前景蒙上阴影。

在投资和生产回暖牵引下，2017年全球经济体和国家普遍实现了自2008年国际金融危机以来的首次同步增长，全球经济增速达到3.8%。难能可贵还有，2017年货物和服务贸易增速达到4.9%，贸易增速在连续5年低于GDP增速以后，首次超过GDP增速1.1个百分点。遗憾的是，自2017年7月以来，美国挑起贸易摩擦，引发贸易战。2018年全球经济这列提速运行近两年的“火车”与美国加息及贸易搅局等阻力严重摩擦，“火花四溅”。商业信心和投资决策受到抑制。世贸组织预计2018年全球贸易额将增长4.4%，较上年下降0.3个百分点。8月31日波罗的海散干货指数为1579点，比上月下降9.6%。全球多边贸易体系面临巨大挑战，产业链遭到严重冲击。全球经济前景蒙上阴影。2017年欧元区GDP增速达2.5%，为十年来最快，但2018年其动力明显走弱。有调查数据显示，美国对主要经济体发起贸易制裁，特别是美中贸易战已经威胁到欧元区经济前景。欧洲经济学家普遍预计2019年，欧元区经济增长最为温和，但若贸易战进一步升级，将会损害商业和消费者情绪并使金融市场面临风险，所谓的温和增长可能保不住。预期2018

年欧元区 GDP 增速放缓至 2.1%，2019 年下滑至 1.8%，到 2019 年底，每季度或将下降到 0.4%。

3. 主要经济体 PMI 走势分化，全球制造业景气度下降。

2017 年 12 月摩根大通全球制造业采购经理人指数（PMI）攀升至 2011 年 4 月以来峰值 54.5 之后，持续下滑，2018 年 8 月降至 52.5 低点。同时，全球主要经济体国家制造业 PMI 走势趋于分化。在减税政策刺激下，美国经济增长势头加强，其它多数经济体经济前景略显暗淡。8 月份，美国 PMI 升至 61.3，创 14 年来峰值；欧元区延续近 6 个月走弱态势，PMI 降至 54.6；日本制造业景气水平基本保持平稳为 52.5。8 月份，中国制造业 PMI 较上月上升 0.1 至 51.3，稳定在较高水平。其主要支撑来自于利润，企业生产短期内基本稳定。下游环节出现运行不畅迹象，产成品库存指数升 0.3 至 47.4，企业补充原材料愿意下降，原材料库存指数下行 0.2 至 48.7。市场前景不明，下游需求不强相对突出。新出口订单指数和进口指数继续回落，分别下滑 0.4 和 0.5 至 49.4 和 49.1，为 3 月份以来低点。

二、棉花纺织经济运行面临考验

中央储备棉大规模出库红利不断释放及国内外经济升温推动棉花及纺织经济运行显著回暖。不过，随着时局变迁，下一阶段棉花纺织经济运行面临逆风与考验。

1. 贸易战背景下，产业链骨牌效应显现。

2018 年 4 月初，国务院关税税则委员会公布了中国针对美国贸易战的反制措施，宣布对原产于美国 500 亿美元进口商品加征关税，其中包括未梳的棉花。6 月初，关税税则委员公布自 2018 年 7 月 6 日起实施加征关税。鉴于美棉在国际棉花市场的竞争力和影响力，从价格形成机制看，外棉价格及进口格局面临“削峰填谷”的变迁。相比之下，有利于外纱进入中国市场。近期，特别是 8 月份以来，各国汇率波动显著（详见报告第一部分），部分时段外纱价格优势降低。尽管如此，外纱进口量仍明显增加。2018 年 5—8 月，外纱月度平均进口量达到 20.25 万吨，同比增加 5.42%，而上年同期则为同比下降 10.66%。

2. 终端需求惯性强势与急速抢跑，内外需求数据整体良好。

2018 年 1—8 月，全国限额以上服装鞋帽针纺织品零售额同比增长 8.9%，增速较上年同期放缓 1.6 个百分点；全国网上穿着类商品零售额同比增长 23.4%，增速较上年同期加快 3.8 个百分点；我国纺织品服装累计出口额为 1814 亿美元，同比增长 3.38%，增速较上年同期增加 2.58 个百分点。值得注意的是，为规避贸易摩擦所增加的关税成本，上述出口数据中，或许蕴含部分抢先出口情况，需要密切关注后期外贸运行态势。

3. 中远期前景有待明朗，行业效益与投资增长速度放缓。

据国家统计局数据显示，2018 年 1—8 月，我国规模以上纺织业工业增加值同比增长 0.9%，增速较上年同期放缓 3.5 个百分点；固定资产投资同比增长 5.0%，增速较上年同期放缓 1.8 个百分点。就纺纱环节而言，2017/2018 年度纺纱企业效益较好，纱棉价差绝大多数时段高于 7500 元 / 吨，年度后期随着棉价下行，纱价下滑相对有限，纺织企业利差扩大至 8000 元 / 吨附近，为近年来较高水平。这一成绩的取得与如下因素存在一定相关性：一是三年来中央储备棉大规模轮出，广大纺纱企业用棉成本明显下降，效益提升，优势不断积累，企业韧性增强，抗风险能力提高。二是产业供给政策调整。中央储备棉轮出延至 9 月底，增发外棉进口配额。三是汇率贬值明显。

三、2018/2019 年度国内外棉花产需格局分析

全球棉花产量略有下降，消费增加，2018/2019年度生产与需求之间的缺口超百万吨，改变了上个年度生产大于需求的局面。

1. 全球棉花市场供求关系进一步走向平衡。

根据美国农业部9月份发布的报告，2018/2019年度，全球棉花产量下降至2655.6万吨，比上个年度减产1.2%；消费量创历史新高达到2785.6万吨，比上个年度增加3.8%，增速较上年放缓2.29个百分点；产需格局发生逆转，产不足需130万吨，而上年度则是产大于需；年度期末库存消费比下降至2011/2012年度以来低点为60.55%，比上个年度下降7.44个百分点。

2. 中国棉花产需缺口收窄。

根据国家棉花市场监测系统9月份发布的报告，2018/2019年度，中国棉花产量比上年度增加约16万吨，达到628.3万吨；消费量比上年度下降约36万吨，为811.9万吨；产需缺口由234.9万吨收窄至183.6万吨。随着外棉进口配额放宽，国内棉花供求水平相对平稳。2018/2019年度，中国期末库存消费比预计为80%，比上年度升高2个百分点；按照这一口径测算，中国以外库存消费比较上年度下降2.6个百分点。

四、2018/2019 年度棉花市场风险预警

贸易摩擦升级为贸易战、国际资金成本提高、流动性收紧以及国内外棉花市场基本面变迁等影响市场的长期、中期和短期因素，在2018/2019年度市场运行中将轮番上演。我们已经步入一个极不寻常的时空场景——2018/2019棉花年度。

1. 本次贸易摩擦、贸易战，其本质并非贸易本身。

三十年河东，三十年河西。美国搅局全球贸易关系、解构全球产业链，笔者认为其根本目的并非在于贸易本身。美国企图把中国剥离剔除产业链，迫使中美经贸关系彻底脱钩，重新塑造一个不利于中国，甚至没有中国的全球产业链。为下一步制裁、遏制中国做准备。三十年前，1989年柏林墙倒塌，翌年东西德国统一，1991年华沙条约组织正式解散，冷战结束。笔者以为，冷战结束三十年后，眼下美国的棋局，意在搅局、解构与重塑世界经济、政治、军事版图，为新的冷战做准备。目前，只是大国博弈过程中最先开启的一个环节，即贸易战。

2. 全球产业链分崩离析的风险依然未能有效阻止。

2018年，外部经济、政治环境步入极为复杂多变的新阶段，主要经济体同频共振、共同携手推动世界经济增长的景象已经变得“模糊”。全球经济运行动力遭遇耗散，非经济因素的影响权重陡增，制造业信心降温，效率下降，制造业景气水平整体出现放缓迹象。全球产业链各主要参与者被迫在新环境下寻求自己新的坐标，但真正实现重新定位与再造需要经历一个包括时间维度在内的多维而复杂的博弈过程。

3. 中国棉花纺织产业或将面临新的战略定位。

新形势下，2018年我国三次降低进口关税。纺织品平均税率，今年11月1日起由11.5%降至8.4%。服装鞋帽等进口关税平均税率，7月1日由15.9%降至7.1%。原产于孟加拉国、印度、老挝、韩国、斯里兰卡的进口货物适用《〈亚洲－太平洋贸易协定〉第二修正案》协定税率，纺织品加入降税清单。7月1日起，进口原产于孟加拉国、印度、老挝、韩国、斯里兰卡的供零售用纯棉纱线（52071000）协定税率为5%，均较此前最惠国税率6%下降1%。上述关税政策新举措，一方面有利于将国民消费红利留在国内，另一方

面，降低了中国企业采购成本。新形势下，有助于强化中国在全球产业链终端产品生产基地的优势地位，为中国制造业向全球价值链高端进一步攀登，争取更多时间。随之而来的是，国内制造业不同环节企业，特别是棉花及纺织产业面临不同程度的调整，需要从发展战略层面，重新定位产业坐标。

4.2018/2019年度，将成为历史长河中一个极不寻常的关键节点，市场行为或将有所不同。

随着2017/2018棉花年度后期外部经贸环境发生较大改变，全球棉花纺织及服装产业链将进入新的调整阶段。鉴于中央储备棉库存已降至合理水平附近，三年来支撑中国乃至全球棉花纺织产业运行的内生动力与外部环境时移世易。怎样把握产业链调整中的轻重缓急？企业战略如何谋篇布局？怎样变压力为动力？如何制定棉花采购方案与对策？这一系列问题，市场人士在2018/2019年度难以逃避。国内外经贸环境趋于降温，风险加大，复杂程度增加，不确定性增强。短期来看，为降低风险，国内外棉花市场主体在采购及库存管理策略方面或将面临一定调整，棉花采购观望情绪或将有所加大，库存规模有所下降。

5. 包括ICE、郑棉在内的大宗商品价格面临新的评估和博弈。

美联储于2015年开始加息，至今已进入第四年。若不出现大的突发事件，美联储加息有可能延续至2020年后。随着美国资金成本的提高，2018/2019年度，收紧及流向美国或将继续成为主导全球流动性运行的边际效应，不排除再度引发新兴经济体金融风险，包括ICE、郑棉在内大宗商品价格行情新一轮洗牌的概率增加。与此同时，全球产业链变迁，传统制造业前景笼罩阴影，相关大宗商品市场行情重心面临下行压力。

6.2018/2019年度中国因素对国内外棉花期货市场的影响效应已多次预演。

一是2018/2019年度之初，棉花自由贸易市场上商业库存相对增加，前期外棉配额发放的政策已经公布，8月份之后北半球棉花丰收态势超出早前市场预期，年度初期，供给相对充裕。二是随着时间推移，贸易战不断升级，下游纺织企业心态现实感增强，幻想降低，部分订单不如预期。多方面预期的落空，加重市场压力。三是2017/2018年度，全球棉花产大于需，产量增加达到367万吨，增幅15.8%，可谓多年罕见！就是这样压力重重的基本格局，2017年11月，正值北半球棉花集中上市，供给压力峰值来临之时，ICE棉花期货价格从68.67美分/磅逆势上涨。郑棉于2018年5月在天气灾害因素扩大影响下大幅上涨。ICE期棉涨势持续至2018年6月达到92.53美分/磅，涨幅高达35%。中国棉花供给政策显著调整以及贸易摩擦升级为贸易战双重压力的释放，行情涨势方得以控制。推动行情上涨的核心动力，源自于2018/2019棉花年度的中国因素。即2018/2019年度，中国棉花与国际棉花市场再度开启“新一轮磨合”，外棉将成为弥补中国棉花市场供需缺口的主力。中央储备棉库存下降，相较于此前，市场将变得“轻巧起来”。也就是说，同一因素，市场已提前在两个市场预演，多方动力明显释放。我们知道，“气可鼓不可泄”、“一鼓作气，再而衰，三而竭”。同一因素，在2018/2019年度如何发力，市场怎样博弈，值得警惕。特别是在内外环境发生较大变迁的背景下，多空双方交手、对峙与博弈，与此前相比或许会有所异化。

2018/2019 年度中央储备棉轮出情况概述

中储棉花信息中心有限公司　贾小凡

2019 年中央储备棉轮出自 5 月 5 日挂牌交易至 9 月 30 日结束，本次轮出历时 5 个月，共 22 周。轮出期间，中储棉公司日挂牌销售储备棉维持在 1 万吨左右，累计挂牌销售储备棉 116.2 万吨，其中新疆棉挂牌 57.0 万吨，地产棉挂牌 59.2 万吨；2011 年度储备棉挂牌 1.6 万吨；2012 年度储备棉挂牌 45.2 万吨；2013 年度储备棉挂牌 69.4 万吨。

2019 年中央储备棉轮出成交均价 12633 元 / 吨，折标准级（3128B）价格 13902 元 / 吨，成交最高价 15930 元 / 吨，成交最低价 10750 元 / 吨。其中，新疆棉成交均价 12794 元 / 吨，平均加价 707 元 / 吨；地产棉成交均价 12444 元 / 吨，平均加价 425 元 / 吨。

单位：元/吨

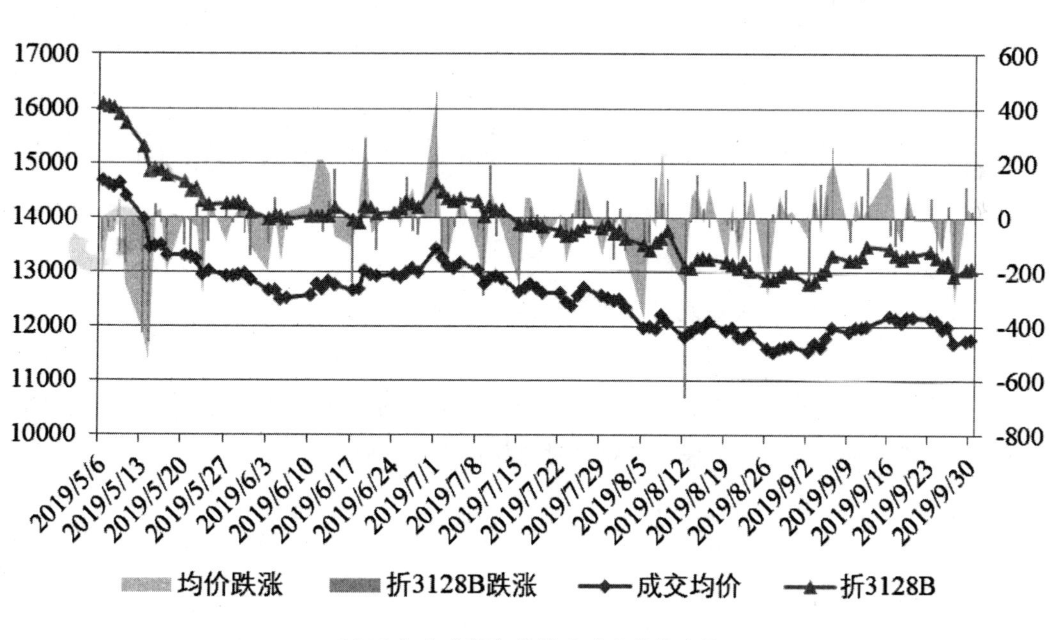

2019 年中央储备棉轮出成交代格走势

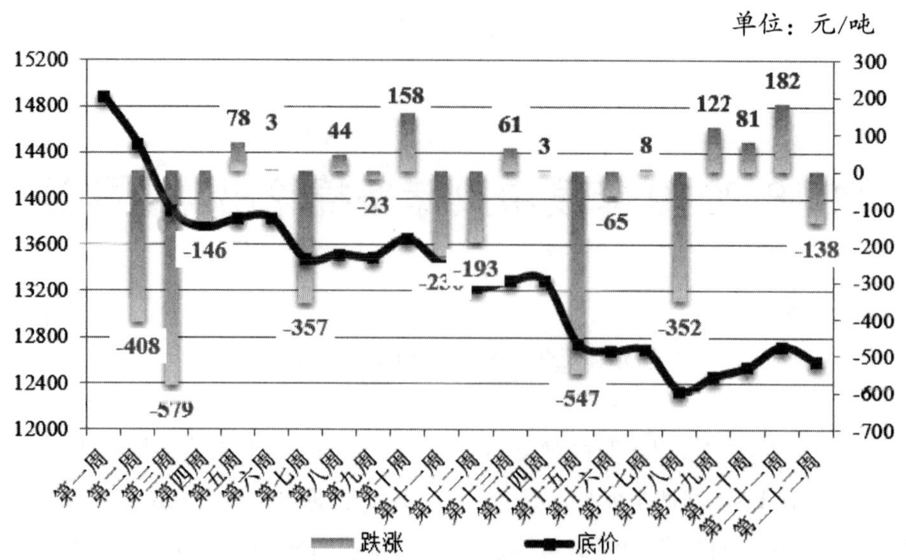

2019 年中央储备棉轮出底价走势图

2019 年中央储备棉轮出继续采取随行就市的定价方式。轮出期间，国内外棉价差大幅缩小，有效降低纺织企业用棉成本，国内棉纱优势性价比明显，外纱进口量有所减少，国产纱竞争力大幅提高。

2018/2019 年度中国棉花生产形势分析

农业农村部农村经济研究中心　翟雪玲

【作者简介】翟雪玲，毕业于中国农业大学，现任农业农村部市场贸易研究室主任，研究员、国家棉花产业技术体系产业经济研究室主任、农业农村部棉花专家顾问组专家。

2018/2019 年度，全国棉花种植面积、产量双下降。棉花生长期间，部分地区发生自然灾害，棉花长势一般，棉花质量整体正常。棉花生产成本继续增长，其中人工成本由于机械化的推进有所降低，但土地成本上涨较为明显。受中美贸易摩擦影响，棉花收购价格大幅下降，农户植棉效益明显下降，现金收入同比下降。

一、2018/2019 年度全国棉花生产情况

1. 棉花种植面积、产量“双下降”

按照国家统计局统计数据，2018/2019 年度全国棉花种植面积为 3339.2 千公顷（5008.8 万亩），同比下降 0.5%。全国棉花单位面积产量 1763.7 公斤 / 公顷（117.6 公斤 / 亩），比 2018 年减少 55.6 公斤 / 公顷（3.7 公斤 / 亩），下降 3.1%。

全国棉花总产量588.9万吨，比2018年减少21.3万吨，下降3.5%。根据国家棉花产业技术体系全国棉花生产监测数据显示，2019年全国植棉面积4950万亩，同比下降2%。新疆植棉面积基本稳定，内地植棉面积继续减少。全国皮棉平均单产预计为117.2公斤，同比减产2%。受面积和单产下降影响，2019年全国皮棉总产量约580万吨，降4%。

2. 全国棉花长势一般

一是全国棉花品种较多。从监测来看，全国棉种品种较多。其中黄河流域棉填报了63个棉种品种，使用率排在前三位的分别是鲁研所系列棉种13个品种、中棉所系列棉种11个品种和冀丰5个品种，其余38个品种分布在不同的地区。长江流域填报了68个品种，使用率排在前三位分别是鄂杂棉系列11个品种、创棉系列7个品种和国欣棉系列5个品种。新疆自治区棉种相对集中。新疆自治区填报36个棉种品种，79%使用了新陆（新陆早、新陆中）系列棉种，共有30个，品种使用较为集中。

二是一类苗比重较高。据监测县统计，截至8月份，全国一类苗的比例为53.1%，二类苗比例为30.5%，三类苗比例为16.4%。区域之间苗情比例差异大，黄河流域和新疆棉区棉花长势明显好于长江流域棉区。其中，黄河流域棉区一类苗占比62.9%，新疆棉区一类苗占比57.3%，长江流域棉区一类苗占比为33.4%。监测县棉花平均收获密度为4795.6株/亩，其中长江流域为1646.5株/亩，黄河流域5196.6株/亩，西北内陆为12332.9株/亩。

三是棉花成铃多于上年度。9月15日前后，监测县棉花平均成铃数为25.9个/株，比去年同期多0.6个/株。其中长江流域为36.7个/株，比去年同期多0.4个/株；黄河流域为20.1个/株，比去年同期多1.4个/株；新疆棉区平均为7.4个/株，比去年同期多0.1个/株。

棉花生产区域气候整体正常，病、虫灾害发生较轻

2018/2019年度，全国棉花主产区生长期内气候整体正常，但部分地区遭受自然灾害影响。新疆棉花生长前期低温多雨、中期高温干旱，对棉花生产不利，高产棉田较少。长江流域湖北省持续干旱，造成棉花早衰。黄河流域河北、甘肃、山东受气温偏低、干旱、大风等不利天气影响，棉花产量出现不同程度下降。病害轻度发生，以黄萎病为主，黄萎病发生面积为24.5万亩，占监测县面积的1.1%，其中50.7%发生在新疆；枯萎病发生面积为7.1万亩，占监测县面积的0.3%，其中62.4%发生在长江流域。另外，苗病发生面积为6.3万亩，主要发生在新疆地区和长江流域。虫害多发，以棉蚜虫、红蜘蛛为主。棉蚜虫发生面积为143.1万亩，占监测县面积的6.2%，红蜘蛛发生面积为134.6万亩，占监测县面积的5.8%,；烟粉虱发生面积为73.9万亩，占监测县面积的3.2%。另外，盲椿、棉铃虫、蓟马轻度发生。

二、棉花生产成本收益分析

1. 籽棉价格下降，收购进度正常

2018/2019年度，全国棉花生产监测县籽棉平均价格为6.7元/公斤，同比下降1.2%。其中，2018年9—12月，籽棉平均价格为6.86元/公斤，后期籽棉质量下降，价格也随之下降。新棉收购进度正常。截至2018年12月底，监测县棉花收购进度达到80%以上，收购进度正常。

2. 农户植棉总成本十年来首次下降

据《全国农产品成本收益资料摘要2019》数据分析，全国棉花平均总成本近十年来首次出现下降，每亩2275.2元，同比减少2.4%。新疆棉花生产总成本为每亩2159.6元，同比减少2.7%，较全国平均成本低115.6元，详见表3–1。

表 3-1　2018 年棉花全国平均和新疆棉区生产成本变化

项目	单位	全国平均	同比	新疆	同比
总成本	元	2275.2	–2.4%	2159.6	–2.7%
每亩物质与服务费用	元	755.6	12.8%	988.1	8.1%
每亩人工成本	元	1194.9	–11.7%	786.1	–15.9%
土地成本	元	324.7	5.8%	385.4	4.0%

数据来源：全国农产品成本收益资料汇编 2018、2019。

根据《全国农产品成本收益资料汇编》分类，棉花生产总成本划分为物质与服务费用、人工成本和土地成本三大部分。

（1）物质与服务费用大幅增加。2018 年全国棉花生产物质与服务费用为每亩 755.6 元，同比增加 12.8%。与全国相比，新疆棉花物质与服务费用为每亩 988.1 元，高出 232.5 元，同比增加 8.1%。物质与服务费用主要是指在棉花生产过程中投入的各类农业生产资料和固定资产折旧、保险费等服务费用。分类别看，2018 年化肥费、农膜费、租赁作业费（其中的机械作业费、排灌费）、燃料费、工具材料费、修理维护费等支出增幅均超过了 10%。间接费用的支出增幅超过 30%，其中固定资产折旧增幅 18.2%，保险费支出增幅 43.8%，销售费支出增幅 35.7%，详见表 3–2。

表 3–2　2018 年全国平均和新疆棉花生产物质与服务费用变化

项目	单位	全国平均	同比	新疆	同比
每亩物质与服务费用	元	755.6	12.8%	988.1	8.1%
（一）直接费用	元	671.0	10.6%	851.8	6.4%
1. 种子费	元	56.9	0.7%	58.6	0.3%
2. 化肥费	元	219.7	12.8%	252.3	12.6%
3. 农家肥费	元	15.5	–8.8%	18.0	–24.9%
4. 农药费	元	72.3	2.0%	72.4	1.9%
5. 农膜费	元	41.2	14.2%	58.2	7.4%
6. 租赁作业费	元	217.9	13.5%	316.3	5.8%
机械作业费	元	125.0	10.7%	175.5	4.0%
排灌费	元	92.7	18.9%	140.6	8.5%
其中：水费	元	29.3	18.5%	45.1	9.5%
畜力费	元	0.3	–77.7%	0.2	–70.0%
7. 燃料动力费	元	6.2	29.0%	9.2	16.8%

续表

项目	单位	全国平均	同比	新疆	同比
8. 技术服务费	元	0.6	3.3%	1.0	6.7%
9. 工具材料费	元	35.7	22.1%	58.8	8.2%
10. 修理维护费	元	4.8	11.9%	6.9	5.7%
11. 其他直接费用	元	0.1	20.0%	0.2	–30.0%
（二）间接费用	元	84.6	32.8%	136.3	20.0%
1. 固定资产折旧	元	24.5	18.2%	38.1	8.9%
2. 保险费	元	47.2	43.8%	76.2	29.6%
3. 财务费	元	3.5	8.7%	6.0	–5.6%
4. 销售费	元	9.5	35.7%	16.1	18.9%

数据来源：全国农产品成本收益资料汇编 2018、2019，“管理费”为 0，已剔除。

（2）人工成本明显下降。2018 年，种植棉花人工成本全国平均为每亩 1194.9 元，同比减少 11.7%；新疆每亩 786.1 元，比全国平均水平低 408.8 元，同比下降 15.9%。虽然雇工工价同比上涨 3.1%，但由于雇工天数大幅下降，从全国来看总的人工成本在减少。由于机械化的快速推进，新疆地区人工投入大幅下降，每亩家庭用工天数和雇工天数同比减少了 12.9% 和 23.5%，详见表 3–3。

表 3–3　2018 年全国平均和新疆棉花生产人工成本变化

项目	单位	全国平均	同比	新疆	同比
每亩人工成本	元	1194.9	–11.7%	786.1	–15.9%
1. 家庭用工折价	元	962.9	–12.6%	399.5	–11.1%
家庭用工天数	日	11.3	–14.7%	4.7	–12.9%
劳动日工价	元	84.9	2.2%	84.9	2.2%
2. 雇工费用	元	232.0	–7.8%	386.6	–20.4%
雇工天数	日	2.1	–12.1%	3.5	–23.5%
雇工工价	元	110.0	3.1%	109.8	3.1%

数据来源：全国农产品成本收益资料汇编 2018、2019。

（3）土地成本同比上涨。2018 年，种植棉花土地成本全国平均为每亩 324.7 元，同比增加 5.8%，流转地租金增长是导致土地成本增长的主要原因。新疆土地成本为每亩 385.4 元，比全国平均水平高 60.7 元，同比增长 4.0%，流转地租金和自营地租金均有所增长，详见表 3–4。

表 3–4 2018 年全国平均和新疆棉花生产土地成本变化

项目	单位	全国平均	同比	新疆	同比
土地成本	元	324.7	5.8%	385.4	4.0%
1. 流转地租金	元	49.5	15.0%	67.6	5.7%
2. 自营地折租	元	275.3	4.3%	317.9	3.6%

数据来源：全国农产品成本收益资料汇编 2018、2019。

3. 农户植棉净收益为负

2018 年棉花种植每亩产量和产值均有所下降。全国每亩主产品产量达 105.8 公斤，同比减少 0.1%，每亩产值合计 1814.3 元，同比减少 2.5%；新疆每亩主产品产量为 122.4 公斤，同比减少 6.5%，每亩产值合计 2068.1 元，同比减少 10.6%，产量和产值降幅均较大。全国棉花总体利润为负。2018 年，全国平均每亩净利润为 –460.9 元，同比亏损数额缩小 2.0%，成本利润率为 –20.3%，相比上年增加 0.1 个百分点。不计家庭劳动成本，现金收益每亩 777.3 元，同比减少 13.2%。

新疆棉花净收益同比增长。2018 年，新疆平均每亩净利润为 –91.5 元，同比减少 197.6%，成本利润率为 –4.2%，下降 8.4 个百分点。不计家庭劳动成本现金收益为每亩 625.9 元，同比减少 26.3%，详见表 3–5。

表 3–5 2018 年全国平均和新疆棉花生产收益

项目	单位	全国平均	同比	新疆	同比
每亩主产品产量	公斤	105.8	–0.1%	122.4	–6.5%
产值合计	元	1814.3	–2.5%	2068.1	–10.6%
主产品产值	元	1541.3	–1.3%	1791.8	–9.5%
副产品产值	元	273.0	–8.8%	276.4	–17.3%
总成本	元	2275.2	–2.4%	2159.6	–2.7%
净利润	元	–460.9	–2.0%	–91.5	–197.6%
现金成本	元	1037.0	7.5%	1442.3	–1.5%
现金收益	元	777.3	–13.2%	625.9	–26.3%
成本利润率	%	–20.3	0.3%	–4.2	8.4*

数据来源：全国农产品成本收益资料汇编 2018、2019，* 表示“2018 年成本利润率—2017 年成本利润率”。

三、相关政策建议

1. 完善棉花目标价格补贴政策。目标价格补贴政策实行六年来对新疆棉花产业的发展发挥了重要作用。2019 年是新疆棉花目标价格补贴政策实行三年价格水平不变的最后一年，未来政策的走势急需明确。在产业发展遇到较大困难、目标价格补贴政策总体效果较好的状况下，建议棉花目标价格补贴政策在政策框架整体不变、对棉花产业的支持力度不减少的情况下针对存在问题进一步深化改革。

2.深入推进棉花供给侧结构性改革。相比美国和澳大利亚，生产规模小、成本高、质量稳定性差是我国棉花的主要特点。今后必须深入推进棉花产业供给侧结构性改革，坚持问题导向，从降成本、提质量、增效益的角度推进供给侧结构性改革。发展适度规模经营，提高集约化标准化生产水平。支持纺织企业、加工企业与棉农、合作社建立紧密的产销联结机制，促进棉花生产模式的转型升级。大力发展机采棉，结合多种力量突破制约我国机采棉发展瓶颈，降低棉花生产成本。加大科技推广投入，提高生产要素产出效率。全程加强监管，从棉种、残膜回收、收购加工等各环节入手，提高原棉质量。

3.科学应对中美贸易摩擦，提高我国纺织业综合竞争力。一是积极拓展出口市场，促进出口转移。我国纺织服装行业要充分利用“一带一路”倡议带来的机遇，扩大、优化、升级我国与沿线国家现有的贸易关系与经济合作，以更加开放的态度应对摩擦。二是引导纺织企业转型升级，提高综合竞争力。纺织企业要以中美贸易摩擦为契机，加快制造智能化步伐，加强市场开拓，丰富产品品类，提升产品品质与品牌影响。

2018/2019年度中国棉花加工行业运行现状

中华全国供销合作总社郑州棉麻工程技术设计研究所　史书伟

一、2018/2019年度棉花加工技术现状及发展趋势

（一）新疆棉区清洁环保热源升级改造力度加大。

2017/2018棉花加工年度，在经过电热源、天然气热源、生物质热源等清洁环保热源升级改造的试验阶段后，基本上明确了电热源的主要改造方向，并确定了电热源改造的基本工艺、产品规格、风量配比等重要参数，为2018/2019年度清洁环保热源的升级改造奠定了数据支撑与技术保障。随着《中共中央国务院关于全面加强生态环境保护坚决打好污染防治攻坚战的意见》的逐步落实，棉花加工行业热源改造的迫切性增强，2018/2019年度，新疆棉区清洁环保热源技术改造进入快速发展阶段。

2018/2019年度，经环保部门、棉花加工企业以及相关科研院所与企业共同努力，新疆棉区距离城镇较近、对居民生活影响较大的棉花加工企业，已经率先完成了电热源的升级改造，改造率已达新疆棉区棉花加工企业总数40%左右。新疆地方棉花加工企业的清洁热源改造力度较大，改造率超60%，兵团棉花加工企业受综合体制改革、责权利不明确等因素影响，错过了清洁环保热源技术改造的最佳时期，改造力度较2017/2018年度相对放缓。但是可以预见，伴随兵团棉花加工企业综合体制改革的完成，

2019/2020 年度，清洁热源技术改造将进入快速推进实施阶段。

（二）新疆地方棉花加工企业机采棉技术改造明显加快。

受棉花人工采摘成本大幅提高与“用工荒”双重影响，新疆地方棉花机械化种植、采收比例大幅提高。同时，在市场需求作用的推动下，新疆地方棉花加工企业机采棉技术改造进入了快速发展时期。以南疆地区为例，2017/2018 年度地方机采棉加工生产线还相对较少，且集中在新疆利华棉业股份有限公司、新疆益康集团有限责任公司、新疆华孚棉业集团有限公司等棉花产业集团，一度出现了机采棉加工企业棉花交售人满为患，而手摘棉加工企业门可罗雀的场面，2018/2019 年度约有 50% 以上企业完成机采棉技术改造。新疆地方棉花加工企业机采棉技术改造主要形式为，在原有手摘棉生产线基础上，通过增加三丝清理机、双层籽棉清理机、倾斜式籽棉清理机等籽棉清理设备，增加籽棉干燥塔和电热源，提高籽棉清理道次和清理效果，降低机采棉中所含的杂质，确保机采棉高质量加工。截至 2018/2019 年度，新疆地方已完成机采棉技术改造 60% 以上，从一定程度上促进了新疆地方机采棉种植面积的增加。

（三）机采棉加工通风除尘技术取得重大突破。

随着多年来棉花加工行业机采棉通风除尘技术的持续研究与不断优化，2018/2019 年度，机采棉通风除尘技术基本突破了高含杂、大风量的处理难题，相关除尘装备已经应用于棉花加工生产线，并得到实验验证。以中华全国供销合作总社郑州棉麻工程技术设计研究所、江苏精亚集团、河北丞起机械有限公司、山东闰通科技有限公司研发的除尘机组为代表，单台处理风量普遍在 2.5×105 m^3/h 以上，排放标准达到 GB16297-1996《大气污染物综合排放标准》中规定的颗粒物无组织排放低于 1.0 mg/m^3 的要求，除尘效果得到了环保部门的检测与认可并形成了良好的示范效应。在南北疆地方棉花加工企业推广应用 300 台套以上，但设备运转故障率、尘杂二次污染等问题还需要进行持续研究。

二、2018/2019 年度棉花加工企业经营效益情况及结构变化

（一）兵团棉企挂牌交易与租赁合营并举，集团化经营趋势明显。

2018/2019 年度，我国棉加工企业经营结构调整较为明显。一方面，新疆生产建设兵团团场综合配套改革深入推进，兵团棉花加工企业挂牌交易与租赁合营模式同步实施，兵团棉花加工企业改革进入了快车道。以新疆生产建设兵团第七师为例，原有 10 家棉花加工企业共计 22 条棉花加工生产线，2018/2019 年度挂牌交易 12 条，租赁合营 10 条，改革较为彻底。另一方面，大型棉花产业经营企业集团以兵团棉花加工企业改革为契机快速扩张，加大资本投入，影响力逐渐增强，成为引导棉花加工行业发展的新生主体力量。以新疆利华棉业股份有限公司为例，在兵团第七师买入机采棉加工生产线 6 条、租赁合营 2 条，占第七师棉花加工产能约 40%；在兵团第八师买入机采棉加工生产线 5 条、租赁合营 6 条，占第八师棉花加工产能约 15%；目前已经发展为拥有超过 150 万亩种植基地、经营 70 多条棉花加工生产线、1 个棉纺织厂、1 个稻米加工厂和 2 个油脂加工厂，集农业种植、收购加工、纺织、食用油加工、仓储物流、国际贸易为一体在行业有较大影响力的农业集团化公司。

（二）国有贸易企业助推兵团棉企改革，期现货交易协同经营。

2018/2019 年度，以兵团棉企改革为契机，

传统棉花及其棉副产品大宗贸易为主的国有投资企业，采取收购或租赁合营的形式，开展棉花现货收购、加工业务，实现棉花及其棉副产品期现货协同经营。厦门国贸控股集团有限公司注册新疆胡杨河宝达棉业有限公司收购兵团第七师3条棉花加工生产线，注册新疆石河子市宝达棉业有限公司收购兵团第八师棉花加工生产线1条、租赁合营4条，现货业务得到迅速发展。供销总社中棉集团有限公司、中国国投国际贸易南京有限公司、中国国投国际贸易广州有限公司、山东水控现代农业发展有限公司等大型国有企业集团，也都积极参与到兵团棉花加工企业改革中，推动了兵团棉花加工企改革的深入、有序开展。

（三）“龙头企业＋合作社＋棉农”经营模式初步形成并将快速发展。

随着中共中央办公厅、国务院办公厅印发《关于引导农村土地经营权有序流转发展农业适度规模经营的意见》的落实，土地承包经营权确权工作已经完成，加快了土地流转经营的步伐。对于棉花加工行业来说，2018/2019年度，加大规模的棉花产业经营企业集团已经率先开展了“龙头企业＋合作社＋棉农”经营模式，并取得了一定的成绩。新疆阿克苏地区的新疆益康集团有限责任公司，以集团8家棉花加工企业和企业自主流转的棉田为依托，提供优质的棉田种植、管理、采摘、交售等服务，辐射带动棉农积极参与，在一定区域范围内形成了“龙头企业＋合作社＋棉农”一体化的经营模式。

“龙头企业＋合作社＋棉农”的经营模式，有利于打通棉花加工行业的棉花种植、采摘、交售、加工上下游之间的关系，保障棉农与棉企之间的利益，降低各方的经营风险；“龙头企业＋合作社＋棉农”的经营模式，为棉花订单化种植、加工、销售奠定了基础，为棉花加工高质量发展提供了基础保障。

（四）棉花价格大幅下跌，棉花加工企业经营风险增大。

2018/2019年度，棉花期现货交易价格从高值的16200元/吨下跌至8月6日的12220元/吨，跌幅达24.6%，对于市场变化反应较慢的企业来说，损失惨重。究其价格大幅下跌的原因，主要是以下两个方面：一是受中美贸易摩擦的影响较大，郑棉期货出现连续跌停，8月6日创三年新低价为12220元/吨，2018/2019年度均价为14699元/吨，同比下降7.4%。从现货端来看，2018/2019年度中国棉花价格指数均价15189元/吨，同比下降4.6%。二是纺织行业低迷，用棉需求下降。根据中国棉花协会数据，2018/2019年度棉花消费量预期807万吨，同比下降5.6%。纺织品服装出口基本持稳。据海关统计，2018年度我国纺织品服装累计出口2735亿美元，同比略降0.32%。

三、2018/2019年度棉花加工设备销售变化情况

随着兵团棉花加工企业挂牌交售与租赁合营等经营模式的变化，棉花加工市场化运作更加灵活，以及棉花期现货交易低价位波动，一定程度上刺激了资本对于棉花加工领域的投资，再加上新疆地方机采棉改造力度增强，除尘技术完善与成熟等利好因素，2018/2019年度，棉花加工设备销售数量与销售额均呈现触底反弹趋势，主要体现在以下几个方面。

（一）新疆地方机采棉新建生产线数量较往年增幅较大。

2018/2019年度，在北疆兵团植棉区域内，共计新建机采棉加工生产线10条，且生产线加工能力、设备配置水平均处于行业先进地位。主要体现在单个加工车间配置2条生产线加工能力，生产线轧花设备以6—8台126机型或6—8台

158 机型为主；且结合目前环保管理要求，热源均以电热源为主，通风除尘设备均采用多层圆笼除尘机组，设备配置水平在国内处于领先地位。

（二）新疆地方机采棉加工技术改造力度较大。

为了应对机采棉种植快速发展的客观需求，新疆地方棉花加工企业加大了机采棉加工技术改造力度。据不完全统计，2018/2019 年度新疆地方棉花加工企业已完成近 60% 生产线的机采棉加工技术改造，一定程度上促进了改造所需的三丝清理机、双层籽棉清理机、倾斜式籽棉清理机、干燥塔、电热源等设备生产与销售，也促进了设备及管道安装等企业业务量的激增。

（三）环保要求提高，棉花加工通风除尘技术设备增幅较大。

得益于棉花加工通风除尘技术在高含杂、大风量处理技术方面的突破，2018/2019 年度，不同形式的多层圆笼通风除尘设备呈现批量生产、遍地开花的局面。保守估计，市场上已经推广应用 300 台套以上，且主要作为新建棉花加工生产线和机采棉加工技术改造的配套，其除尘效果基本满足了棉花加工行业的实际需求，市场潜力巨大。

四、建议

（一）加强热源改造技术监管，确保热源改造安全有序实施。

棉花加工行业热源改造是一个系统工程，牵涉到棉花加工生产线产量、风量、风阻、热量等多变量因素的影响，并不是简单的复制更换电热源能够保障的。然而，由于电热源生产制造技术门槛相对较低，且棉花加工行业热源改造市场需求较大，不具备生产资质的企业为了利益，自行生产制造相应的电热源产品，产品质量良莠不齐，安全性能、使用效果难以保障，出现了干燥效果不理想、变压器损坏等现象，不利于棉花加工行业健康发展，因此，建议加强电热源改造的技术培训，增强棉花加工行业电热源生产、使用的监管，确保棉花加工行业热源改造的科学、安全、有序实施。

（二）政府主导，推动棉花加工通风除尘技术改造健康发展。

通风除尘技术难题一直是困扰棉花加工行业清洁、绿色发展的重要问题，是限制我国棉花加工高质量发展的瓶颈之一。虽然 2018/2019 年度通风除尘技术水平得到了较大的提高，取得了一定的成绩，但均存在这不同类型的问题，因此，为了快速推进棉花加工通风除尘技术改造，尽快彻底解决我国棉花加工企业环境污染的难题，建议建立以政府环保部门为主导、设备研发单位为主体、棉花加工产业集团积极参与的交流沟通机制，立足行业发展，增强通风除尘技术交流与合作，摒弃技术壁垒，推动棉花加工通风除尘技术改造健康发展，确保棉花加工行业高质量发展。

2018/2019 年度中国棉纺织运行状况及展望

中国棉纺织行业协会　刘春芳

【作者单位简介】中国棉纺织行业协会（简称中棉行协）是经中华人民共和国民政部核准登记的全国性社团组织，成立于 1995 年。协会现有会员单位近 1000 家，聚集了全国棉纺织、色织、牛仔布等大型骨干生产企业、事业单位和社会团体，会员企业生产的纱、布、色织布（含牛仔布）工业产值占全国棉纺织工业总产值约 70%。协会主要任务是：在会员单位和政府部门之间起桥梁和纽带作用，传达贯彻政府的意图，反映企业的愿望和要求，根据政策法令维护会员的合法权益，竭诚为会员提供多方面的服务。

说明：文中所有数据采集时间为 2019 年 1 月 1 日—2019 年 12 月 31 日。

2019 年，我国经济运行稳中有变、变中有忧，外部环境复杂严峻，经济面临下行压力。中美贸易摩擦对我国纺织行业的影响贯穿全年，全球商业信心不断下滑，中美贸易摩擦带给我国的影响不仅是出口美国的订单减少，更是全球经济下行压力不断积累，消费紧缩、出口减弱的大环境对我国纺织行业的挑战。

在重重考验下，我国棉纺织行业在以习近平同志为核心的党中央坚强领导下，坚决贯彻党中央决策部署，坚持稳中求进工作总基调，坚持以供给侧结构性改革为主线，推动行业高质量发展。无论外部风云如何变幻，坚持提升自身实力，走质量与效益并重的高附加值道路是优中之选，这也将助力我国纺织行业加快由“大”变“强”的步伐。

一、棉纺织行业运行情况

（一）纱布生产形势总体稳定

2019 年，在国际贸易环境风险上升、国内消费潜力仍有待激发的背景下，我国棉纺织行业通过努力稳定市场份额、提升研发及生产实力等措施，实现2019年全年行业生产节奏总体保持稳定。

据中棉行协跟踪数据显示，2019 年全年，纱、布生产情况具备联动性，纱、布上下游生产衔接正常，见图 3–1。2019 年第一季度，国际及国内主要经济指标数据好转，减税降费等支持制造业发展的多项政策发布减轻了企业经营压力，增强了行业经营信心，加上中美双方经贸谈判平稳进行改善了市场情绪，订单量明显提高。二至三季度，中美贸易摩擦频生变数，出口压力增大，企业信心不足，市场担忧情绪升温。下游生产环节承压的影响不断向上传导，下单更为谨慎，企业生产节奏放缓。其中，7 月份中美贸易重启谈判的消息使市场短暂回暖，企业抓紧接单生产，产量小幅提升。四季度，在中美经贸磋商取得突破进展以及中央储备棉轮入政策正式公布等消息的刺激下，市场情绪有所好转，下游企业为应对原料涨价风险及保障生产需求，下单有所增加，企业忙接单，抢生产，产量明显增加。

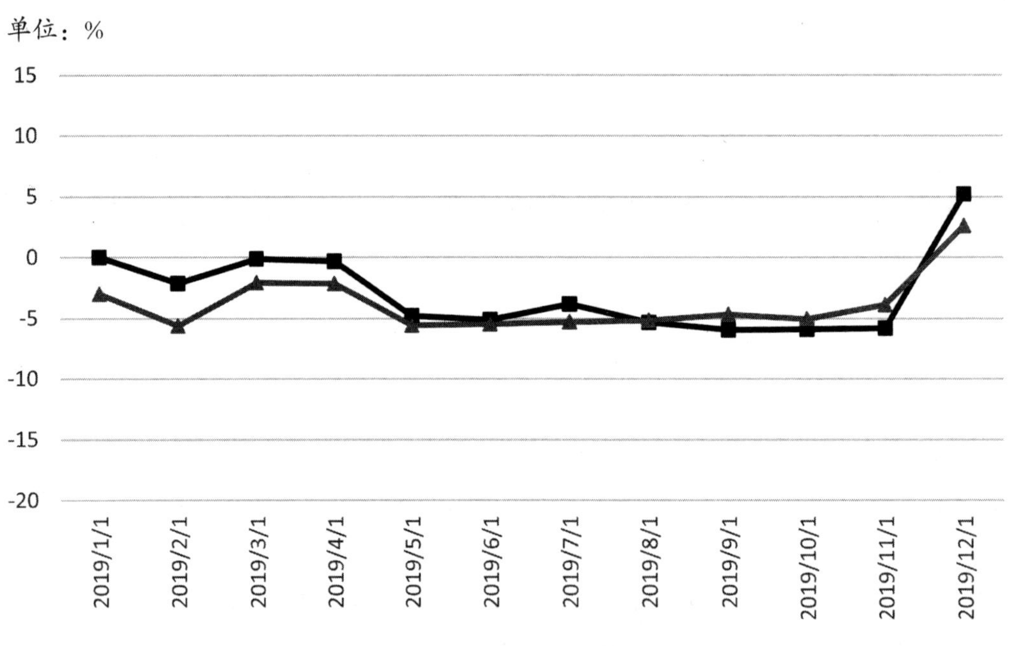

图 3–1　2019 年纱、布产量同比

数据来源：中国棉纺织行业协会

（二）产品价格与原料价格联动

2019 年全年，纱、布价格整体呈现下行走势，见图 3–2。1—4 月市场交投氛围良好，下游补库需求较强，纯棉纱及坯布生产销售较为顺畅。随后，随着中美贸易摩擦不断加深，市场恐慌情绪弥漫，棉花价格大幅走低，纱、布产品价格联动下跌。7 月，市场呈现先好转随后走弱的趋势，月初受宏观利好消息影响，市场行情有所好转，棉花价格小幅上涨，32 支纯棉纱价格随棉花价格联动上涨，随后逐步走淡并保持到年底。12 月，随着中美贸易摩擦谈判取得重大进展，企业信心上升，市场情绪好转，受棉花价格开始上扬的影响，纱厂报价随之上涨，坯布价格具有一定滞后性，12 月保持稳定。

出口方面，我国纺织行业在外部经济环境复杂多变及中美贸易摩擦的双重压力下，我国纺织品服装出口有小幅下降。根据海关统计数据显示，2019 年 1—12 月，我国纺织品服装累计出口额为 2718.362 亿美元，同比下降 1.89%，其中纺织品累计出口额为 1202.692 亿美元，同比增长 0.91%；服装累计出口额为 1515.67 亿美元，同比下降 4.01%。

（三）产品库存

2019 年上半年，市场受中美贸易摩擦形势不断变化的影响，情绪在信心不足和转好回暖间游移，企业产品销量有较大差异，产品库存也随之波动；下半年，在市场对中美贸易摩擦短期内解决的预期降低，市场对其消极消息的反应趋于平和、货币政策基调宽松、中央储备棉轮入政策公布、传统旺季到来等因素的影响下，市场整体环境有所好转，纺企接单开始增加，产品库存呈波动下行趋势，见图 3–3。年底，中美贸易摩擦出现实质进展，加上棉花期现货价格大涨，下游采购增加。企业大多以去库存为主要目标，产品多为平价销售甚至亏本出售，常规产品的市场竞争较为激烈。

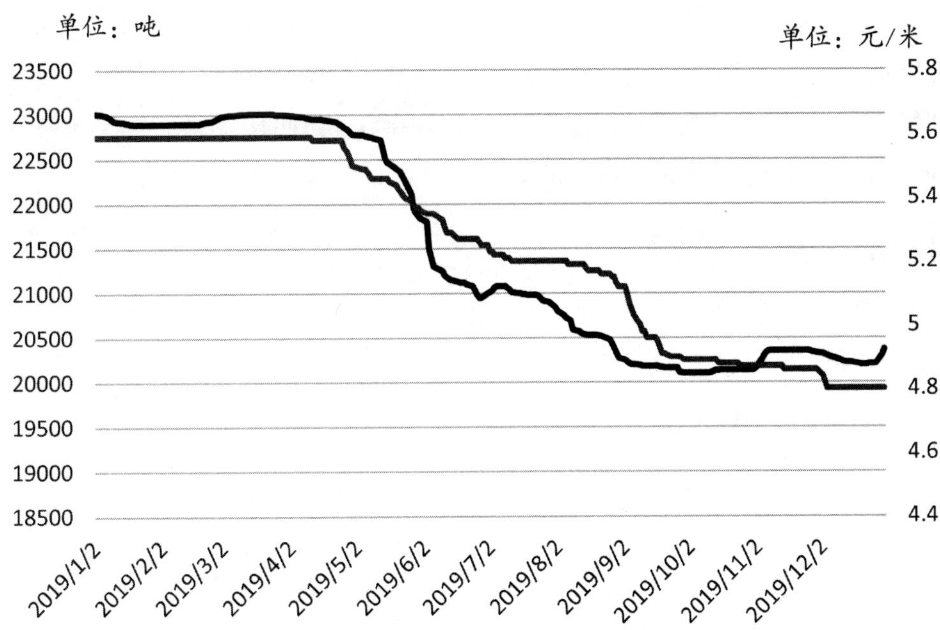

图 3–2　2019 年 32 支纯棉纱及纯棉坯布价格走势

数据来源：中国棉纺织行业协会。

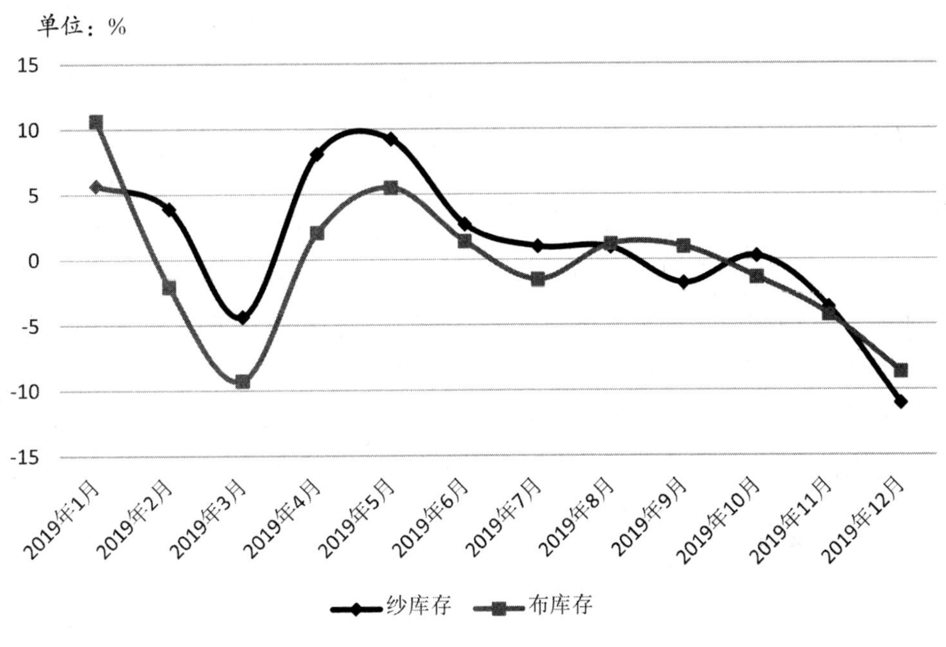

图 3–3　2019 年产品库存环比

数据来源：中国棉纺织行业协会。

（四）行业景气指数

据中棉行协景气指数测算结果显示，2019 年，中国棉纺织景气指数呈现先高后低的态势，总体保持平稳，见图 3–4。一季度景气指数波动较大，主要是由于2月受春节影响，生产销售明显放缓，景气指数明显降低、3月企业开始正常运转，加上宏观政策利好持续对市场情绪的影响，生产销售均有明显好转。二至三季度由于消费市场未见明显好转及出口乏力，行业总体保持稳中偏弱的趋势；四季度市场有所转暖，产销相对顺畅，景气指数开始回升。

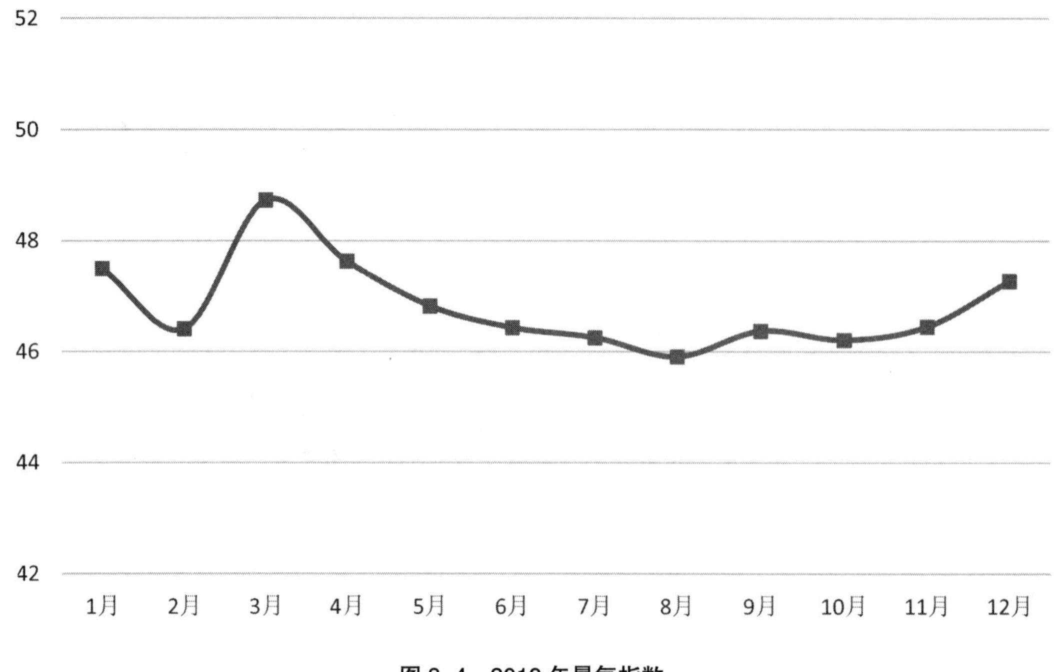

图 3-4　2019 年景气指数

数据来源：中国棉纺织行业协会

（五）运行质效

根据中棉行协跟踪企业数据显示，2019 年1—12 月，我国棉纺织行业主营业务收入累计同比下降 1.29%，利润总额累计同比下降 11.04%，总体来说符合预期。2019 年，我国棉纺织行业在复杂多变的市场环境中，生产经营承受较大压力，常规产品的竞争更加激烈。部分企业为应对市场变化，注重高附加值产品的研发生产、持续完善生产体系和管理水平，着力于提升核心竞争力，巩固市场地位。

二、原料供应

（一）国内棉花价格

2019 年，国内外棉花价格受市场供给充裕、全球经济贸易增速放缓等多重因素影响，价格呈现波动下降趋势，见图 3—5。2019 年，国内 3128 级棉花平均价格为 13976 元 / 吨，同比下降 11.52%。同时，内外棉价差不断缩小。在中央储备棉轮出期间，国内外棉价差甚至一度出现倒挂。内外棉价差缩小有效降低企业用棉成本，大幅提高国内棉纱价格竞争力。

（二）非棉纤维价格

2019 年，非棉纤维价格走势与棉花价格走势基本相同，基本保持下行趋势，见图 3-6。分品种来看，粘胶短纤价格仍处于下行区间，其中经历了 4 次比较明显价格下跌，主要原因是市场需求萎缩以及库存饱和，生产企业选择让价销售。涤纶短纤上半年价格较为平缓，下半年价格波动较大。其中5月中下旬市场看空情绪浓厚，价格开始明显下滑；后因供应偏紧刺激价格快速上涨，随后由于需求不振，涤纶短纤价格一路下滑。

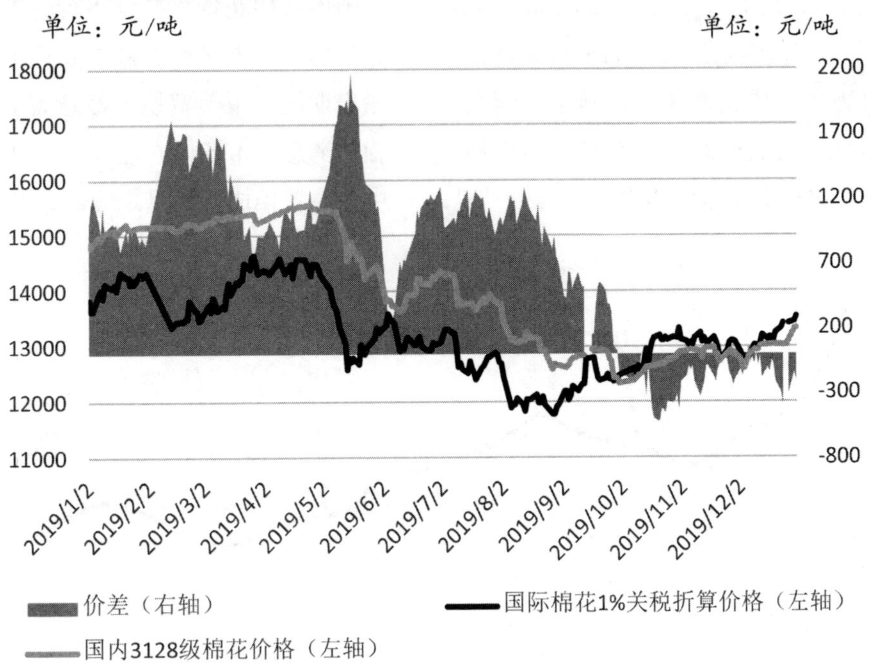

图3-5 2019年国内外棉花价格走势图

数据来源：中国棉纺织行业协会。

图3-6 2019年棉纺用原料价格走势图

数据来源：中国棉纺织行业协会。

（三）中央储备棉轮出与轮入

2019年度中央储备棉轮出自5月5日开始至9月30日全部结束，历时5个月，共22周，截至9月30日，中央储备棉累计投放116.23万吨，实际成交99.62万吨，成交率86%，其中，新疆棉成交53.79万吨，占成交总量的54%；地产棉成交45.83万吨，占成交总量的46%。

总体来看，2019年中央储备棉成交情况总体保持平稳，其中有12周周均成交率达到9成以上；受国内外棉花价格持续下行的影响，本年度中央储备棉轮出成交均价整体呈下行走势，见图3–7。轮出期间，中美贸易摩擦悬而未决，不时发布的相关消息使市场信心经常“坐过山车”，受此影响，中央储备棉成交率呈现波动态势。

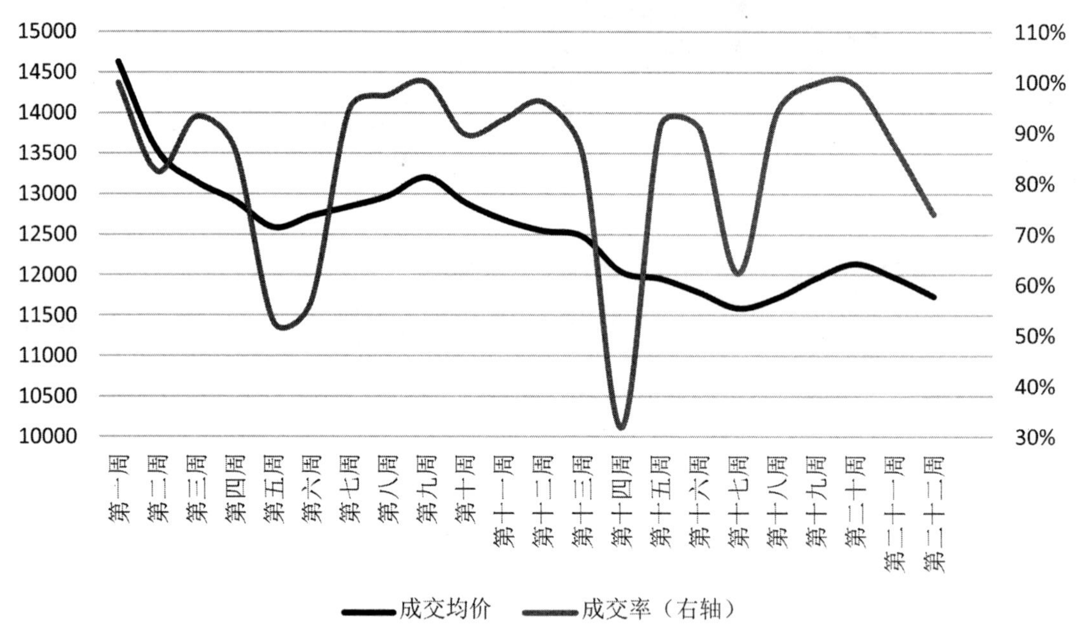

图3–7　2019年中央储备棉周均成交率及成交均价

数据来源：中储棉信息中心

2019年12月2日起，中央储备棉轮入正式拉开帷幕，其将继续起到稳定棉价、平衡供需、提振市场情绪的重要作用。截至2019年12月31日，中央储备棉轮入累计成交37000吨，其中新疆库累计成交3160吨，内地库累计成交33840吨。总体而言，涉棉企业交储热情随市场行情而动。

三、2020年行业发展前景及展望

2020年是我国全面建成小康社会和“十三五”规划的收官之年，也是棉纺织行业发展“承上启下”的重要节点。当前，新冠肺炎疫情对国内外经济形势形成短期冲击，我国棉纺织行业年后开工时间也受其影响有所延迟。但从长远看，新冠肺炎疫情不会从根本上改变行业稳中求进的总基调，科技革命和产业变革将继续推进，为我国棉纺织行业发展注入新动能。

从跟踪企业来看，近年来纱线产品结构出现明显变化，纺企越来越注重研发生产差异化纱线，纱线支数也呈上升趋势。随着东南亚地区棉纺产业链日趋完善，产能逐步释放，我国常规品种纱线市场份额仍将受到挤压。另外，消费市场需求正在悄然改变，市场购买意向已经从看重价格转变为看重品质、功能。在此背景下，差异化、功能化纱线已陆续成为众多纺企的常态化品种，在竞争日益激烈的市场中另辟蹊径，精准配对市场需求，提高不可替代性，掌握议价权。

总体来看，全球经济总体将处于缓慢复苏态势，我国经济运行稳中向好的基本趋势不变。中央经济工作会议明确了2020年重点工作，将继续实施积极的财政政策和稳健的货币政策、深化经济体制改革、推动高质量发展，并将为企业发展营造更好的法治环境以及政策体系；中美第一阶段经贸协议的达成有益于改善外贸环境与市场预期，减轻出口企业压力。接下来，保存自身实力、增强自身核心竞争力、努力拓展国内外市场，提升品牌效应将成为企业发展重点。

2018/2019年度郑州棉花期货市场运行情况

徐捷

2018/2019年度是郑州商品交易所棉花期货（以下简称“棉花期货”）上市的第14个年度。本年度，棉花期货更加有效地发挥价格发现和套期保值功能，继续为涉棉企业管理现货价格风险提供有效工具。随着我国棉花目标改革政策的继续深入和中央储备棉去库化的完成，国内棉花价格与国际棉花价格的关联性日益紧密，全年度国内外棉花期货价格相关性高达0.92。因中美经贸关系，本年度棉花期货价格波动幅度加大，棉花产业对于利用棉花期货规避风险的需求更加强烈。2018/2019年度，棉花期货日均持仓量和成交量分别为71.5万手和38.8万手，其中，日均持仓量同比大幅增加22%。良好的市场流动性为涉棉企业参与套期保值创造了有利条件，同时，棉花期货的价格发现功能的精确性日益提升，全年度棉花期现货价格相关性已高达到0.96。郑棉期价与现货价格高度相关，一方面，为涉棉企业提供可靠的价格参考；另一方面，能够更好地发挥套期保值功能，从理论上降低了涉棉企业管理现货价格风险的成本。

规则制度上，郑州商品交易所加强了棉花期货仓单货物包装的管理，同时增加两家新疆交割仓库，加大了期货市场为棉花产业服务的力度，进一步加强期货服务现货的功能。

一、2018/2019年度棉花期货市场运行情况

1. *价格先震荡后暴跌，波动幅度加大*

2018/2019年度初期，棉花期现货价格呈现窄幅震荡走势。2019年5月开始，棉花期货价格震荡走跌，该行情一直延续年度结束。2018年9月17日，棉花期货市场近月合约结算价达到年度最高16195元/吨，随后震荡走跌，在2018年12月26日跌至上半年度低点14060元/吨；2019年1月份开始小幅走高，至4月15日达到阶段性高点15545元/吨，至此走完平稳阶段，最大波幅为2135元/吨。棉花期货市场近月合约结算价在今年5月份开启了下跌行情，从4月份阶段性高点一直跌至本年度结束，最大跌幅达3725元/吨。

2018/2019年度棉花期货市场近月结算价累

计下跌3845元/吨，跌幅24.34%，波幅4375元/吨，波动性显著增加。2018/2019年度棉花现货价格整体亦呈下跌走势，全年度整体回落3332元/吨，跌幅20.42%，波幅3347元/吨，期现货价格相关性为0.96。

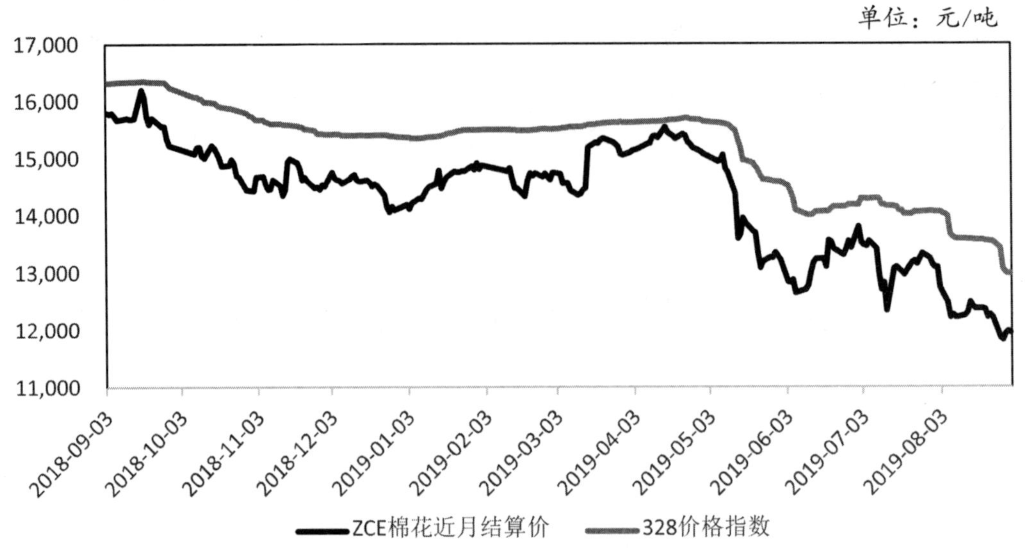

2. 持仓量大幅上升产业套期保值环境良好

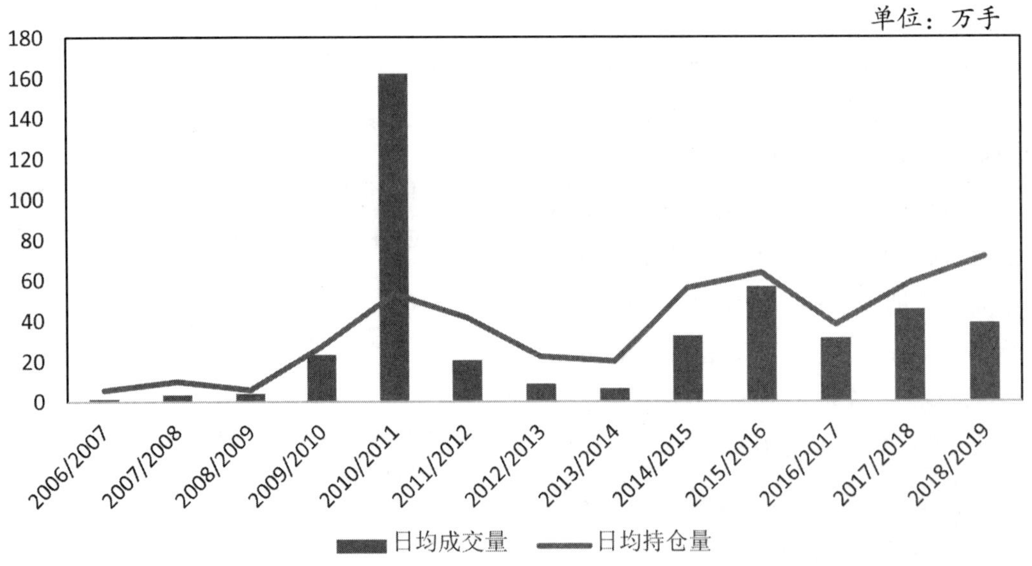

由于棉花期货价格跌势明显且持续时间较长，2018/2019年度棉花期货的日均持仓量同比显著增加，日均成交量同比略有萎缩。2018/2019年度棉花期货日均持仓量和日均成交量分别达到71.49万手和38.83万手，日均持仓量同比增长22.33%，日均成交量同比下降14.81%。其中，日均持仓量为近十个年度最高水准。棉花目标价格改革以来，市场流动性显著增加，为涉棉企业管理价格风险提供了优良的环境。

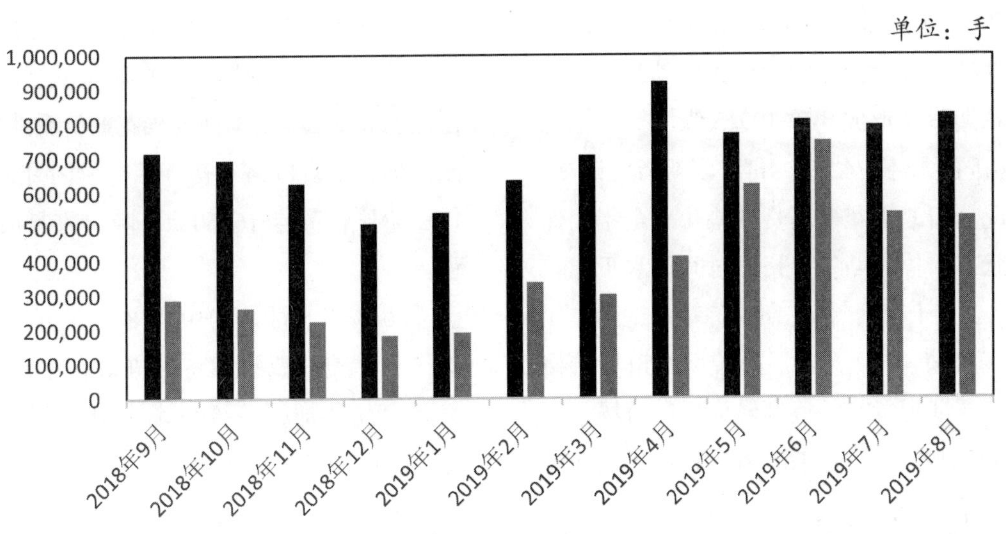

从2018/2019年度各个月度成交情况来看，本年度初期，由于棉花期货价格运行平稳，日均持仓量与日均成交量呈逐渐下降状态，在2018年12月份双双降至本年度最低值。随着2019年5月份郑棉期货价格的明显走跌，日均持仓量和日均成交量较上半个年度明显放大，尤其是日均成交量方面。2019年4月，棉花期货日均持仓量达到本年度最大值92.14万手，2019年6月，日均成交量均达到本年度最大值74.90万手，分别较12月份放大81.06%和307.73%。从整个年度来看，2018/2019年度棉花期货月度日均持仓量波动较为平稳；受期货价格走势影响，月度日均成交量在期货价格走跌后有所放大，尤其是在刚开始走跌的5、6月份，月度日均成交量为年度内最高的两个月。

3. 仓单量再创历史新高期货销售平台作用日趋凸显

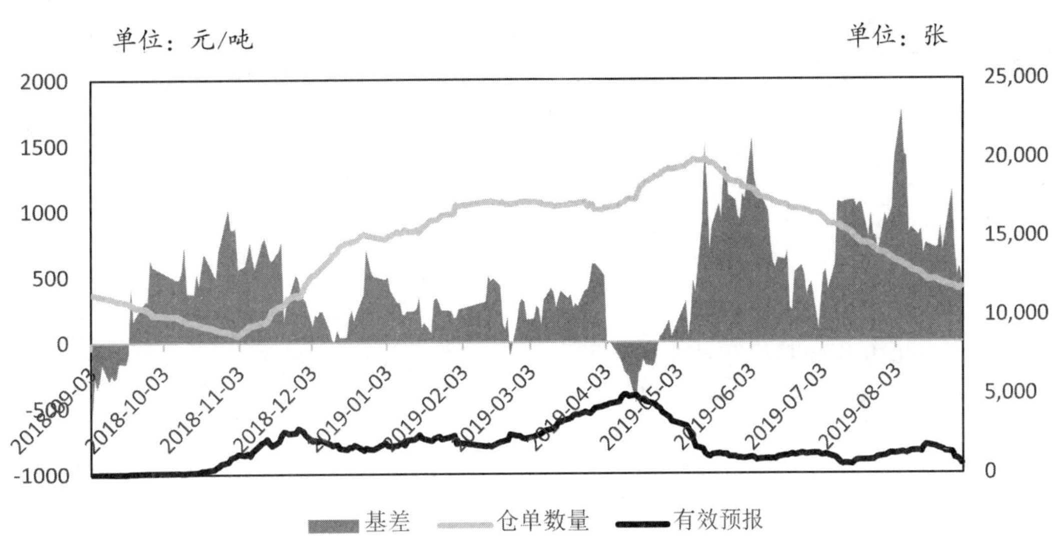

2018/2019年度棉花交割数量继续增长，期货市场辅助棉花现货销售的平台作用继续凸显。全年度棉花期货共形成仓单19915张，折合棉花79.66万吨，同比增长74.26%，再次刷新历史记录。从基差情况分析，棉花期现货基差几乎全年度保持为正值状态，棉花期货价格长时间贴水于棉花现货价格。4月15日，棉花期现货基差达到本年度正向市场极值467元/吨。随着期货市场价格的下跌，棉花期现货基差逐渐转为反向市场，并于8月5日达到本年度反向市场极值1768元/吨。

二、2018/2019年度国内外棉花市场影响因素分析

1. 国内棉花市场行情

2018/2019年度我国棉花现货、期货市场价格在长时间震荡后爆发出一轮较大规模的熊市行情，盘中连创新低，截至年度结束，该轮熊市行情仍未能结束。现按照不同阶段，影响棉花期现货价格运行的主要因素总结如下。

2018年9月—2018年12月。随着中美贸易关系的紧张，市场开始担忧国内下游需求会受到影响，尤其是在9月18日美国宣布将对进口自中国约2000亿美元商品加征关税之后，市场的悲观情绪全面爆发，彼时郑棉主力1901合约当天暴跌3.25%。12月份，国家财政部公告称将适当降低棉花进口滑准税税率，这对国内棉价又是一击，公告发布的当日，郑棉指数跌创阶段性低点14620元/吨。至此，国内棉花期货价格自年度初的17115元/吨跌至12月底14755元/吨，累计下跌幅度为2360元/吨。

2019年1月—2019年4月。在此期间，中美贸易磋商不断释放积极信号，且在4月初，中美完成第九轮贸易磋商，市场继续保持谨慎乐观的态度。供给方面，因中美贸易磋商未在棉农种植前结束，美国意向植棉面积同比下降；印度棉花产量预估下调，中国大量签约下年度美棉；市场预计中央储备棉抛储日挂牌量低于之前预期，再加上天气因素，国内外棉花期价看涨情绪升温。国内棉花期货价格年初开始低位回升，至4月中旬创阶段性高点16160元/吨，收复前期大部分跌幅。

2019年5月—2019年8月。五一节后首个工作日，美国威胁称将对进口自中国的2000亿美元商品所加征关税税率由10%提升至25%，扭转了以往市场对中美贸易磋商的良好预期。北京时间5月10日，美国贸易代表发表声明称，美国政府将公布对额外3000亿美元中国商品加征关税的详情。该声明可以说是引发当时国内外棉花期价暴跌的主要原因。随后，在中美经贸关系紧张、全球棉花产量同比大增以及国内下游消费疲软的多重因素作用下，郑棉进入了本年度最后四个月的震荡下跌期。郑棉指数从4月中旬最高16160元/吨下跌至8月底最低12190元/吨，最大跌幅3970元/吨。与此同时，因郑州棉花期价走跌、下游需求疲软，市场对后市较为悲观，国内中央储备棉抛储成交量走跌明显。

2. 国际棉花市场

2018年9月—2019年1月。该时期为北半球新棉集中上市期，在此期间，中美贸易关系紧张局面一直持续，中国频繁取消美棉进口合同，美国农业部报告调减美棉出口量预估，使美棉价格承压。ICE主力年度初开始回落，由83美分左右震荡走跌至71美分左右，跌幅约14%。

2019年2月—2019年4月中旬。在中美经贸磋商预期良好以及美国极端天气影响新棉产量预期的利多刺激下，ICE美棉在4月上旬创出阶段性高点78.73美分/磅（美棉指数）。

2019年5月—2019年8月。几乎与国内棉花期价下跌同步，因中美经贸关系再次恶化，五一节后美棉暴跌。期间穿插美棉出口数据不佳

以及美新棉好苗比例上升、印度天气改善等因素，美棉从 80 美分左右的高位最低一直跌至 8 月底 56.59 美分 / 磅，最大跌幅达 28.6%。

三、2018/2019 年度棉花期货市场政策调整情况

2018 年 11 月 2 日，郑商所发布《关于调整棉花合约替代交割品升贴水的公告》。经研究决定，现对棉花合约替代交割品升贴水进行调整公告，自 2019/2020 年度生产的棉花开始实施。

2019 年 3 月 1 日，郑商所发布《关于调整制定棉花交割仓库的公告》。经研究决定，郑州商品交易所对指定棉花交割仓库进行调整：一、增设中储棉库尔勒有限责任公司为指定棉花交割仓库，该仓库自 2019 年 9 月 1 日起开展棉花期货交割业务。二、增设新疆银棉储运有限公司为指定棉花交割仓库。三、郑州商品交易所将调整新疆生产建设兵团奎屯储运有限公司在库标准仓单至新疆银棉储运有限公司，自 2019 年 3 月 9 日执行。

2019 年 3 月 15 日，郑商所发布《关于调整部分期货合约交易保证金标准和涨跌停板幅度的通知》。根据《郑州商品交易所期货交易风险控制管理办法》第十条规定，经研究决定，对部分期货合约交易保证金标准和涨跌停板幅度作如下调整：自 2019 年 3 月 19 日结算时起，棉花期货合约交易保证金标准调整为 5%，涨跌停板幅度调整为 4%。按规则规定执行的交易保证金标准和涨跌停板幅度高于上述标准的，仍按原规定执行。

2019 年 4 月 17 日，郑商所发布《关于暂停湖北银丰仓储物流有限责任公司棉花期货入库业务的公告》。根据《郑州商品交易所指定商品交割仓库管理办法》等相关规定，经研究决定，暂停湖北银丰仓储物流有限责任公司棉花期货入库业务。

2019 年 5 月 31 日，郑商所发布《关于棉花、白糖期货做市商名单的公告》。根据《郑州商品交易所做市商管理办法》的相关规定，交易所在棉花期货上确定了 12 家做市商，自 2019 年 5 月 31 日晚开展期货做市业务。

2019 年 6 月 20 日，郑商所发布《关于指定交割仓库变更名称的公告》。郑州商品交易所指定棉花交割仓库“湖北储备物资管理局三三八处”现更名为“国家粮食和物资储备局湖北局三三八处”。联系人和联系方式不变。

2019 年 8 月 6 日，郑商所发布《关于加强棉花期货仓单货物包装管理的公告》。经研究决定，自 2019 年 9 月 1 日起，客户申请注册仓单的棉花采用塑料包装的，须向交割仓库交纳 50 元 / 吨的包装材料质保金。

2019 年 8 月 26 日，郑商所发布《关于期货交割棉公证检验事项的公告》。经研究，自 2019 年 9 月 1 日起，对期货交割棉公证检验相关规定做出相关调整：一、在新疆之外的棉花交割仓库进行期货交割棉公证检验时，对每批棉花抽取品质检验样品包数的比例按照 50% 执行。二、继续按照《关于期货交割棉新疆交割仓库移库公证检验的公告》（〔2018〕第 45 号）实行“在新疆棉花交割仓库的未出具期货交割棉公证检验证书的批次，可移库至内地交割仓库申请期货交割棉公证检验”的规定。

2018/2019 年度国际棉花市场产销形势及价格走势分析

原稿：国际棉花咨询委员会（ICAC）
编译：中储棉花信息中心有限公司监测研究部经理　郗今

一、价格总体走势

2018/2019年度国际棉花现货价格高开低走，从 2018 年 8 月的 99.7 美分 / 磅跌至 2019 年 7 月的 72.95 美分 / 磅。年度平均价为 84 美分 / 磅，同比下跌了 4 美分 / 磅。2019 年 2 月至 4 月，由于全球棉花意向种植面积同比减少，而且中美贸易谈判释放出可能达成阶段性成果的利好消息，国际棉花现货价格有所反弹，但随后的谈判以推迟互相加征关税告终，令业界失望，棉价随即开始下滑。中美贸易摩擦的不确定性以及全球经济增速放缓一直是打压棉花价格的主要因素。

二、全球产需状况

2018/2019 年度，全球棉花期初库存为 1869 万吨，同比增幅为 1%。全球棉花种植面积为 3260 万公顷，同比减少 1%；棉花单产为 790 公斤 / 公顷，同比减少 2%；棉花产量为 2569 万吨，同比减少 3%；棉花消费量为 2613 万吨，同比减少 2%；棉花期末库存为 1822 万吨，同比减少 2%；库存消费比为 70%，同比下降 0.9 个百分点。

从 2011/2012 年度到 2014/2015 年度，中国国内连续收储，棉花库存持续大幅增加。此后，中国棉花库存变化一直都是国际棉花市场关注的热点。在过去的三个年度，中国棉花期末库存持续下降。到了 2018/2019 年度，中国棉花期末库为 888 万吨，仍然是一个很高的数字，占全球棉花期末库存总量的 49%。

从 1940 年到 2005 年，全球棉花单产从 200 公斤 / 公顷增加到 770 公斤 / 公顷，但此后再也没有明显的增长。多数国家都是在依靠增加种植面积提高产量，其中印度最具有代表性。2018/2019 年度，印度棉花种植面积达到 1220 万公顷，占全球棉花种植总面积的 37%，但单产大幅低于全球平均水平，棉花产量仅占全球棉花总产量的 20%。

三、区域发展动态

1. 中国

2018/2019 年度，中国棉花产量为 604 万吨，同比增长 2.5%；消费量为 825 万吨，同比下降 3%；进口量为 210 万吨，同比增长 59%。从进口来源结构看，受中美贸易摩擦影响，中国从美国之外进口的棉花数量大幅增加，其中澳大利亚棉花为 55.6 万吨，同比增长 100%；巴西棉为 47.6 万吨，同比增长 480%；印度棉为 27.2 万吨，同比增长 126%。此外，其他一些棉花出口国的棉花出口量也都出现大幅增长。中国棉花期末库存为 888 万吨，同比下降 1.7%，是 2011/2012 年度以来最低水平。

2. 东南亚

2018/2019年度，东南亚地区棉花消费量同比下降5%，终结了连续6年的增长态势。随着消费需求的减少，整个地区的棉花进口量也出现下滑。越南棉花进口量为151万吨，同比略有减少；印度尼西亚棉花进口量为69万吨，同比减少9%；孟加拉国棉花进口量为154万吨，同比减少8%。从棉花进口来源结构看，孟加拉国的变化最大。该国从印度进口棉花数量同比减少了35%，从巴西和科特迪瓦进口棉花数量同比分别增长了45%和68%。减少印度棉进口量的主要原因是印度棉质量较差。

3. 印度和巴基斯坦

在过去的3个年度，印度一直是全球最大的产棉国。2018/2019年度，印度棉花产量同比下降16%，而中国棉花产量同比大幅增加，导致印度屈居第二大产棉国。印度棉花减产的主要原因有两个：一是印度中部和南部产棉区灌溉不足；二是印度在棉花种植技术方面没有任何进展，到目前为止，平均单产仅有512公斤/公顷，仍大大低于全球平均水平。印度棉花出口量为80万吨，同比减少29%。出口量减少的主要原因是东南亚地区的用棉需求萎缩。

2018/2019年度，巴基斯坦棉花产量为167万吨，同比减少7%，其主要原因是棉花种植面积减少且单产下降。由于受粉色棉铃虫灾害影响，近几年巴基斯坦棉花产量大幅减少。到目前为止，仍无法恢复到2005年至2014年期间的正常水平。尽管如此，巴基斯坦仍是全球重要的棉花生产国，棉花产量居世界第五位。同时，巴基斯坦也是全球重要的棉花消费国，棉花消费量居世界第三位。纺织业是巴基斯坦的支柱产业。为满足纺织用棉需求，巴基斯坦不得不从其他国家大量进口棉花。

4. 中国台湾、日本和韩国

中国台湾的纺织行业发展一直以出口为导向。近几年由于受到生产成本更低的新兴经济体的冲击，中国台湾的纺织行业正在从高产能模式转向高技术模式，越来越强调环保与产品设计能力，不断通过升级设备提高生产效率，同时高度重视提升创新能力，致力于提高产品附加值。中国台湾纺织产业升级导致棉花消费量逐渐减少。

日本的纺织业一直处于萎缩状态。上世纪70年代，日本的棉花消费量占全球棉花消费总量的7%。2018/2019年度，日本的棉花消费量不到全球棉花消费总量的0.5%。造成这种现象的主要原因有两个：一是日本国内纺织行业的生产成本的不断上升；二是日本不产棉花，纺织用棉完全依赖进口，而国际棉价往往波动幅度较大，导致日本纺织行业备受煎熬。鉴于这种情况，日本纺织企业不得不把资金输出到其他国家和地区进行生产。

2008年至2015年，韩国的棉花消费量呈增长态势，但在最近4年出现萎缩，主要原因是受到了生产成本更低的新兴经济体的冲击，而且韩国货币有所升值。为寻求可持续发展，韩国纺织企业不得不走高质量发展道路，把重点放在智能纺织、数字印染和纳米技术应用上，不断提高产品附加值，彻底摒弃了传统发展模式。

5. 中亚

乌兹别克斯坦棉花种植面积近几年持续减少，主要原因是该国实行了农产品种植结构调整，相对增加了粮食种植面积。2018/2019年度，这一趋势继续延续，棉花产量为64万吨，同比减少20%。在棉花产量持续减少的同时，乌兹别克斯坦的纺织行业在国外资金的支持下发展迅猛，棉花消费量不断增加，导致该国由棉花出口大国转变为棉纱出口大国。

塔吉克斯坦棉花种植面积在2011/2012年度至2016/2017年度处于持续萎缩状态，最近两个年度才有所增长。2018/2019 年度，该国棉花产量为 10.2 万吨，同比增长 3%。

哈萨克斯坦 2018/2019 年度棉花种植面积为 11.3 万公顷，同比减少 2%，产量为 7.5 万吨，同比增长 3%。哈萨克斯坦的主要农作物是粮食，棉花主产区集中在该国南部，种植面积处于递减态势，但随着农业种植结构的改善，单产正在逐步提高。

阿塞拜疆棉花种植面积自 2015/2016 年度开始快速增加，从 1.9 万公顷增至 2018/2019 年度的 14.3 万公顷，产量从 1.3 万吨增至 9.6 万吨。该国政府对棉花生产的重视程度不断提高，扶持力度不断增大，越来越多的农民把粮田改成了棉田。

6. 埃及

最近几个年度，埃及的棉花种植面积大幅波动。2014/2015 年度，棉花种植面积为 15.8 万公顷，同比增长 29%；2015/2016 年度，棉花种植面积为 10.5 万公顷，同比减少 34%；2016/2017 年度，棉花种植面积为 5.5 万公顷，同比减少 48%。最近两个年度，埃及政府增加了棉花补贴，该国棉花种植面积迅速增加。2018/2019 年度，埃及棉花种植面积为 14.1 万公顷。

7. 土耳其

2018/2019 年度，土耳其政府实施的安纳托利亚东南项目为该国棉花生产提供灌溉保障和优质种子，使该国棉花产量达到 98.8 万吨，同比增长 25%。近几年，土耳其纺织行业一直都在致力于打造完整的产业链，充分利用地缘优势与中国纺织行业在欧盟市场进行竞争，因此该国棉花消费量总体上呈增长态势。2018/2019 年度，该国棉花消费量为 155 万吨，同比增长 5%。由于产量增幅较大，该国棉花进口量同比减少了 13% 至 76.2 万吨。为了保护国内棉花产业，土耳其开始对美棉征收 3% 的反倾销税。尽管如此，美棉仍占土耳其棉花进口总量的 45%。

8. 西非

2018/2019 年度，棉花仍是西非地区的主要经济作物之一，出口额仅次于可可和咖啡。该地区棉花种植面积和产量分别为 295 万公顷和 120 万吨，同比增长幅度均为 1%。西非主要产棉国情况如下：

马里棉花产量为 29.6 万吨，同比减少 8%；贝宁棉花产量为 29.5 万吨，同比增长 15%；科特迪瓦棉花产量为 20.2 万吨，同比增长 15%；布基纳法索棉花产量为 18.3 万吨，同比减少 29%；喀麦隆棉花产量为 13.2 万吨，同比增长 24%；多哥棉花产量为 4.8 万吨，同比增长 17%。

9. 巴西

中美贸易摩擦导致中国对美棉加征进口关税，巴西乘机增加棉花产量，迅速扩大对中国的棉花出口，一跃成为全球第二大棉花出口国。2018/2019 年度，巴西棉花产量为 270 万吨，同比增长 34%，出口量为 140 万吨，同比增长 59%。

10. 澳大利亚

2018/2019 年度，澳大利亚棉花产量为 48.5 万吨，同比减少 46%。天气干旱是导致澳大利亚棉花减产的主要原因。据悉，澳大利亚供水不足的情况很难得到缓解。为了确保居民生活用水，预计 2019/2020 年度该国将进一步限制农业用水，棉花种植面积和产量可能进一步大幅减少。

2018/2019年度全球纺织行业回顾与展望

原稿：国际棉花咨询委员会（ICAC）
编译：中储棉花信息中心有限公司监测研究部经理　郁今

一、全球经济形势展望

（一）金融危机过去十年后全球经济依然脆弱。

2017年，全齐经济同比增长率为3.7%，较2016年仅高出0.4个百分点，但这已是2012年以来的最高增速。经济增长动力主要来自发达国家投资的好转，亚洲经济的强劲增长，欧洲经济的恢复以及几个主要商品出口国的贸易增长。

2018年10月，国际货币基金组织（IMF）将2018年和2019年全球经济增长率预测从4月份的基础上各调减0.2个百分点至3.7%，主要原因如下：

1. 中美贸易摩擦导致双方互征关税；
2. 日本、英国和欧盟经济趋弱；
3. 新兴经济体普遍加息。

预计在2018年和2019年，新兴经济体和发展中国家经济增速将稳定在4.7%。中国的经济增长将保持中等速度，主要原因是外需减少，金融政策偏紧、与美国的贸易摩擦仍在持续。国际货币基金组织报告指出，中国经济增长对全球经济增长的贡献占比达到三分之一，使8亿人口摆脱贫困，收入水平高于全球平均值。印度将在公共支出增加、产能利用率提高和私人投资活跃等因素驱动下继续成为经济增长速度最快的国家。巴西2017年的实际GDP增速为1%，预计在内需与投资的推动下，在2018年和2019年分别提高到1.8%和2.5%。预计发达经济体2018年经济增速为2.4%，同比增长0.1个百分点，但将在2019年下降0.3个百分点至2.1%。

（二）美国经济保持相对活跃

美国仍是全球最大最重要的经济体。世界货币基金组织预测，2018年美国经济增长率为2.9%，2019年为2.5%。2018年10月，美国劳工部报告显示，2018年9月美国失业率为3.7%，创1969年以来最低记录。

中美贸易摩擦是2018年的市场热点。

2018年1月，美国对太阳能电池板和洗衣机征收30%进口关税。中国对此极为不满，因为中国的太阳能电池产量占全球总产量的65%，而且美国进口的太阳能电池板和洗衣机主要来自中国。

2018年3月底，美国又宣布对铁和铝加征进口关税。中国随即宣布对价值24亿美元的128项美国商品加征进口关税，主要包括水果、猪肉、红酒、废铝和无缝钢管等。

2018年4月，美国宣布对1334项中国商品加征25%进口关税。中国随即宣布对价值106亿美元的美国商品加征25%进口关税，主要包括大豆、汽车和药品。

2018年6月中旬，美国宣布从7月6日起对818项价值340亿美元的中国商品加征25%进口关税，并考虑将对另外282项价值160亿美元的中国商品加征关税。中国随即宣布对659项价值340亿美元的美国商品加征25%进口关税。

2018年7月6日，美国开始对第一批中国商品加征25%进口关税。中国迅速回击，开始对545类美国商品（主要包括大豆、猪肉、鸡肉、水产品、SUV汽车和电动汽车等）开始加征25%进口关税，并宣布是由美国挑起了有史以来最大的贸易战。

2018年7月10日，美国宣布将从8月开始对6000多类价值2000亿美元的中国商品加征10%进口关税。中国警告美国将把价值600亿美元的美国商品的进口关税从5%升至25%。

2018年8月23日，美国开始第二批价值500亿美元的中国商品加征25%进口关税。中国立即对价值160亿美元的美国商品加征25%进口关税。

2018年9月17日，美国宣布将从9月24日起对价值2000亿美元的中国商品加征10%进口关税，并从2019年开始提高到25%。中国于次日宣布对价值600亿美元的美国商品加征关税。中美双方于9月24日开始落实互征关税政策。

2018年11月，中美在阿根廷召开的G20峰会期间进行了谈判，双方将进一步互征关税的日期推到2019年3月。

到目前为止，美国共对价值2500亿美元的中国商品加征了进口关税，中国共对价值1100亿美元的美国商品加征了进口关税。为缓解贸易战对美国农民的冲击，美国政府宣布将为农民提供120亿美元的紧急补助。补助以现金形式直接发放或通过为慈善机构购买粮食的形式提供。

（三）欧盟经济缺乏动力

2018年到2019年，欧盟经济增长率将从2%下降至1.9%，通胀率将从1.53%升至1.63%。出口贸易增速放缓与区域政局动荡是导致欧盟经济增速下降的主要原因。欧盟主要成员国情况如下：

德国2018年和2019年的经济增长率均为1.9%，较2017年下跌0.6个百分点；法国2018年和2019年的经济增长率均为1.6%；意大利2018年和2019年的经济增长率分别为1.2%和1%；西班牙2018年和2019年的经济增长率分别为2.7%和2.2%。

（四）日本经济增速继续放缓

2017年，日本经济增长率为1.7%，为此前四年来最高的一年，这得益于2020年东京奥运会对日本国内基础设施建设与升级改造的带动作用。2018年，日本经济增长率为1.1%，通胀率为1.1%。日本国内劳动力减少和国际原油价格上涨是造成这一局面的主要原因。虽然世界货币基金组织建议日本调高消费税而不是销售税，以便稳定企业收入，但日本政府担心调增消费税将招致民众反对，宣布将从2019年10月起把销售税从当前的8%调增至10%。

（五）亚洲发展中国家经济运行稳定

2017年，中国经济增速为6.9%，一改此前连续7年增速放缓局面。但考虑到中美贸易摩擦的潜在影响，预计2018年和2019年中国经济增速将再度放缓。2017年，中国宣布经济发展要摆脱对重工业和出口型制造业的依赖，要转向刺激内需的发展道路。由于中国从2016年才放开二胎政策，劳动力短缺与人口老龄化问题对内需具有抑制作用。

2018年，印度是全球经济增长最快的主要国家之一。印度国内制造业的发展与内需的增长是推动印度经济增长的主要动力。受国际原油价格上涨于内需增长影响，印度2018年通胀率为

4.96%，同比增长 1.36 个百分点。2017 年 12 月份以来，印度卢比相对于美元的贬值幅度达到 15%。预计 2019 年印度经济将保持活跃，经济增速为 7.4%。

2018 年，东盟 5 国（印度尼西亚、马来西亚、菲律宾、泰国和越南）的经济总体保持稳定，预计经济增速将在 2019 年达到 4%。菲律宾和越南将继续成为东盟经济增长最快的国家，印度尼西亚和泰国将保持相对稳定，马来西亚经济增速则将放缓。

2018 年，巴基斯坦经济增速为 5.8%，同比增加 0.4 个百分点，达到 13 年以来最快增速。能源供应的改善和中巴经济走廊所带动的投资增加是经济增长的主导因素。2019 年，巴基斯坦的经济增速将有所放缓。

（六）拉丁美洲国家经济保持增长

受商品价格驱动以及周边经济环境的良性发展，特别是在巴西与墨西哥经济发展的推动下，拉丁美洲和加勒比海地区经济增速将从 2018 年的 1.2% 增至 2019 的 2.2%，其中巴西经济增长率将从 2018 年的 1.4% 增至 2019 的 2.4%，墨西哥经济增速将从 2018 年的 2.2% 增至 2019 的 2.5%，阿根廷经济增速因受金融市场混乱影响将从 2018 年的 2.6% 降至 2019 的 1.6%，委内瑞拉经济将在原油大幅减产和政局动荡的影响下大幅下滑。

（七）非洲国家（撒哈拉周边及以南地区）经济将呈现恢复性增长

2018 年至 2019 年，非洲国家（撒哈拉周边及以南地区）经济增速将从 3.1% 增至 3.8%，主要原因是尼日利亚经济恢复较快。受国际原油价格上涨以及原油产量提高的影响，尼日利亚经济增速将从 2018 年的 1.9% 增至 2019 年的 2.3%。安哥拉经济增速也将受此原因而加快。南非经济增速将从 2018 年的 0.8% 增至 2019 年的 1.4%。2019 年，埃塞俄比亚经济增速名列榜首，为 8.5%，其它主要国家也有较好的表现，加纳为 7.6%，科特迪瓦为 7%，塞内加尔为 6.7%，坦桑尼亚为 6.1%，乌干达为 6.1%，马达加斯加为 5.4%。

（八）中东与北非国家经济将加速增长

2018 年至 2019 年，在地区局势相对稳定和原油价格保持上涨的条件下，预计中东与北非国家经济增速将从 2% 增至 2.5%，通胀率将从 11.8% 降至 10.6%。2018 年，埃及经济增速为 5.3%，同比增加了 1.1 个百分点。2018 年至 2019 年，沙特阿拉伯经济增速将从 2.2% 增至 2.4%。据悉，该国 2019 年的经济增长的主要不是来自原油贸易。相比之下，2019 年摩洛哥的经济增速将有所下滑。此外，由于美国宣布将恢复对伊朗的经济制裁，预计伊朗的经济增速也将大幅下降。

二、终端纺织品消费需求

（一）全球纺织原料消费创新高

在过去的几十年里，全球纺织原料消费保持稳步增长。全球终端纺织品主要包括服装、家纺和工业纺织品三大类。终端纺织品消费主要取决于消费者的收入和产品价格变化。因此，终端纺织品消费变化与全球经济发展状况紧密相关。

全球金融危机爆发以来，全球经济保持温和增长，有利于终端纺织品消费。2017 年，全球纺织原料消费量创下 9550 万吨的历史最高纪录。从总体上看，全球纺织原料消费量增速呈下降趋势，从 2005 年的 12% 降至 2010 年的 8.5%，到 2017 年降至 5%。

2010 年至 2011 年，纺织原料价格指数（TFPI）累计涨幅高达 72%；2012 年至 2016 年，纺织原料价格指数累计跌幅为 59%。2017 年，纺织原料价格指数出现 13.7% 的增长。同时，国际棉花价格也出现增长，Cotlook A 指数年均价从 163.8 美分 / 公斤涨到 184.1 美分 / 公斤。

2005 年至 2007 年，棉花与涤短的价格比为

0.87，即棉花价格比涤短价格低13%。2010年和2012年，二者价格比分别为1.7和1.9，即棉花比涤短价格高70%和90%。2012年，棉花和涤短价格都出现下跌，涤短价格跌幅为16%，棉花价格跌幅为42%，明显大于涤短跌幅，但价格仍比涤短高32%。2013年到2016年，棉花与涤短的价格比为1.4和1.8，2017年为1.72。总体上看，由于棉花价格相对较高，导致全球棉花消费受到影响。

近几年，棉花产量和库存都处于历史较高水平，但棉花价格仍在历史均价之上。支持国际棉价偏高的因素包括以下五个方面：一是美棉需求较好；二是未定价销售达到历史高位；三是地缘政治局势紧张；四是棉花产需大国之间的经济冲突；五是投机行为高度活跃。

棉花价格的波动性是影响棉花消费的另一个因素。我们常用相对波动区间和波动系数来体现公历年和年度的价格波动情况。相对波动率是最高价和最低价与平均价之间的比率。2010年，Cotlook A指数的相对波动率为104.3%，2017年相对波动率为21%，波动系数为4.2%。2018年前8个月相对波动率为16.2%，波动系数为3.9%。

2016年至2017年，澳大利亚东部羊毛拍卖市场综合指数（EMI）从964美分/公斤上涨至1179.1美分/公斤，涨幅达7%，与棉花的比价出现连续三年上涨，并达到历史新高。

2017年，中国的涤短价格也出现上涨，从1月份的101美分/公斤上涨至11月份的121美分/公斤，与12月份下跌至115美分/公斤，2017年平均价106.8美分/公斤，较2016年上涨14.5美分/公斤。羊毛、棉花与涤短的比价分别为11和1.7。

截至2018年8月，全球纺织原料价格普涨。羊毛价格同比上涨22%，棉花价格同比上涨12%，涤短价格同比上涨11%。预计2018年全球纺织原料消费量为9940万吨。

2019年，预计全球经济增长率为3.9%，人口增长率为1.1%，纺织原料消费量为1028万吨，其中棉花占比为27%，同比有所增长，其它纺织原料消费量增幅有所放缓。

（二）发展中国家引领终端消费需求

全球纺织纤维消费需求集中在发展中国家。在过去的半个世纪中，全球各地区的纺织原料消费都出现了较大的变化。1968年至2017年，发达国家纺织原料消费量在全球的占比从51.1%下降至30.8%；发展中国家占比从29.2%增至65.5%，但东欧和独联体国家的占比从19.6%下降至3.7%。

亚洲发展中国家纺织原料消费量持续快速增长，从上世纪60年代的530万吨增至本世纪初期的2550万吨。2010年至2017年，亚洲国家纺织原料消费量进一步加速增长，3690万吨增至5100万吨。值得注意的是，从2006年开始，亚洲发展中国家的纺织品零售额超过了发达国家；从2012年开始，亚洲发展中国家的纺织原料消费量在全球占比超过50%，并于2017年达到53.5%。拉丁美洲及加勒比海地区、中东及欧洲、非洲被远远甩在后面，纺织原料消费量在全球的占比分别为8%、6%和4.7%。

纺织原料消费量的增长无疑与人口增长紧密相关。上世纪60年代，发展中国家人口是发达国家的3.3倍，到2017年达到发达国家人口的6.6倍。亚洲和非洲发展中国家的人口增速最为显著，分别增加了17亿和8亿。发达国家与发展中国家纺织原料消费结构存在巨大差异：发达国家以棉制纺织品为主，发展中国家以其它纺织原料生产的纺织品为主。

在过去的20年里，不同地区的棉花消费量在纺织原料消费中的占比各有不同。1998年至2017年，发展中国家棉花消费量在纺织原料消费中的占比从43%下降至21.7%，而发达国家仅从40.2%降至37.2%。

从纺织品终端消费角度看，2010年是发展中国家和发达国家棉花消费量变化的分水岭。发展中国家与发达国家棉花消费量最在2010年最为接近，分别占全球棉花消费量的48.6%和48.1%。2010年之后，发展中国家的棉花消费量在全球所占份额开始超越发达国家。

（三）长期趋势预测

纺织原料消费量增长与经济和人口增长紧密相关。上世纪60年代至90年代，全球GDP增长率由5.3%降至3.1%，人口增长率由2.0%降至1.4%。上世纪60年代、70年代、80年代和90年代，全球年均纺织原料消费量增长率为3.8%、3.4%、2.9%和2.5%。2000年至2007年，全球GDP年均增长率为4.4%，纺织原料消费量年均增长率为5.5%。

根据对全球经济中长期增长率的预测，预计从2020年到2025年，全球纺织原料消费量将从1.06亿吨增至1.21亿吨，其中棉花消费量将从2800万吨增至2850万吨，即棉花占比将从26.5%降至23.6%。

第四部分

统计资料

棉花生产

表 4-1　1978—2018 年中国棉花生产情况表

（单位：千公顷、万吨、公斤 / 公顷）

年份	农作物总播种面积	棉花播种面积	棉花产量	单位面积产量
1978	150104	4866	217.0	455
1980	146380	4920	271.0	550
1985	143626	5140	415.0	807
1989	146554	5203	379.0	728
1990	148362	5588	451.0	807
1991	149586	6538	568.0	868
1992	149007	6835	451.0	660
1993	147741	4985	374.0	750
1994	148241	5528	434.0	785
1995	149879	5422	477.0	879
1996	152381	4722	420.0	890
1997	153969	4491	460.0	1025
1998	155706	4459	450.0	1009
1999	156373	3726	383.0	1028
2000	156300	4041	442.0	1093
2001	155708	4810	532.0	1107
2002	154636	4184	492.0	1175
2003	152415	5111	486.0	951
2004	153553	5693	632.0	1111
2005	155488	5062	571.0	1129
2006	157021	5409	674.0	1247

续表

年份	农作物总播种面积	棉花播种面积	棉花产量	单位面积产量
2007	153464	5926	762.4	1286
2008	156266	5754	749.2	1302
2009	158639	4952	637.7	1288
2010	160675	4849	596.1	1229
2011	162283	5038	658.9	1308
2012	163416	4688	683.6	1458
2013	164627	4346	629.9	1449
2014	165446	4222	617.8	1463
2015	166374	3797	560.3	1476
2016	166650	3345	529.9	1584
2017	166332	3195	565.3	1769
2018	165902	3354	610.3	1819

数据来源：《中国统计年鉴2019》。

表4–2　2018/2019年度分省棉花生产情况表

（单位：千公顷、万吨、公斤公顷）

省份	农作物总播种面积	棉花播种面积	棉花产量	单位面积产量
全　国	165902	3354	610.3	1819
北京	103.8	0.0	0.0	800
天津	429.3	17.1	1.8	1068
河北	8197.1	210.4	23.9	1137
山西	3555.2	2.6	0.4	1399
内蒙古	8824.1	0.1	0.0	1376
辽宁	4207.1	0.0	00.	2292
上海	282.3	0.1	0.0	1177
江苏	7520.2	16.6	2.1	1241
浙江	1978.7	5.7	0.8	1422
安徽	8771.1	86.3	8.9	1026

续表

省份	农作物总播种面积	棉花播种面积	棉花产量	单位面积产量
福建	1577.3	0.1	0.0	799
江西	5555.8	46.7	7.2	1545
山东	11076.8	183.3	21.7	1184
河南	14783.4	36.7	3.8	1033
湖北	7952.9	159.3	14.9	938
湖南	8111.1	63.9	8.6	1341
广西	5972.4	1.2	0.1	1058
四川	9615.3	4.0	0.4	991
贵州	5477.2	0.7	0.1	990
云南	6890.8	0.0	0.0	378
陕西	4091.0	6.9	1.0	1431
甘肃	3773.6	21.5	3.5	1640
新疆	6068.9	2491.3	511.1	2051

数据来源：《中国统计年鉴 2019》。

表 4–3　2018/2019 年度新疆维吾尔自治区棉花生产情况表

（单位：千公顷、万吨、公斤 / 公顷）

地区	棉花播种面积	棉花产量	单位面积产量
全区	2217.47	456.6	2059
乌鲁木齐市	0.58	0.1	1724
克拉玛依市	9.01	1.74	1927
吐鲁番地区	8.24	1.22	1483
哈密地区	33.29	6.15	1846
昌吉回族自治州	124.3	27.08	2179
伊犁哈萨克自治州	237.69	50.84	3649
伊犁州直属县（市）	10.23	1.52	1481
塔城地区	227.46	49.32	2169
博尔塔拉蒙古自治州	99.62	21.52	2161

续表

地区	棉花播种面积	棉花产量	单位面积产量
巴音郭楞蒙古自治州	239.59	51.61	2154
阿克苏地区	527.26	100.44	1905
克孜勒苏柯尔克孜自治州	10.32	1.75	1692
喀什地区	444.08	72.51	1633
和田地区	27.24	4.05	1487
生产建设兵团	693.6	168.9	2435

数据来源：《新疆统计年鉴2019》。

表4–4　2018/2019年度新疆维吾尔自治区长绒棉生产情况表

（单位：千公顷、万吨、公斤/公顷）

地区	长绒棉播种面积	长绒棉产量	单产
全区	113.36	17.39	1534
阿克苏地区	60.32	8.28	1373
克孜勒苏柯尔克孜自治州	5.3	0.9	1698
喀什地区	47.3	8.11	1715
生产建设兵团	0.44	0.1	2273

数据来源：《新疆统计年鉴2019》。

表4–5　2018/2019年度新疆生产建设兵团棉花生产情况表

（单位：千公顷、万吨、公斤/公顷）

地区	棉花播种面积	棉花产量	单位面积产量
建设兵团	854.03	204.65	2396
一师	148.68	35.73	2403
二师	46.29	11.59	2504
三师	73.17	17.39	2377
四师	9.36	2.00	2138
五师	50.28	11.44	2275

续表

地区	棉花播种面积	棉花产量	单位面积产量
六师	123.06	28.78	2339
七师	124.18	30.62	2466
八师	252.01	61.06	2423
九师	—	—	—
十师	6.00	1.15	1917
十一师	0.25	0.05	
十二师	1.73	0.31	1792
十三师	18.17	4.43	2438
十四师	0.87	0.10	1149

数据来源：《新疆生产建设兵团统计年鉴 2019》。

表 4-6 2018/2019 年度新疆生产建设兵团长绒棉生产情况表

（单位：千公顷、万吨、公斤 / 公顷）

地区	长绒棉播种面积	长绒棉产量	单位面积产量
建设兵团	0.52	0.1	1977
一师	–	–	–
三师	–	–	–
八师	–	–	–

数据来源：《新疆生产建设兵团统计年鉴 2019》。

表 4-7 2018/2019 年度山东省棉花生产情况表

（单位：千公顷、万吨、公斤 / 公顷）

地区	棉花播种面积	棉花产量	单位面积产量
全省	183.3	21.7	1184
济南市	2.845	0.2928	1029
青岛市	0.592	0.0977	1649
淄博市	1.028	0.1325	1289
枣庄市	1.431	0.1774	1240

续表

地区	棉花播种面积	棉花产量	单位面积产量
东营市	26.007	1.8332	705
烟台市	0.079	0.009	1135
潍坊市	8.708	0.7448	855
济宁市	40.072	4.9263	1229
泰安市	3.402	0.3989	1172
日照市	0.333	0.0378	1135
莱芜市	1.277	0.1463	1145
临沂市	3.325	0.4373	1315
德州市	15.907	2.0782	1306
聊城市	5.213	0.594	1140
滨州市	31.961	3.1514	986
菏泽市	62.13	8.3315	1341

数据来源：《山东统计年鉴2019》。

表4–8　2018/2019年度河南省棉花生产情况表

（单位：千公顷、万吨、公斤/公顷）

地区	棉花播种面积	棉花产量	单位面积产量
全省	29.27	3.54	1211*
郑州市	1.21	0.12	954*
开封市	6.83	0.85	1241*
洛阳市	1.96	0.23	1155*
平顶山市	0.74	0.08	1069*
安阳市	2.34	0.28	1181*
鹤壁市	0.40	0.05	1181*
新乡市	1.11	0.13	1134*
焦作市	0.24	0.03	1323*
濮阳市	1.15	0.19	1665*
许昌市	0.84	0.09	1019*

续表

地区	棉花播种面积	棉花产量	单位面积产量
漯河市	0.63	0.07	1099*
三门峡市	1.12	0.11	962*
南阳市	2.33	0.30	1305*
商丘市	4.37	0.51	1159*
信阳市	0.44	0.05	1076*
周口市	2.77	0.40	1454*
驻马店市	0.60	0.06	967*
济源市	0.20	0.02	1118*

数据来源：《河南统计年鉴 2019》。

备注：带 * 的数据由国家棉花市场监测系统测算而得。

表 4-9　2018/2019 年度河北省棉花生产情况表

（单位：千公顷、万吨、公斤 / 公顷）

地区	棉花播种面积	棉花产量	单位面积产量
全省	300.3	24.8	826
石家庄市	—	—	—
秦皇岛市	—	—	—
唐山市	—	—	—
廊坊市	—	—	—
保定市	—	—	—
沧州市	—	—	—
衡水市	—	—	—
邢台市	—	—	—
邯郸市	—	—	—

数据来源：国家棉花市场监测系统。

表 4–10　2018/2019 年度天津市棉花生产情况表

（单位：千公顷、万吨、公斤 / 公顷）

地区	棉花播种面积	棉花产量	单位面积产量
全市	17.1	1.83	1070*
塘沽区	—	—	—
汉沽区	—	—	—
大港区	—	—	—
东丽区	—	—	—
西青区	—	—	—
津南区	—	—	—
北辰区	—	—	—
武清区	—	—	—
宝坻区	—	—	—
宁河县	—	—	—
静海县	—	—	—
蓟县	—	—	—

数据来源：《天津统计年鉴 2019》。

备注：带 * 的数据由国家棉花市场监测系统测算而得。

表 4–11　2018/2019 年度陕西省棉花生产情况表

（单位：千公顷、万吨、公斤 / 公顷）

地区	棉花播种面积	棉花产量	单位面积产量
全省	6.92	0.9904	1431
西安市	0.06	0.0088	1451
宝鸡市	0.01	0.0013	1598
渭南市	6.32	0.9199	1456
韩城市	0.04	0.0087	2014

续表

地区	棉花播种面积	棉花产量	单位面积产量
延安市	0.05	0.0047	919
汉中市	0.04	0.0207	5041
榆林市	0.35	0.0199	571
安康市	0.08	0.0128	1674
商洛市	0.02	0.0023	1507

数据来源：《陕西统计年鉴2019》。

表4–12　2018/2019年度江苏省棉花生产情况表

（单位：千公顷、万吨、公斤 / 公顷）

地区	棉花播种面积	棉花产量	单位面积产量
全省	16.6	2.06	1241
南京市	—	—	—
徐州市	—	—	—
常州市	—	—	—
苏州市	—	—	—
南通市	—	—	—
连云港市	—	—	—
淮安市	—	—	—
盐城市	—	—	—
扬州市	—	—	—
镇江市	—	—	—
泰州市	—	—	—
宿迁市	—	—	—

数据来源：《江苏统计年鉴2019》。

表 4–13　2018/2019 年度安徽省棉花生产情况表

（单位：千公顷、万吨、公斤 / 公顷）

地区	棉花播种面积	棉花产量	单位面积产量
全省	86.3	8.85	1026
合肥市	14.45	1.26	870
淮北市	0.09	0.01	979
亳州市	1.55	0.16	1016
宿州市	0.97	0.09	916
蚌埠市	0.12	0.01	948
阜阳市	2.34	0.22	924
淮南市	0.63	0.07	1034
滁州市	2.73	0.28	1039
六安市	6.77	0.66	975
马鞍山市	2.63	0.28	1062
芜湖市	10.21	1.13	1104
宣城市	0.49	0.05	1053
铜陵市	3.30	0.33	1007
池州市	0.60	0.65	1095
安庆市	33.84	3.64	1376
黄山市	0.19	0.02	833

数据来源：《安徽统计年鉴 2019》。

表 4–14　2018/2019 年度湖北省棉花生产情况表

（单位：千公顷、万吨、公斤 / 公顷）

地区	棉花播种面积	棉花产量	单位面积产量
全省	—	14.93	—
武汉市	—	1.17	—
黄石市	—	0.39	—

续表

地区	棉花播种面积	棉花产量	单位面积产量
十堰市	—	0.01	—
宜昌市	—	0.80	—
襄阳市	—	0.97	—
鄂州市	—	0.51	—
荆门市	—	0.55	—
孝感市	—	0.94	—
荆州市	—	3.85	—
黄冈市	—	2.61	—
咸宁市	—	0.39	—
随州市	—	0.51	—
仙桃市	—	1.01	—
天门市	—	1.04	—
潜江市	—	0.19	—

数据来源：《湖北统计年鉴 2019》。

表 4-15　2018/2019 年度湖南省棉花生产情况表

（单位：千公顷、万吨、公斤 / 公顷）

地区	棉花播种面积	棉花产量	单位面积产量
全省	63.9	8.6	1346
长沙市	—	—	—
株洲市	—	—	—
湘潭市	—	—	—
衡阳市	—	—	—
邵阳市	—	—	—
岳阳市	—	—	—
常德市	—	—	—
张家界市	—	—	—
益阳市	—	—	—

续表

地区	棉花播种面积	棉花产量	单位面积产量
郴州市	—	—	—
永州市	—	—	—
怀化市	—	—	—
娄底市	—	—	—
湘西州	—	—	—

数据来源：《湖南统计年鉴 2019》。

表 4-16　2018/2019 年度山西省棉花生产情况表

（单位：千公顷、万吨、公斤 / 公顷）

地区	棉花播种面积	棉花产量	单位面积产量
全省	2.58	0.36	1399
太原市	—	—	—
长治市	—	—	—
晋城市	—	—	—
晋中市	—	—	—
运城市	—	—	—
临汾市	—	—	—
吕梁市	—	—	—

数据来源：《山西统计年鉴 2019》。

备注：带 * 的数据由国家棉花市场监测系统测算而得。

表 4-17　2018/2019 年度江西省棉花生产情况表

（单位：千公顷、万吨、公斤 / 公顷）

地区	棉花播种面积	棉花产量	单位面积产量
全省	46.689	7.2115	1545
南昌市	1.206	0.1616	1340
景德镇市	1.135	0.1764	1554
九江市	28.518	4.3959	1541

续表

地区	棉花播种面积	棉花产量	单位面积产量
新余市	1.764	0.2819	1598
吉安市	0.005	0.0011	2200
宜春市	0.168	0.0281	1673
抚州市	8.059	1.1602	1440
上饶市	1.826	0.2611	1430

数据来源：《江西统计年鉴 2019》。

表 4-18 2018/2019 年度四川省棉花生产情况表

（单位：千公顷、万吨、公斤 / 公顷）

地区	棉花播种面积	棉花产量	单位面积产量
全省	4.03	0.40	991*
成都市	0.17	0.02	1364*
德阳市	0.13	0.01	840*
绵阳市	0.05	0.00	894*
遂宁市	3.29	0.33	1001*
南充市	0.24	0.01	612*
眉山市	0.04	0.00	1132*

数据来源：《四川统计年鉴 2019》。

备注：带 * 的数据由国家棉花市场监测系统测算而得。

表 4-19 2018/2019 年度甘肃省棉花生产情况表

（单位：千公顷、万吨、公斤 / 公顷）

地区	棉花播种面积	棉花产量	单位面积产量
全省	16.40	2.81	1640
白银市	0.01	0.001	1356
武威市	0.18	0.04	1988
酒泉市	0.03	0.01	3660
金昌市	16.18	2.76	1706

数据来源：《甘肃发展年鉴 2019》。

表 4–20　2018/2019 年度辽宁省棉花生产情况表

（单位：千公顷、万吨、公斤 / 公顷）

地区	棉花播种面积	棉花产量	单位面积产量
全省	0.01	0.0022	2292
朝阳市	0.01	0.0022	2292

数据来源：《辽宁统计年鉴 2019》。

棉花购销

表 4–21　2018/2019 年度中国棉花收购、加工与销售进度统计表

日期	收购进度（%）	加工进度（%）	销售进度（%）
2018 年 9 月	35.1%	36.1%	0.0%
2018 年 10 月	71.7%	46.3%	5.2%
2018 年 11 月	90.2%	73.2%	16.1%
2018 年 12 月	94.7%	90.1%	24.0%
2019 年 1 月	96.8%	98.0%	39.1%
2019 年 2 月	97.4%	98.1%	43.4%
2019 年 3 月	98.9%	98.3%	57.1%
2019 年 4 月	99.5%	99.5%	64.8%
2019 年 5 月	99.8%	99.8%	70.2%
2019 年 6 月	99.9%	99.9%	73.1%
2019 年 7 月	100.0%	100.0%	78.2%
2019 年 8 月	100.0%	100.0%	83.9%

数据来源：国家棉花市场监测系统。

备注：收购进度 = 已交售籽棉量 / 已采摘籽棉量；加工进度 = 已加工皮棉量 / 籽棉收购折皮棉量；销售进度 = 已销售皮棉量 / 籽棉收购量折皮棉量。

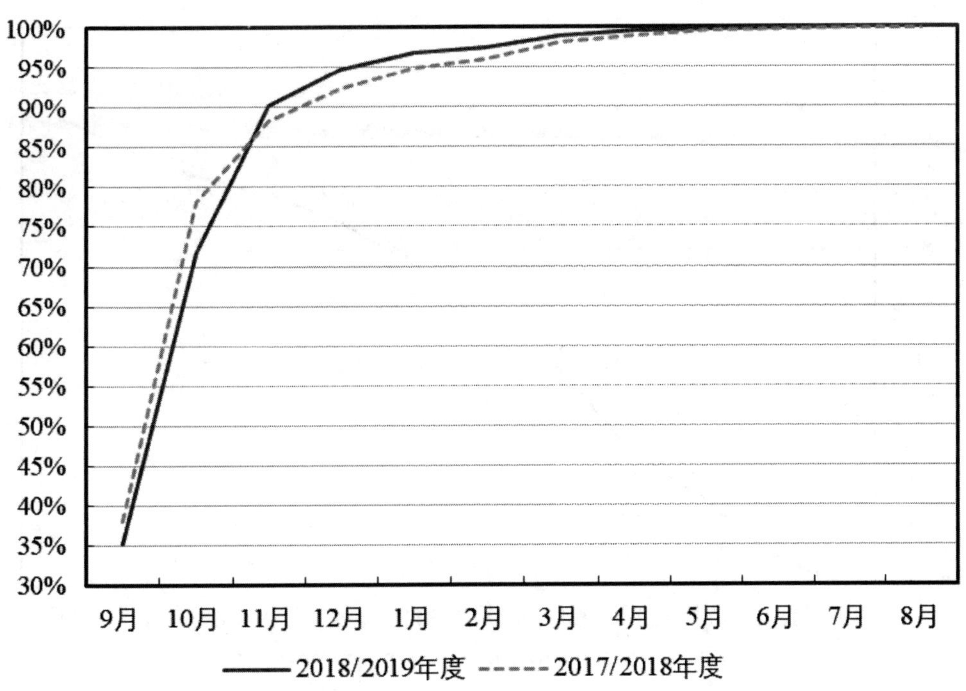

图 4-1　2018/2019 年度中国棉花收购进度与上年对比

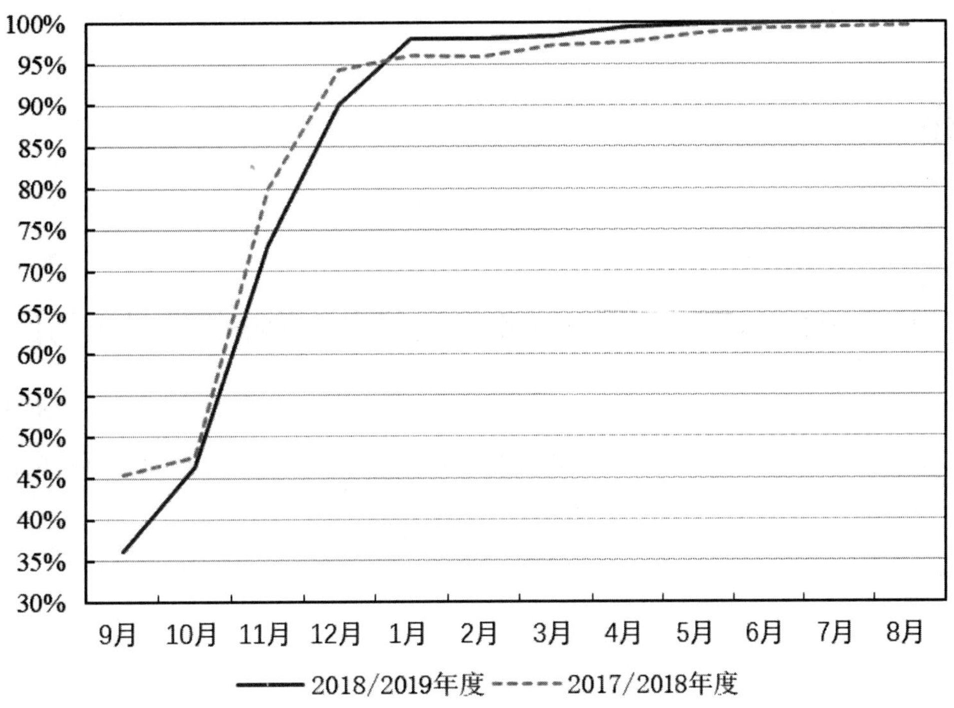

图 4-2　2018/2019 年度中国棉花加工进度与上年对比

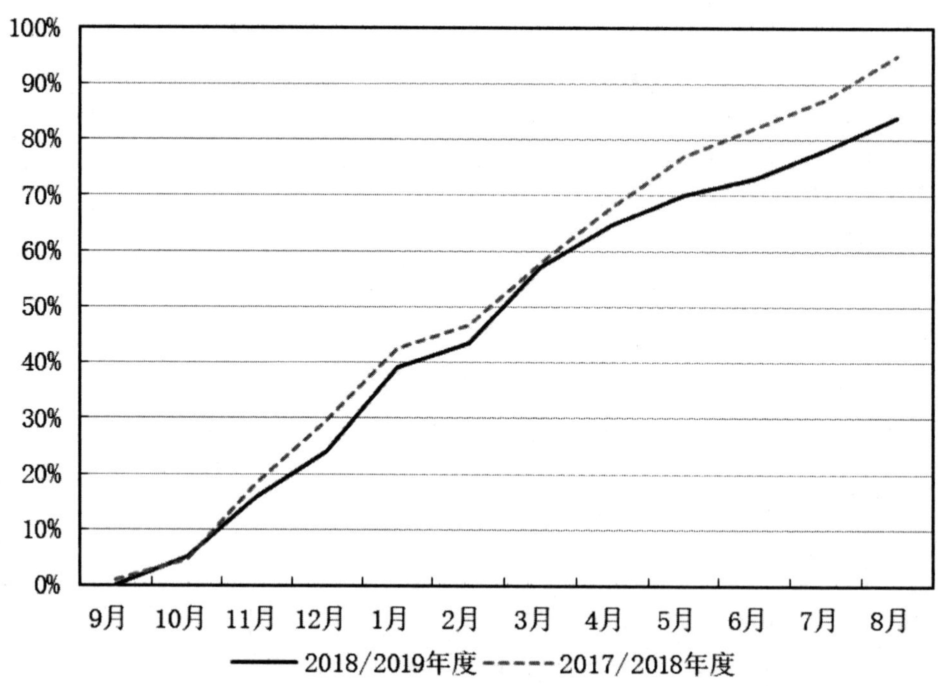

图 4-3　2018/2019 年度中国棉花销售进度与上年对比

棉花价格

表 4-22　2002/2003—2018/2019 年度国家棉花价格指数月平均价格表

（单位：元 / 吨）

月份	国家棉花价格 A 指数	国家棉花价格 B 指数
2002 年 9 月	10595	10136
2002 年 10 月	10697	10322
2002 年 11 月	11210	10883
2002 年 12 月	11370	11044
2003 年 1 月	11466	11144
2003 年 2 月	12337	12080
2003 年 3 月	13505	13233
2003 年 4 月	13701	13432

续表

月份	国家棉花价格 A 指数	国家棉花价格 B 指数
2003 年 5 月	12875	12616
2003 年 6 月	13018	12764
2003 年 7 月	13482	13263
2003 年 8 月	13309	13058
2003 年 9 月	13744	13516
2003 年 10 月	17259	17020
2003 年 11 月	18086	17734
2003 年 12 月	17865	17237
2004 年 1 月	18209	17538
2004 年 2 月	18403	17776
2004 年 3 月	18277	17517
2004 年 4 月	18115	17237
2004 年 5 月	17731	16713
2004 年 6 月	16250	15163
2004 年 7 月	14837	13736
2004 年 8 月	13754	12870
2004 年 9 月	13806	13006
2004 年 10 月	12492	12013
2004 年 11 月	12095	11541
2004 年 12 月	11802	11227
2005 年 1 月	11865	11295
2005 年 2 月	12230	11586
2005 年 3 月	12594	12009
2005 年 4 月	12990	12488
2005 年 5 月	13788	13428
2005 年 6 月	13755	13375
2005 年 7 月	13943	13556
2005 年 8 月	13914	13503
2005 年 9 月	13844	13454
2005 年 10 月	14617	14196

续表

月份	国家棉花价格 A 指数	国家棉花价格 B 指数
2005 年 11 月	14656	14203
2005 年 12 月	14636	14175
2006 年 1 月	14662	14236
2006 年 2 月	14825	14404
2006 年 3 月	14752	14312
2006 年 4 月	14627	14177
2006 年 5 月	14572	14087
2006 年 6 月	14560	14076
2006 年 7 月	14489	14007
2006 年 8 月	14455	13987
2006 年 9 月	14387	13948
2006 年 10 月	13299	12884
2006 年 11 月	13184	12663
2006 年 12 月	13324	12812
2007 年 1 月	13457	12954
2007 年 2 月	13481	12988
2007 年 3 月	13517	13042
2007 年 4 月	13488	13017
2007 年 5 月	13465	12971
2007 年 6 月	13732	13355
2007 年 7 月	14455	14163
2007 年 8 月	14843	14529
2007 年 9 月	14121	13683
2007 年 10 月	14024	13471
2007 年 11 月	14188	13646
2007 年 12 月	14172	13622
2008 年 1 月	14252	13692
2008 年 2 月	14389	13778
2008 年 3 月	14474	13921
2008 年 4 月	14413	13909

续表

月份	国家棉花价格 A 指数	国家棉花价格 B 指数
2008 年 5 月	14338	13911
2008 年 6 月	14355	13946
2008 年 7 月	14275	13868
2008 年 8 月	14109	13722
2008 年 9 月	13567	13130
2008 年 10 月	12787	12404
2008 年 11 月	11619	11116
2008 年 12 月	11385	10790
2009 年 1 月	11504	10931
2009 年 2 月	11630	11207
2009 年 3 月	11910	11529
2009 年 4 月	12892	12579
2009 年 5 月	13172	12894
2009 年 6 月	13132	12821
2009 年 7 月	13413	13105
2009 年 8 月	13473	13176
2009 年 9 月	13331	13028
2009 年 10 月	14020	13715
2009 年 11 月	14693	14382
2009 年 12 月	15151	14840
2010 年 1 月	15304	14994
2010 年 2 月	15252	14936
2010 年 3 月	15971	15610
2010 年 4 月	16594	16201
2010 年 5 月	17216	16811
2010 年 6 月	18167	17776
2010 年 7 月	18748	18300
2010 年 8 月	18573	18131
2010 年 9 月	19905	19471
2010 年 10 月	25396	24771

续表

月份	国家棉花价格 A 指数	国家棉花价格 B 指数
2010 年 11 月	29308	28721
2010 年 12 月	27996	27267
2011 年 1 月	28889	28127
2011 年 2 月	30846	29949
2011 年 3 月	31733	30819
2011 年 4 月	30251	29094
2011 年 5 月	26862	25110
2011 年 6 月	26388	24441
2011 年 7 月	24184	22066
2011 年 8 月	20994	19340
2011 年 9 月	21250	19738
2011 年 10 月	21107	19662
2011 年 11 月	20597	19233
2011 年 12 月	20377	19120
2012 年 1 月	20499	19260
2012 年 2 月	20744	19547
2012 年 3 月	20787	19608
2012 年 4 月	20641	19454
2012 年 5 月	20395	19224
2012 年 6 月	19562	18562
2012 年 7 月	19406	18483
2012 年 8 月	19470	18558
2012 年 9 月	19627	18754
2012 年 10 月	19645	18788
2012 年 11 月	19704	18859
2012 年 12 月	19935	19107
2013 年 1 月	20100	19275
2013 年 2 月	20117	19289
2013 年 3 月	20145	19319
2013 年 4 月	20147	19320

续表

月份	国家棉花价格 A 指数	国家棉花价格 B 指数
2013 年 5 月	20132	19300
2013 年 6 月	20120	19280
2013 年 7 月	20082	19229
2013 年 8 月	20048	19187
2013 年 9 月	20048	19187
2013 年 10 月	20140	19283
2013 年 11 月	20268	19443
2013 年 12 月	20382	19588
2014 年 1 月	20277	19459
2014 年 2 月	20215	19377
2014 年 3 月	20200	19349
2014 年 4 月	20187	19327
2014 年 5 月	19235	18311
2014 年 6 月	18276	17414
2014 年 7 月	18161	17356
2014 年 8 月	17975	17233
2014 年 9 月	17137	16471
2014 年 10 月	15440	14867
2014 年 11 月	15181	14628
2014 年 12 月	14155	13532
2015 年 1 月	13993	13344
2015 年 2 月	13956	13306
2015 年 3 月	13962	13313
2015 年 4 月	13936	13283
2015 年 5 月	13882	13193
2015 年 6 月	13790	13110
2015 年 7 月	13757	13028
2015 年 8 月	13685	12954
2015 年 9 月	13571	12849
2015 年 10 月	13560	12840

续表

月份	国家棉花价格 A 指数	国家棉花价格 B 指数
2015 年 11 月	13551	12869
2015 年 12 月	13547	12872
2016 年 1 月	13309	12669
2016 年 2 月	12987	12342
2016 年 3 月	12524	11927
2016 年 4 月	12442	11971
2016 年 5 月	12746	12393
2016 年 6 月	12932	12596
2016 年 7 月	14487	14219
2016 年 8 月	14938	14627
2016 年 9 月	14544	14258
2016 年 10 月	15657	15318
2016 年 11 月	15916	15567
2016 年 12 月	16190	15837
2017 年 1 月	16079	15665
2017 年 2 月	16322	15929
2017 年 3 月	16395	15977
2017 年 4 月	16337	15916
2017 年 5 月	16390	16006
2017 年 6 月	16361	15961
2017 年 7 月	16272	15853
2017 年 8 月	16268	15841
2017 年 9 月	16307	15881
2017 年 10 月	16307	15872
2017 年 11 月	16274	15833
2017 年 12 月	16179	15718
2018 年 1 月	16136	15674
2018 年 2 月	16152	15686
2018 年 3 月	16148	15679
2018 年 4 月	16078	15589

续表

月份	国家棉花价格 A 指数	国家棉花价格 B 指数
2018 年 5 月	16273	15796
2018 年 6 月	16850	16379
2018 年 7 月	16745	16209
2018 年 8 月	16841	16271
2018 年 9 月	16870	16308
2018 年 10 月	16538	15991
2018 年 11 月	16170	15647
2018 年 12 月	15982	15496
2019 年 1 月	15952	15461
2019 年 2 月	15968	15477
2019 年 3 月	16019	15529
2019 年 4 月	16059	15583
2019 年 5 月	15553	15063
2019 年 6 月	14779	14261
2019 年 7 月	14658	14144
2019 年 8 月	14026	13535

数据来源：国家棉花市场监测系统。

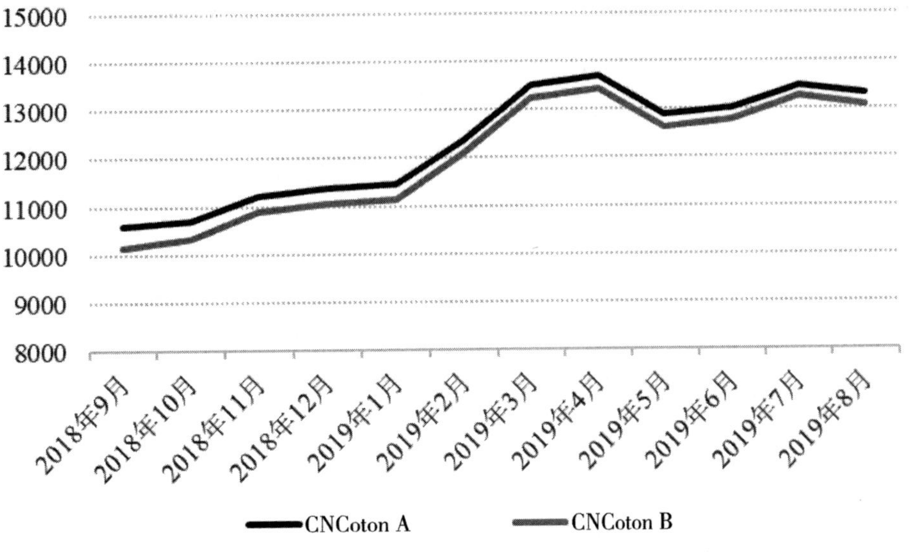

图 4-4 2002/2003—2018/2019 年度国家棉花价格走势

国家棉花价格指数简介

国家棉花价格指数（即 CNCotton A、CNCotton B）简称为国棉指数，是国家棉花市场监测系统通过分布在内地主产销区的 165 个棉花和纺织监测站，对当地皮棉成交价格进行跟踪监测，经审核后加权汇总得出国家棉花价格指数。CNCotton A 指数代表内地 2129 级皮棉成交均价，CNCotton B 指数代表内地 3128 级皮棉成交均价。国家相关部门在棉花市场宏观调控和目标价格改革政策实施过程中，均将国家棉花价格指数纳入政策参考指标。

国家棉花价格指数强调区域概念，并假设同等级棉花在同一个地区的工厂接受价与轧花厂仓库交货价水平基本一致，与当日发布的《国内主要地区棉花现货价格行情》配合使用，可比较全面地反映当日国内主要地区棉花平均成交价格水平。国家棉花价格指数于每个工作日下午 5 点左右发布及时反映行情变化。

表 4–23　2018/2019 年度国家棉花价格指数及中国棉花收购价格指数日价格表

（单位：元 / 吨）

日期	国家棉花价格 A 指数	国家棉花价格 B 指数	中国棉花收购价格指数
2018 年			
2018/9/3	16865	16295	
2018/9/4	16867	16297	
2018/9/5	16869	16301	15280
2018/9/6	16870	16302	15231
2018/9/7	16872	16305	15240
2018/9/10	16879	16308	15191
2018/9/11	16881	16309	15167
2018/9/12	16884	16316	15191
2018/9/13	16885	16318	15154
2018/9/14	16888	16320	15184
2018/9/17	16891	16323	15212
2018/9/18	16892	16325	15246
2018/9/19	16878	16315	15376
2018/9/20	16861	16301	15339
2018/9/21	16856	16296	15313
2018/9/25	16854	16290	15249
2018/9/26	16849	16285	15169

续表

日期	国家棉花价格 A 指数	国家棉花价格 B 指数	中国棉花收购价格指数
2018/9/27	16809	16252	15175
2018/9/28	16765	16209	15241
2018/9/29	16713	16150	15319
2018/9/30	16700	16141	15380
2018/10/8	16698	16135	15396
2018/10/9	16690	16130	15420
2018/10/10	16649	16097	15358
2018/10/11	16632	16086	15313
2018/10/12	16632	16088	15285
2018/10/15	16632	16081	15265
2018/10/16	16626	16075	15301
2018/10/17	16586	16043	15279
2018/10/18	16550	16013	15290
2018/10/19	16521	15990	15310
2018/10/22	16505	15972	15327
2018/10/23	16502	15960	15302
2018/10/24	16480	15944	15361
2018/10/25	16468	15918	15371
2018/10/26	16447	15906	15326
2018/10/29	16400	15855	15295
2018/10/30	16338	15788	15230
2018/10/31	16321	15766	15198
2018/11/1	16288	15741	15187
2018/11/2	16293	15744	15182
2018/11/5	16290	15742	15170
2018/11/6	16284	15727	15168
2018/11/7	16263	15716	15162
2018/11/8	16231	15695	15146
2018/11/9	16227	15694	15119
2018/11/12	16227	15693	15108

续表

日期	国家棉花价格 A 指数	国家棉花价格 B 指数	中国棉花收购价格指数
2018/11/13	16221	15686	15080
2018/11/14	16201	15673	15063
2018/11/15	16196	15672	15064
2018/11/16	16192	15670	15046
2018/11/19	16178	15661	15031
2018/11/20	16159	15642	15020
2018/11/21	16155	15635	15014
2018/11/22	16111	15597	15007
2018/11/23	16110	15596	14999
2018/11/26	16057	15572	14919
2018/11/27	16021	15525	14896
2018/11/28	16015	15521	14889
2018/11/29	16012	15520	14883
2018/11/30	16006	15514	14867
2018/12/3	16006	15514	14869
2018/12/4	16010	15517	14841
2018/12/5	16009	15516	14835
2018/12/6	16001	15514	14820
2018/12/7	15975	15495	14794
2018/12/10	15976	15495	14798
2018/12/11	15977	15499	14774
2018/12/12	15979	15498	14490
2018/12/13	15973	15496	14268
2018/12/14	15986	15503	14010
2018/12/17	15981	15496	14052
2018/12/18	15980	15495	14018
2018/12/19	15978	15493	14013
2018/12/20	15980	15494	13938
2018/12/21	15983	15495	13904
2018/12/24	15985	15497	13855

续表

日期	国家棉花价格 A 指数	国家棉花价格 B 指数	中国棉花收购价格指数
2018/12/25	15981	15492	13841
2018/12/26	15967	15481	13773
2018/12/27	15967	15479	13755
2018/12/28	15964	15475	13755
2018/12/29	15962	15470	14011
2019 年			
2019/1/2	15954	15465	14010
2019/1/3	15945	15457	14007
2019/1/4	15938	15445	14006
2019/1/7	15942	15447	14006
2019/1/8	15946	15452	14011
2019/1/9	15953	15454	14009
2019/1/10	15936	15438	13975
2019/1/11	15938	15443	13968
2019/1/14	15942	15449	13970
2019/1/15	15937	15443	13982
2019/1/16	15940	15445	14035
2019/1/17	15944	15451	14037
2019/1/18	15946	15455	14041
2019/1/21	15958	15465	14049
2019/1/22	15968	15478	14020
2019/1/23	15964	15473	14063
2019/1/24	15964	15474	14086
2019/1/25	15965	15477	14118
2019/1/28	15968	15479	14105
2019/1/29	15968	15480	14145
2019/1/30	15969	15482	14152
2019/1/31	15966	15480	14130
2019/2/1	15968	15480	14137
2019/2/2	15968	15481	14130

续表

日期	国家棉花价格 A 指数	国家棉花价格 B 指数	中国棉花收购价格指数
2019/2/3	15968	15481	14131
2019/2/11	15972	15480	14146
2019/2/12	15972	15479	14176
2019/2/13	15972	15478	14191
2019/2/14	15972	15477	14216
2019/2/15	15965	15469	14171
2019/2/18	15948	15456	14180
2019/2/19	15955	15459	14188
2019/2/20	15956	15466	14177
2019/2/21	15957	15471	14188
2019/2/22	15969	15478	14187
2019/2/25	15984	15493	14211
2019/2/26	15981	15491	14237
2019/2/27	15978	15488	14253
2019/2/28	15977	15485	14224
2019/3/1	15968	15476	14273
2019/3/4	15971	15480	14293
2019/3/5	15975	15485	14275
2019/3/6	15975	15486	14271
2019/3/7	15985	15494	14320
2019/3/8	15983	15489	14314
2019/3/11	16003	15506	14312
2019/3/12	16012	15511	14321
2019/3/13	16017	15518	14372
2019/3/14	16025	15529	14378
2019/3/15	16027	15535	14415
2019/3/18	16034	15544	14475
2019/3/19	16039	15553	14504
2019/3/20	16040	15553	14543
2019/3/21	16041	15553	14585

续表

日期	国家棉花价格 A 指数	国家棉花价格 B 指数	中国棉花收购价格指数
2019/3/22	16043	15556	14636
2019/3/25	16049	15564	14646
2019/3/26	16049	15565	14640
2019/3/27	16049	15567	14635
2019/3/28	16052	15572	14654
2019/3/29	16053	15573	14693
2019/4/1	16051	15571	14719
2019/4/2	16052	15572	14741
2019/4/3	16051	15574	14745
2019/4/4	16050	15573	14728
2019/4/8	16055	15578	14736
2019/4/9	16057	15580	14733
2019/4/10	16059	15583	14752
2019/4/11	16059	15584	14792
2019/4/12	16059	15585	14830
2019/4/15	16064	15592	14822
2019/4/16	16068	15598	14853
2019/4/17	16070	15599	14854
2019/4/18	16066	15594	14855
2019/4/19	16064	15590	14826
2019/4/22	16065	15593	14843
2019/4/23	16075	15600	14850
2019/4/24	16071	15594	14774
2019/4/25	16058	15580	14747
2019/4/26	16056	15579	14747
2019/4/28	16053	15573	14738
2019/4/29	16052	15571	14742
2019/4/30	16048	15565	14772
2019/5/5	16042	15563	14773
2019/5/6	16026	15545	14674

续表

日期	国家棉花价格 A 指数	国家棉花价格 B 指数	中国棉花收购价格指数
2019/5/7	16023	15540	14658
2019/5/8	16019	15538	14632
2019/5/9	16017	15534	14564
2019/5/10	16012	15527	14497
2019/5/13	15947	15464	14478
2019/5/14	15820	15340	14425
2019/5/15	15698	15216	14419
2019/5/16	15490	14998	14344
2019/5/17	15485	14994	14358
2019/5/20	15463	14961	14266
2019/5/21	15357	14890	14192
2019/5/22	15305	14828	14131
2019/5/23	15203	14705	14196
2019/5/24	15139	14634	14182
2019/5/27	15125	14625	14146
2019/5/28	15117	14614	14109
2019/5/29	15113	14609	14074
2019/5/30	15109	14602	14046
2019/5/31	15105	14599	14011
2019/6/3	15075	14562	13913
2019/6/4	14983	14479	13909
2019/6/5	14881	14365	13912
2019/6/6	14759	14237	13912
2019/6/10	14724	14203	13876
2019/6/11	14724	14203	13876
2019/6/12	14721	14201	13832
2019/6/13	14720	14202	13873
2019/6/14	14724	14207	13849
2019/6/17	14721	14208	13853
2019/6/18	14719	14209	13806

续表

日期	国家棉花价格 A 指数	国家棉花价格 B 指数	中国棉花收购价格指数
2019/6/19	14722	14210	13783
2019/6/20	14745	14229	13778
2019/6/21	14760	14239	13777
2019/6/24	14762	14240	13765
2019/6/25	14763	14240	13764
2019/6/26	14764	14242	13739
2019/6/27	14763	14244	13732
2019/6/28	14763	14246	13722
2019/7/1	14765	14247	13748
2019/7/2	14790	14276	13738
2019/7/3	14794	14279	13695
2019/7/4	14794	14279	13690
2019/7/5	14794	14276	13694
2019/7/8	14798	14283	13680
2019/7/9	14739	14241	13632
2019/7/10	14655	14156	13627
2019/7/11	14654	14156	13625
2019/7/12	14641	14145	13608
2019/7/15	14637	14138	13620
2019/7/16	14622	14128	
2019/7/17	14598	14085	
2019/7/18	14598	14085	
2019/7/19	14565	14048	
2019/7/22	14566	14047	
2019/7/23	14590	14066	
2019/7/24	14589	14065	
2019/7/25	14591	14064	
2019/7/26	14591	14047	
2019/7/29	14595	14068	
2019/7/30	14590	14065	

续表

日期	国家棉花价格 A 指数	国家棉花价格 B 指数	中国棉花收购价格指数
2019/7/31	14587	14064	
2019/8/1	14583	14063	
2019/8/2	14561	14040	
2019/8/5	14527	13994	
2019/8/6	14279	13715	
2019/8/7	14229	13673	
2019/8/8	14194	13642	
2019/8/9	14174	13629	
2019/8/12	14103	13580	
2019/8/13	14095	13574	
2019/8/14	14092	13567	
2019/8/15	14094	13566	
2019/8/16	14089	13565	
2019/8/19	14087	13561	
2019/8/20	14080	13552	
2019/8/21	14076	13550	
2019/8/22	14045	13542	
2019/8/23	14014	13516	
2019/8/26	13751	13374	
2019/8/27	13430	13057	
2019/8/28	13358	13032	
2019/8/29	13353	12993	
2019/8/30	13354	12994	

数据来源：国家棉花市场监测系统。

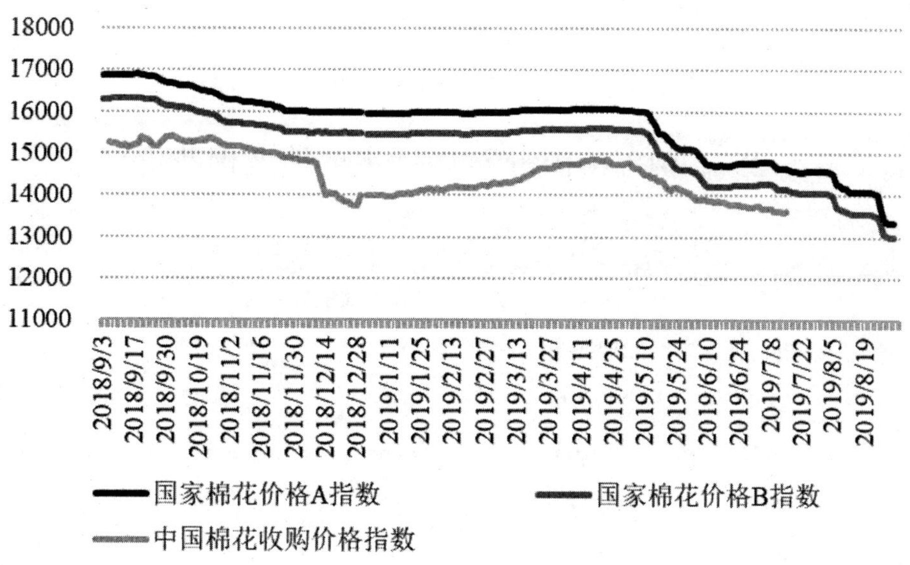

图 4-5　2018/2019 年度国家棉花价格指数及中国棉花收购价格指数走势

表 4-24　2018/2019 年度国内各等级棉花分月价格表

（单位：元 / 吨）

日期	1129B 级	2129B 级	3128B 级	4129B 级	2227B 级
2018 年 9 月	17101	16856	16290	15596	15108
2018 年 10 月	16824	16538	15991	15350	14900
2018 年 11 月	16461	16165	15644	15035	14604
2018 年 12 月	16281	15982	15496	14890	14450
2019 年 1 月	16248	15952	15461	14868	14441
2019 年 2 月	16247	15968	15477	14889	14502
2019 年 3 月	16278	16018	15528	14948	14560
2019 年 4 月	16306	16059	15583	14999	14605
2019 年 5 月	15823	15553	15063	14602	14252
2019 年 6 月	15048	14786	14269	13900	13546
2019 年 7 月	14924	14658	14144	13763	13429
2019 年 8 月	14341	14026	13535	13168	12880

数据来源：国家棉花市场监测系统。

表 4-25　2018/2019 年度中国主要地区棉花价格表

（单位：元 / 吨）

日期	冀鲁豫地区				
	1129B 级	2129B 级	3128B 级	4128B 级	2227B 级
2018 年 9 月	17258	17016	16384	15607	15101
2018 年 10 月	17007	16703	16086	15362	14911
2018 年 11 月	16663	16314	15769	15083	14654
2018 年 12 月	16437	16090	15618	14949	14509
2019 年 1 月	16340	16026	15545	14929	14477
2019 年 2 月	16307	16021	15564	14962	14531
2019 年 3 月	16344	16088	15626	15025	14615
2019 年 4 月	16388	16153	15693	15086	14676
2019 年 5 月	15868	15580	15094	14624	14281
2019 年 6 月	15054	14780	14256	13850	13527
2019 年 7 月	14972	14692	14179	13759	13429
2019 年 8 月	14390	14071	13561	13179	12876

日期	东南沿海地区				
	1129B 级	2129B 级	3128B 级	4129B 级	2227B 级
2018 年 9 月	16904	16701	16254	15502	15200
2018 年 10 月	16711	16440	16096	15404	15099
2018 年 11 月	16373	16078	15766	15176	14852
2018 年 12 月	16349	16048	15701	15071	14781
2019 年 1 月	16237	15930	15492	14927	14603
2019 年 2 月	16220	15922	15490	14922	14569
2019 年 3 月	16316	16057	15596	15017	14650
2019 年 4 月	16356	16107	15622	15056	14684
2019 年 5 月	15887	15625	15125	14689	14395
2019 年 6 月	15086	14865	14319	13927	13683
2019 年 7 月	14962	14737	14172	13781	13568
2019 年 8 月	14423	14084	13581	13198	12984

日期	长江中下游地区				
	1129B 级	2129B 级	3128B 级	4129B 级	2227B 级
2018 年 9 月	16843	16571	16081	15581	15097
2018 年 10 月	16471	16195	15738	15287	14832
2018 年 11 月	16037	15812	15295	14849	14418
2018 年 12 月	15865	15630	15107	14645	14191
2019 年 1 月	16062	15789	15290	14714	14290
2019 年 2 月	16160	15885	15338	14739	14395
2019 年 3 月	16154	15879	15346	14780	14405
2019 年 4 月	16148	15877	15387	14822	14426
2019 年 5 月	15731	15485	14995	14533	14141
2019 年 6 月	15027	14776	14248	13939	13492
2019 年 7 月	14835	14592	14082	13753	13374
2019 年 8 月	14242	13944	13483	13130	12867

日期	西南地区				
	1129B 级	2129B 级	3128B 级	4129B 级	2227B 级
2018 年 9 月	16800	16600	16271	15686	15286
2018 年 10 月	16800	16600	16100	15600	15200
2018 年 11 月	16800	16600	16100	15600	15200
2018 年 12 月	16800	16600	16100	15600	15200
2019 年 1 月	16414	16136	15636	15136	14891
2019 年 2 月	16300	16000	15500	15000	14747
2019 年 3 月	16383	16148	15731	15117	14700
2019 年 4 月	16400	16150	15750	15150	14700
2019 年 5 月	15843	15588	15157	14783	14395
2019 年 6 月	15042	14742	14242	13958	13642
2019 年 7 月	14952	14652	14152	13852	13552
2019 年 8 月	14400	14045	13573	13241	12959

日期	西北内陆地区				
	1129B 级	2129B 级	3128B 级	4129B 级	2227B 级
2018 年 9 月	16882	16678	16240	15577	15015
2018 年 10 月	16791	16591	16132	15505	14928
2018 年 11 月	16647	16447	15942	15374	14800
2018 年 12 月	16570	16370	15852	15290	14764
2019 年 1 月	16237	16037	15411	14973	14695
2019 年 2 月	16194	15994	15357	14938	14730
2019 年 3 月	16318	16118	15474	15063	14845
2019 年 4 月	16318	16118	15482	15063	14845
2019 年 5 月	15829	15603	15041	14664	14410
2019 年 6 月	14946	14665	14319	14019	13719
2019 年 7 月	14901	14594	14096	13828	13590
2019 年 8 月	14297	13944	13473	13201	12847

日期	北方地区				
	1129B 级	2129B 级	3128B 级	4129B 级	2227B 级
2018 年 9 月	17500	17300	16771	15545	15162
2018 年 10 月	17489	17289	16589	15400	14900
2018 年 11 月	17323	17123	16500	15400	14900
2018 年 12 月	17300	17100	16500	15400	14900
2019 年 1 月	16482	16205	15659	15020	14575
2019 年 2 月	16100	15800	15400	14850	14450
2019 年 3 月	16129	15829	15464	14862	14479
2019 年 4 月	16200	15910	15550	14900	14550
2019 年 5 月	15752	15508	15083	14614	14321
2019 年 6 月	15032	14832	14332	13937	13637
2019 年 7 月	14861	14661	14161	13804	13483
2019 年 8 月	14336	14027	13629	13250	12968

日期	新疆维吾尔自治区				
	1129B 级	2129B 级	3128B 级	4129B 级	2227B 级
2018 年 9 月	16903	16634	16172	15591	15232
2018 年 10 月	16634	16376	15903	15390	15000
2018 年 11 月	16334	16097	15632	15147	14755
2018 年 12 月	16221	15992	15528	15052	14674
2019 年 1 月	16196	15967	15498	15017	14652
2019 年 2 月	16220	15983	15527	15043	14671
2019 年 3 月	16281	16042	15599	15114	14725
2019 年 4 月	16266	16029	15591	15107	14713
2019 年 5 月	15901	15655	15227	14740	14359
2019 年 6 月	15214	14983	14596	14128	13811
2019 年 7 月	15006	14739	14360	13900	13589
2019 年 8 月	14308	14015	13598	13221	12940

数据来源：国家棉花市场监测系统。

表 4–26　2018/2019 年度中国棉花收购价格指数月均值表

（单位：元 / 吨）

日期	中国棉花收购价格指数
2018 年 9 月	15245
2018 年 10 月	15313
2018 年 11 月	15046
2018 年 12 月	14258
2019 年 1 月	14042
2019 年 2 月	14185
2019 年 3 月	14455
2019 年 4 月	14782
2019 年 5 月	14342
2019 年 6 月	13825
2019 年 7 月	13669

数据来源：国家棉花市场监测系统。

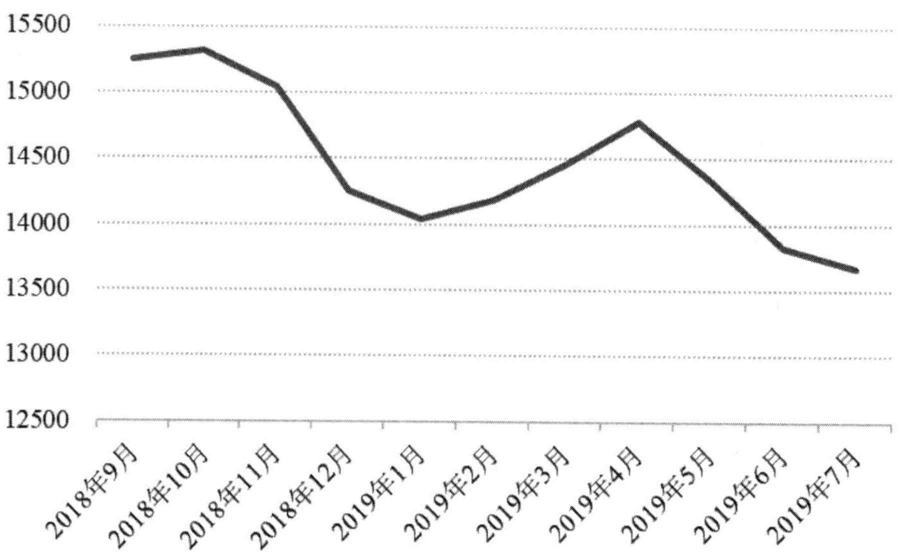

图 4-6　2018/2019 年度中国棉花收购价格指数走势

中国棉花收购价格指数简介

中国棉花收购价格指数（英文名为：CNCotton IndexSeedCotton，简称为 CNCotton S），根据国家棉花市场监测系统 140 个监测站每日 3 级籽棉收购价格、棉籽平均价格和收购籽棉平均衣分率、含杂等质量指标计算得出，表示 3 级籽棉折皮棉收购价格，反映棉花企业的籽棉收购成本，计价单位为元 / 吨。

CNCotton S 的计算方法：由国内各产棉省（区、市）各等级籽棉主体收购价格，算术平均得出当日国内籽棉平均收购价格。根据各地 3 级籽棉平均收购价格、棉籽平均价格、平均衣分率折算出中国棉花收购价格指数。

CNCotton S 为国内植棉主产省（区）和部分非主产区不同等级收购籽棉的主体价格的算术平均价，反映某一日国内棉花收购价格的变化趋势。中国棉花收购价格指数不代表任一时间和地点棉花的实际收购价格。

CNCotton S 于每年 9 月 1 日起开始更新，收购旺季时每周一至周五更新，收购淡季时每周四更新，每年 5 月份以后停止更新。

表 4-27　2018/2019 年度中国主要地区籽棉收购折皮棉成本月平均价格表

（单位：元 / 吨）

日期	山东	河北	安徽	湖北	浙江	江西	新疆
2018 年 9 月	15003	15141	15116	15297	–	15087	15346
2018 年 10 月	14785	14663	14574	–	–	15107	15510
2018 年 11 月	14405	14300	13880	–	–	14892	15309

续表

日期	山东	河北	安徽	湖北	浙江	江西	新疆
2018 年 12 月	14371	13769	14295	–	–	14696	14341
2019 年 1 月	14209	13675	14327	–	–	–	–
2019 年 2 月	14392	13890	14164	–	–	–	–
2019 年 3 月	14673	14335	14299	–	–	–	–
2019 年 4 月	14829	14900	14547	–	–	–	–
2019 年 5 月	14238	14393	14538	–	–	–	–
2019 年 6 月	13706	13830	–	–	–	–	–
2019 年 7 月	13440	13847	13322	–	–	–	–

数据来源：国家棉花市场监测系统。

表 4–28　2018/2019 年度内地与新疆棉籽月均价对比表

（单位：元 / 斤）

日期	内地	新疆
2018 年 9 月	2.12	1.69
2018 年 10 月	2.12	1.66
2018 年 11 月	2.04	1.57
2018 年 12 月	1.99	1.52
2019 年 1 月	1.98	–
2019 年 2 月	2.00	–
2019 年 3 月	2.02	–
2019 年 4 月	2.01	–
2019 年 5 月	2.02	–
2019 年 6 月	2.02	–
2019 年 7 月	2.12	–

数据来源：国家棉花市场监测系统。

表 4–29　2018/2019 年度中国棉花、纯棉纱及涤纶短纤月平均价格表

（单位：元／吨）

日期	国家棉花价格 B 指数	32 支纯棉纱	涤纶短纤	棉、纱价差	棉、涤价差
2018 年 9 月	16308	24357	11142	8049	5165
2018 年 10 月	15991	24120	10414	8129	5578
2018 年 11 月	15647	23677	9139	8030	6508
2018 年 12 月	15496	23295	8851	7799	6645
2019 年 1 月	15461	22983	8764	7522	6697
2019 年 2 月	15477	22967	8819	7490	6658
2019 年 3 月	15529	23057	8769	7528	6760
2019 年 4 月	15583	22981	8796	7398	6787
2019 年 5 月	15063	22466	8114	7403	6949
2019 年 6 月	14261	21228	7477	6967	6784
2019 年 7 月	14144	21047	8097	6903	6047
2019 年 8 月	13535	20610	7187	7074	6348

数据来源：国家棉花市场监测系统。

备注：棉、纱价差 =32 支纯棉纱—国家棉花价格 B 指数。

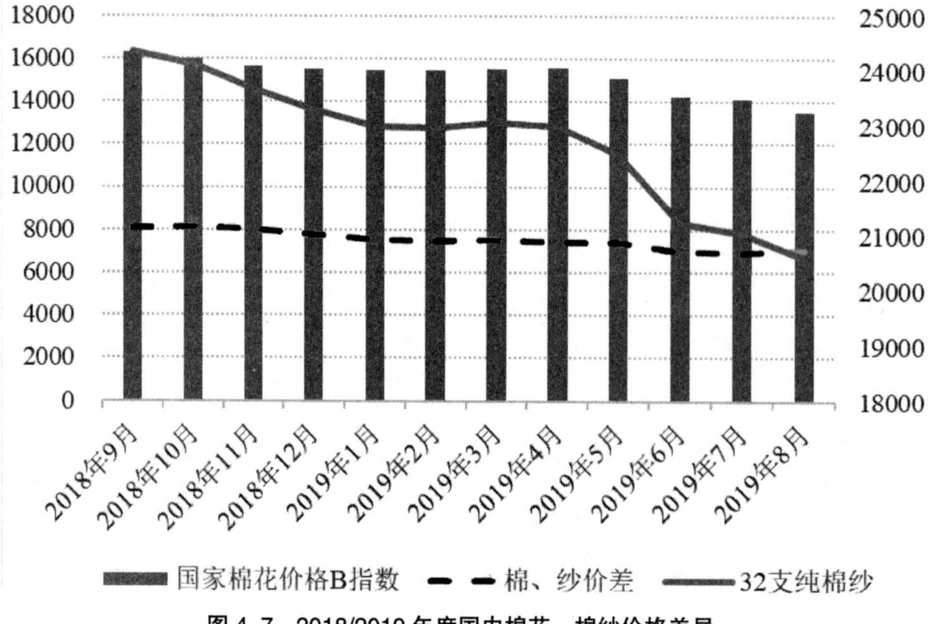

图 4–7　2018/2019 年度国内棉花、棉纱价格差异

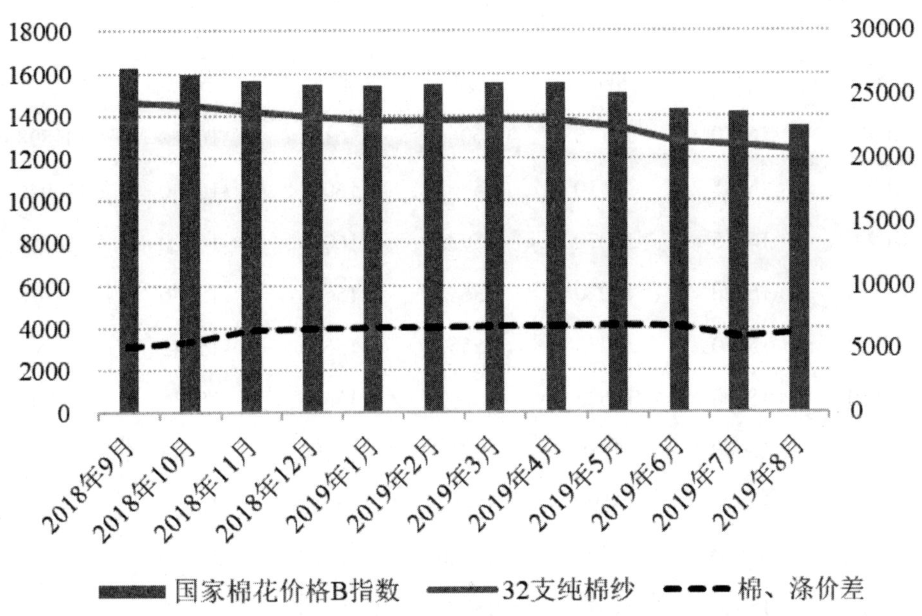

图 4-8 2018/2019 年度国内棉花、涤短价格差异

表 4-30 2018/2019 年度郑州棉花期货主力合约日交易量价统计表

（单位：元 / 吨、手）

交易日期	合约代码	开盘	最高	最低	收盘	结算	成交量	持仓量
2018-09-03	CF901	16700	16930	16545	16875	16720	304746	437982
2018-09-04	CF901	16830	16870	16585	16585	16720	239618	447554
2018-09-05	CF901	16575	16780	16570	16675	16680	200768	430286
2018-09-06	CF901	16675	16765	16555	16615	16655	273384	453630
2018-09-07	CF901	16615	16690	16480	16495	16585	270708	453880
2018-09-10	CF901	16500	16670	16485	16625	16590	206094	438984
2018-09-11	CF901	16660	16720	16550	16580	16610	155416	430112
2018-09-12	CF901	16580	16650	16505	16615	16575	146160	423710
2018-09-13	CF901	16650	16670	16545	16605	16595	115548	417480
2018-09-14	CF901	16595	16660	16480	16500	16560	215110	447472
2018-09-17	CF901	16500	16610	16450	16510	16550	162266	420512
2018-09-18	CF901	16510	16580	16335	16435	16455	207852	446212
2018-09-19	CF901	16355	16355	15830	15920	16060	529104	491472
2018-09-20	CF901	15965	16180	15945	16175	16065	235536	448790

续表

交易日期	合约代码	开盘	最高	最低	收盘	结算	成交量	持仓量
2018-09-21	CF901	16170	16175	16060	16135	16110	141898	436188
2018-09-25	CF901	16085	16110	15965	16015	16030	116046	430822
2018-09-26	CF901	16015	16070	15935	16015	16020	124580	432334
2018-09-27	CF901	16020	16020	15645	15665	15770	327056	454324
2018-09-28	CF901	15670	15735	15550	15665	15645	188042	402934
2018-10-08	CF901	15460	15625	15360	15595	15535	166416	423980
2018-10-09	CF901	15600	15730	15540	15590	15645	241514	422468
2018-10-10	CF901	15590	15690	15455	15500	15565	200732	429360
2018-10-11	CF901	15500	15595	15260	15290	15430	268176	443810
2018-10-12	CF901	15320	15620	15305	15610	15435	199382	404402
2018-10-15	CF901	15615	15700	15545	15605	15620	209506	418804
2018-10-16	CF901	15600	15600	15390	15450	15500	162144	401766
2018-10-17	CF901	15450	15560	15430	15510	15495	147626	403506
2018-10-18	CF901	15505	15570	15285	15345	15420	202244	409416
2018-10-19	CF901	15345	15395	15175	15220	15275	217494	420972
2018-10-22	CF901	15225	15360	15205	15315	15280	131950	402872
2018-10-23	CF901	15370	15425	15315	15350	15380	147836	404020
2018-10-24	CF901	15310	15380	15260	15370	15300	118218	384204
2018-10-25	CF901	15390	15400	15025	15145	15190	201846	406168
2018-10-26	CF901	15130	15165	15015	15060	15100	113926	388244
2018-10-29	CF901	15060	15105	14735	14780	14935	218552	391718
2018-10-30	CF901	14795	14940	14790	14885	14860	132032	357582
2018-10-31	CF901	14910	14920	14820	14885	14875	98864	349932
2018-11-01	CF901	14880	14930	14785	14840	14850	142076	363986
2018-11-02	CF901	14840	15215	14835	15115	15070	290560	357624
2018-11-05	CF901	15115	15155	15020	15085	15085	116934	346440
2018-11-06	CF901	15065	15170	14880	14970	15005	208696	362120
2018-11-07	CF901	14970	14985	14820	14865	14900	130656	347862
2018-11-08	CF901	14920	15045	14885	14965	14970	146972	347428
2018-11-09	CF901	14980	15085	14915	15050	15015	125468	329614

续表

交易日期	合约代码	开盘	最高	最低	收盘	结算	成交量	持仓量
2018-11-12	CF901	15050	15055	14670	14850	14845	192028	345122
2018-11-13	CF901	14850	14875	14715	14800	14780	95846	330504
2018-11-14	CF901	14800	14910	14735	14855	14830	124248	308512
2018-11-15	CF901	14860	14985	14860	14940	14935	105180	296854
2018-11-16	CF901	14945	15080	14910	14965	14990	132282	290788
2018-11-19	CF901	14975	15025	14815	14870	14925	105254	284460
2018-11-20	CF901	14870	14890	14770	14785	14825	73738	278580
2018-11-21	CF905	15470	15520	14975	15390	15255	188844	290542
2018-11-22	CF905	15400	15405	15220	15235	15295	81322	294294
2018-11-23	CF905	15235	15305	15135	15180	15215	91704	294718
2018-11-26	CF905	15180	15225	14875	14970	15035	144402	296018
2018-11-27	CF905	14995	15125	14920	14950	15010	111934	300114
2018-11-28	CF905	14980	15075	14930	15035	15005	101332	295582
2018-11-29	CF905	15060	15220	15020	15090	15135	116060	288322
2018-11-30	CF905	15075	15165	14980	15105	15090	105008	291644
2018-12-03	CF905	15100	15525	15050	15300	15365	233578	298338
2018-12-04	CF905	15295	15330	15080	15215	15205	162972	293480
2018-12-05	CF905	15240	15260	15120	15230	15190	110898	296526
2018-12-06	CF905	15235	15280	15170	15185	15210	110474	301942
2018-12-07	CF905	15165	15200	15120	15165	15165	86860	302006
2018-12-10	CF905	15170	15405	15170	15310	15295	181162	316990
2018-12-11	CF905	15350	15425	15260	15390	15355	145328	324078
2018-12-12	CF905	15390	15440	15355	15395	15400	99784	322622
2018-12-13	CF905	15375	15395	15260	15310	15315	114078	325534
2018-12-14	CF905	15305	15380	15230	15370	15310	129232	330294
2018-12-17	CF905	15355	15415	15300	15365	15355	102380	337676
2018-12-18	CF905	15365	15400	15205	15220	15285	146918	335790
2018-12-19	CF905	15205	15265	15140	15160	15190	119892	337226
2018-12-20	CF905	15170	15380	15160	15245	15265	173748	331986
2018-12-21	CF905	15245	15315	15160	15185	15225	126488	334878

续表

交易日期	合约代码	开盘	最高	最低	收盘	结算	成交量	持仓量
2018-12-24	CF905	15135	15190	14955	15045	15050	191138	357894
2018-12-25	CF905	15040	15080	14650	14700	14840	274318	359850
2018-12-26	CF905	14670	14825	14670	14770	14770	111364	358026
2018-12-27	CF905	14790	14940	14750	14845	14860	145806	357174
2018-12-28	CF905	14835	14885	14775	14880	14830	110128	358570
2019-01-02	CF905	14835	14960	14835	14890	14900	72680	360612
2019-01-03	CF905	14860	14890	14750	14865	14810	122062	365672
2019-01-04	CF905	14875	14995	14855	14955	14920	176776	370916
2019-01-07	CF905	14995	15090	14940	15050	15020	144776	365992
2019-01-08	CF905	15090	15090	14960	15055	15025	131898	372034
2019-01-09	CF905	15080	15150	14995	15145	15085	166070	379002
2019-01-10	CF905	15130	15200	15105	15160	15155	134990	379522
2019-01-11	CF905	15135	15215	15105	15140	15160	114372	378780
2019-01-14	CF905	15165	15185	15105	15145	15150	90034	375812
2019-01-15	CF905	15160	15215	15085	15130	15160	130588	382406
2019-01-16	CF905	15130	15135	14980	15055	15045	167610	390394
2019-01-17	CF905	15065	15310	15030	15300	15220	292942	414018
2019-01-18	CF905	15280	15325	15235	15280	15270	189228	413924
2019-01-21	CF905	15280	15480	15245	15380	15355	360178	450454
2019-01-22	CF905	15360	15450	15105	15150	15275	308174	426598
2019-01-23	CF905	15165	15215	15120	15140	15165	118698	425166
2019-01-24	CF905	15155	15195	15105	15185	15160	95710	422252
2019-01-25	CF905	15180	15260	15140	15255	15210	162792	421880
2019-01-28	CF905	15270	15365	15210	15255	15280	167236	420160
2019-01-29	CF905	15255	15280	15170	15265	15235	115258	413728
2019-01-30	CF905	15275	15350	15250	15315	15300	159578	404624
2019-01-31	CF905	15330	15340	15220	15310	15280	106142	395366
2019-02-01	CF905	15305	15345	15160	15250	15250	127872	385422
2019-02-11	CF905	15200	15230	15105	15200	15165	82458	387764
2019-02-12	CF905	15210	15450	15100	15195	15320	367056	409670

续表

交易日期	合约代码	开盘	最高	最低	收盘	结算	成交量	持仓量
2019-02-13	CF905	15175	15245	14995	14995	15115	266768	410676
2019-02-14	CF905	15005	15095	14955	15035	15025	150208	413132
2019-02-15	CF905	15040	15080	14950	15005	15025	123932	411236
2019-02-18	CF905	15010	15135	14995	15060	15060	99764	406102
2019-02-19	CF905	15090	15350	15070	15345	15250	287630	407244
2019-02-20	CF905	15350	15395	15265	15390	15345	244714	422500
2019-02-21	CF905	15390	15450	15240	15300	15355	359744	433704
2019-02-22	CF905	15345	15645	15315	15610	15480	610802	522490
2019-02-25	CF905	15595	15665	15265	15360	15460	576054	483424
2019-02-26	CF905	15365	15410	15215	15220	15315	296858	461598
2019-02-27	CF905	15230	15290	15175	15180	15235	200284	445980
2019-02-28	CF905	15215	15280	15185	15205	15230	186696	444146
2019-03-01	CF905	15205	15345	15200	15340	15280	218380	442434
2019-03-04	CF905	15350	15415	15280	15340	15355	257202	436024
2019-03-05	CF905	15350	15400	15190	15250	15285	244094	437830
2019-03-06	CF905	15255	15360	15220	15285	15295	180080	426712
2019-03-07	CF905	15305	15450	15280	15415	15395	345022	443170
2019-03-08	CF905	15405	15410	15195	15230	15265	273170	421674
2019-03-11	CF905	15245	15280	15110	15145	15180	224298	420414
2019-03-12	CF905	15140	15245	15140	15180	15200	144128	404838
2019-03-13	CF905	15195	15345	15165	15295	15275	261652	397676
2019-03-14	CF905	15320	15365	15210	15240	15310	211246	393428
2019-03-15	CF905	15215	15245	15145	15195	15190	169638	384698
2019-03-18	CF905	15225	15335	15185	15265	15275	171192	379534
2019-03-19	CF905	15255	15315	15205	15245	15265	131390	377972
2019-03-20	CF905	15280	15360	15250	15345	15320	238386	380802
2019-03-21	CF905	15340	15395	15285	15320	15345	194264	375202
2019-03-22	CF905	15300	15385	15255	15345	15335	177730	372390
2019-03-25	CF905	15345	15375	15205	15230	15280	212732	368066
2019-03-26	CF905	15250	15280	15195	15225	15245	111790	368596

续表

交易日期	合约代码	开盘	最高	最低	收盘	结算	成交量	持仓量
2019-03-27	CF905	15245	15265	15125	15155	15200	166442	364344
2019-03-28	CF905	15155	15180	15005	15045	15075	216710	364194
2019-03-29	CF905	15045	15095	14995	15030	15055	136072	358220
2019-04-01	CF905	15060	15145	15035	15095	15100	124462	353026
2019-04-02	CF905	15125	15175	15080	15130	15135	121430	339792
2019-04-03	CF909	15580	15665	15575	15650	15620	128086	369602
2019-04-04	CF909	15660	15685	15600	15630	15635	98702	375948
2019-04-08	CF909	15690	15770	15680	15745	15735	170908	408168
2019-04-09	CF909	15735	15805	15665	15795	15755	252850	449658
2019-04-10	CF909	15800	16030	15725	15860	15875	574896	522254
2019-04-11	CF909	15860	15980	15815	15895	15900	284294	538156
2019-04-12	CF909	15885	15915	15735	15905	15855	243378	543704
2019-04-15	CF909	15850	16225	15830	16120	16065	870224	693664
2019-04-16	CF909	16110	16125	15870	15910	15970	565558	684858
2019-04-17	CF909	15890	16005	15850	15890	15925	333756	683546
2019-04-18	CF909	15860	15995	15760	15800	15890	421988	672016
2019-04-19	CF909	15750	15865	15750	15845	15825	179904	665562
2019-04-22	CF909	15845	15975	15820	15880	15900	284888	668066
2019-04-23	CF909	15915	15930	15845	15865	15895	161166	671288
2019-04-24	CF909	15760	15845	15655	15740	15765	442130	684332
2019-04-25	CF909	15710	15770	15620	15645	15700	213156	673580
2019-04-26	CF909	15675	15680	15555	15625	15625	291034	665352
2019-04-29	CF909	15605	15630	15505	15505	15555	212074	663296
2019-04-30	CF909	15530	15610	15460	15600	15530	223690	644742
2019-05-06	CF909	15480	15480	15205	15315	15345	241772	615256
2019-05-07	CF909	15300	15610	15270	15575	15425	320658	613574
2019-05-08	CF909	15520	15600	15405	15420	15505	294564	616828
2019-05-09	CF909	15365	15375	15105	15130	15245	372146	635234
2019-05-10	CF909	15105	15310	15040	15210	15170	407878	621860
2019-05-13	CF909	15185	15240	14560	14560	14865	410228	609634

续表

交易日期	合约代码	开盘	最高	最低	收盘	结算	成交量	持仓量
2019-05-14	CF909	14300	14300	13820	13820	13950	1032642	538340
2019-05-15	CF909	13840	14085	13810	14015	13940	762182	498282
2019-05-16	CF909	13985	14345	13965	14275	14215	778440	520356
2019-05-17	CF909	14280	14380	13985	14085	14195	559588	507884
2019-05-20	CF909	14030	14205	13675	13870	13955	637186	545994
2019-05-21	CF909	13865	14100	13785	13915	13930	493102	535566
2019-05-22	CF909	13925	13965	13370	13460	13650	817410	547778
2019-05-23	CF909	13445	13525	13245	13380	13385	708170	553786
2019-05-24	CF909	13455	13565	13365	13505	13475	475808	547726
2019-05-27	CF909	13550	13665	13390	13530	13550	480520	539544
2019-05-28	CF909	13525	13655	13490	13645	13570	310968	530826
2019-05-29	CF909	13685	13795	13590	13660	13670	438174	543106
2019-05-30	CF909	13680	13705	13420	13460	13550	456058	557730
2019-05-31	CF909	13515	13580	13425	13495	13510	277538	549214
2019-06-03	CF909	13470	13505	12965	12965	13115	864110	566874
2019-06-04	CF909	12910	13220	12910	13175	13115	541992	553188
2019-06-05	CF909	13175	13255	13090	13145	13175	336084	553478
2019-06-06	CF909	13165	13200	12775	12935	12965	581220	563542
2019-06-10	CF909	12720	13090	12720	13025	12980	306202	558688
2019-06-11	CF909	13045	13280	12905	13260	13095	610932	549356
2019-06-12	CF909	13270	13495	13145	13415	13310	759584	536018
2019-06-13	CF909	13350	13665	13315	13455	13475	903758	516968
2019-06-14	CF909	13470	13590	13385	13425	13485	526484	505868
2019-06-17	CF909	13455	13650	13410	13445	13515	653384	502630
2019-06-18	CF909	13465	13510	13310	13380	13410	540704	498186
2019-06-19	CF909	13410	13935	13365	13815	13780	1175954	512718
2019-06-20	CF909	13840	13960	13690	13880	13820	630760	502296
2019-06-21	CF909	13845	13845	13530	13630	13685	656672	482030
2019-06-24	CF909	13620	13730	13520	13575	13625	364846	483318
2019-06-25	CF909	13595	13670	13505	13645	13595	325766	481570

续表

交易日期	合约代码	开盘	最高	最低	收盘	结算	成交量	持仓量
2019-06-26	CF909	13635	13890	13565	13805	13715	651678	479090
2019-06-27	CF909	13845	14145	13715	13765	13945	833930	478882
2019-06-28	CF909	13750	13855	13675	13740	13765	432706	484816
2019-07-01	CF909	13780	14300	13725	14095	14045	658878	477130
2019-07-02	CF909	14110	14110	13800	13970	13930	417356	478560
2019-07-03	CF909	13895	13910	13610	13775	13775	423282	467706
2019-07-04	CF909	13800	13890	13685	13740	13800	310832	468096
2019-07-05	CF909	13775	13945	13760	13890	13850	250622	461226
2019-07-08	CF909	13880	13965	13650	13710	13785	359812	457438
2019-07-09	CF909	13675	13715	13230	13230	13380	640564	462640
2019-07-10	CF909	13060	13215	12755	13125	13000	891390	427982
2019-07-11	CF909	13165	13255	13050	13130	13160	466696	432346
2019-07-12	CF909	13155	13205	12940	13100	13055	458090	421464
2019-07-15	CF909	13030	13185	13000	13080	13075	361346	423950
2019-07-16	CF909	13045	13220	13025	13075	13100	325730	421066
2019-07-17	CF909	13075	13170	12910	13060	13055	433422	417732
2019-07-18	CF909	13060	13080	12935	13030	13015	269120	426070
2019-07-19	CF909	12950	13050	12875	12970	12965	298026	424570
2019-07-22	CF909	12980	13350	12980	13230	13180	558644	418742
2019-07-23	CF909	13185	13315	13070	13080	13205	348210	418574
2019-07-24	CF909	13105	13295	13040	13255	13155	385970	414020
2019-07-25	CF909	13265	13315	13160	13255	13250	293986	411046
2019-07-26	CF909	13315	13385	13250	13380	13335	353532	406464
2019-07-29	CF909	13340	13450	13030	13100	13250	550970	416274
2019-07-30	CF909	13100	13210	13085	13150	13145	279026	414542
2019-07-31	CF909	13050	13180	13005	13105	13095	329664	414018
2019-08-01	CF909	13150	13175	13025	13045	13095	260328	416608
2019-08-02	CF909	13045	13090	12570	12670	12735	555484	399468

续表

交易日期	合约代码	开盘	最高	最低	收盘	结算	成交量	持仓量
2019-08-05	CF909	12690	12735	12225	12225	12475	565030	421918
2019-08-06	CF909	12155	12345	12075	12240	12220	415528	369662
2019-08-07	CF909	12235	12340	12165	12210	12260	257340	359852
2019-08-08	CF001	12735	12890	12635	12765	12765	256556	403702
2019-08-09	CF001	12775	12890	12650	12720	12775	258596	422692
2019-08-12	CF001	12740	12865	12695	12785	12770	333996	428714
2019-08-13	CF001	12735	12830	12710	12725	12765	283194	445120
2019-08-14	CF001	12750	13195	12610	12920	12925	908106	451334
2019-08-15	CF001	12880	12910	12735	12830	12820	361624	464492
2019-08-16	CF001	12880	12910	12770	12840	12830	364202	472386
2019-08-19	CF001	12840	12930	12810	12860	12865	281634	478250
2019-08-20	CF001	12865	12935	12805	12840	12865	238592	487590
2019-08-21	CF001	12850	12880	12630	12685	12740	418716	511402
2019-08-22	CF001	12700	12880	12675	12850	12790	367324	494686
2019-08-23	CF001	12820	12825	12690	12730	12755	253164	504960
2019-08-26	CF001	12610	12730	12240	12265	12430	638446	538836
2019-08-27	CF001	12335	12395	12290	12365	12345	343778	511104
2019-08-28	CF001	12395	12530	12335	12500	12450	503384	515784
2019-08-29	CF001	12495	12595	12370	12415	12495	385588	522048
2019-08-30	CF001	12475	12560	12435	12520	12500	284394	524366

数据来源：郑州商品交易所。

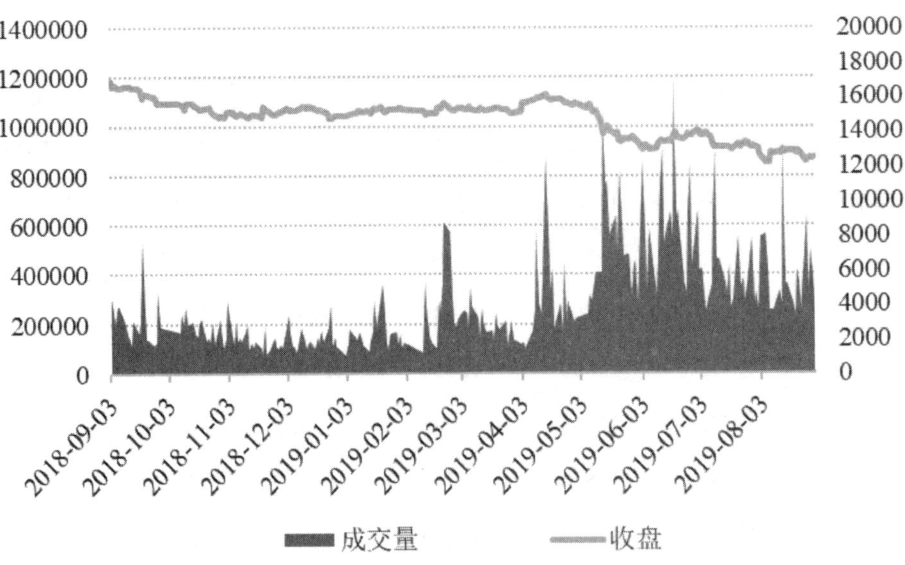

图 4-9　2018/2019 年度郑棉主力合约量价走势

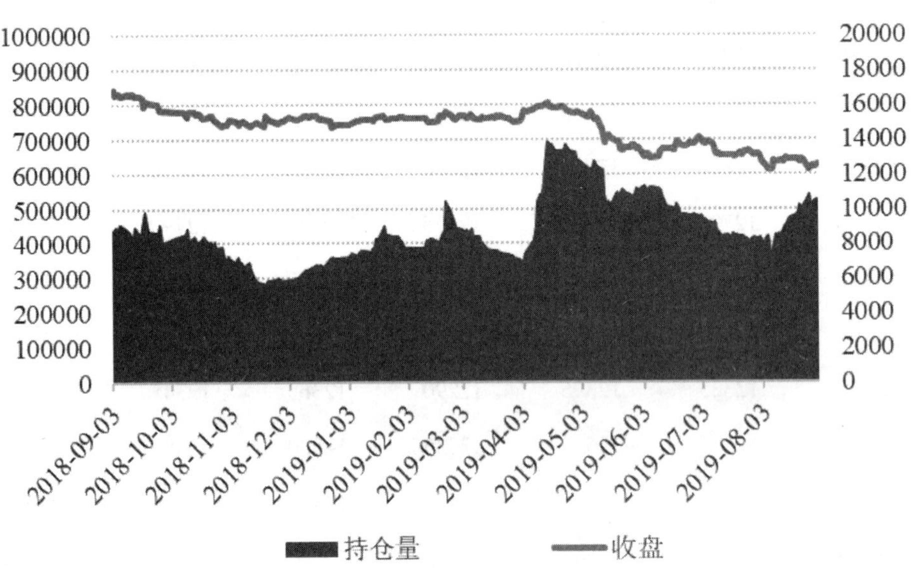

图 4-10　2018/2019 年度郑棉期货交易持仓量变化情况

表 4-31　2018/2019 年度郑州棉花期货与现货月平均价格表

（单位：元 / 吨）

日期	国家棉花价格 B 指数	郑棉期货近月合约结算价	价差（现货 – 期货）
2018 年 9 月	16308	15726	582
2018 年 10 月	15991	14909	1082
2018 年 11 月	15647	14518	1129

续表

日期	国家棉花价格 B 指数	郑棉期货近月合约结算价	价差（现货 – 期货）
2018 年 12 月	15496	14501	995
2019 年 1 月	15461	15948	–487
2019 年 2 月	15477	16006	–529
2019 年 3 月	15529	16107	–578
2019 年 4 月	15583	16361	–778
2019 年 5 月	15063	14728	335
2019 年 6 月	14261	13972	289
2019 年 7 月	14144	13959	185
2019 年 8 月	13535	12799	736

数据来源：国家棉花市场监测系统、郑州商品交易所。

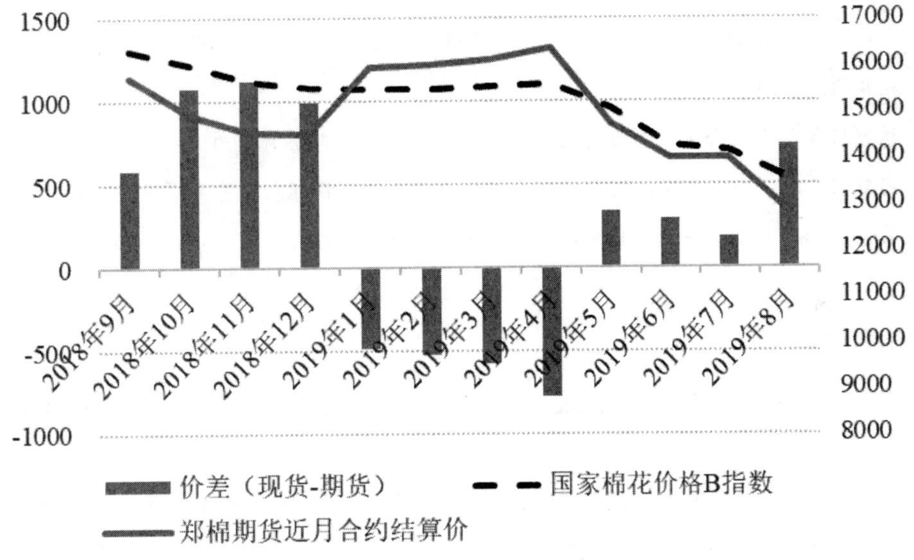

图 4–11　2018/2019 年度国内期、现货价格及差异

表 4–32　2018/2019 年度国内外现货月平均价格对比表

（单位：元 / 吨）

日期	国家棉花价格 A 指数	国家棉花价格 B 指数	国际棉花指数（SM）折合人民币价格	国际棉花指数（M）折合人民币价格
2018 年 9 月	16870	16308	15850	15295
2018 年 10 月	16538	15991	15248	14676

续表

日期	国家棉花价格 A 指数	国家棉花价格 B 指数	国际棉花指数（SM）折合人民币价格	国际棉花指数（M）折合人民币价格
2018 年 11 月	16170	15647	15415	14845
2018 年 12 月	15982	15496	15416	14831
2019 年 1 月	15952	15461	14626	14020
2019 年 2 月	15968	15477	14204	13645
2019 年 3 月	16019	15529	14609	14089
2019 年 4 月	16059	15583	14768	14270
2019 年 5 月	15553	15063	13657	13172
2019 年 6 月	14779	14261	13641	13061
2019 年 7 月	14658	14144	13277	12844
2019 年 8 月	14026	13535	12445	11988

数据来源：国家棉花市场监测系统。

备注：国际棉花指数折成人民币价格所采用的汇率为海关计征汇率，即每月使用上一个月第三个星期三（第三个星期三为法定节假日时，顺延采用第四个星期三的汇率）中国人民银行公布的美元对人民币的基准汇率；关税为配额内关税（1%）；增值税为（11%）；港口费用为 200 元 / 吨。

国际棉花指数简介

国际棉花指数（International Cotton Indices）包括 SM 级指数（Premium Index）和 M 级指数（Standard Index）。

1. 产地的选择：各主要棉花出口国家和地区，包括美国、印度、中亚、西非、澳大利亚、巴西等。
2. 等级的选择：SM 1-1/8”（相当于国棉 2 级）和 M 1-3/32”（相当于国棉 3 级）。
3. 报价的选择：各主要棉商报价的加权平均价。
4. 产地权重的选择：上年度各主要产地的棉花进口总量视为 100% 进行权重分配。
5. 指数的生成：国际棉花指数包括 SM 指数和 M 指数，分别由各主要产地这两个等级棉花报价的加权平均值生成。

表 4-33　2018/2019 年度国际棉花指数日价格表

（单位：美分 / 磅）

日期	国际棉花指数（SM）	国际棉花指数（M）
2018 年 9 月 3 日	94.84	91.41
2018 年 9 月 4 日	94.4	91.25
2018 年 9 月 5 日	94.8	91.75
2018 年 9 月 6 日	93.7	90.52
2018 年 9 月 7 日	93.42	90.27
2018 年 9 月 10 日	94.12	90.97
2018 年 9 月 11 日	95.89	92.66
2018 年 9 月 12 日	94.77	91.51
2018 年 9 月 13 日	94.52	91.25
2018 年 9 月 14 日	93.32	90.06
2018 年 9 月 17 日	93.61	90.32
2018 年 9 月 18 日	92.79	89.44
2018 年 9 月 19 日	90.57	87.22
2018 年 9 月 20 日	90.76	87.41
2018 年 9 月 21 日	90.24	86.82
2018 年 9 月 25 日	90.89	87.59
2018 年 9 月 26 日	91.22	87.9
2018 年 9 月 27 日	90.01	86.51
2018 年 9 月 28 日	89.26	85.8
2018 年 10 月 8 日	87.54	84.07
2018 年 10 月 9 日	89	85.51
2018 年 10 月 10 日	88.17	84.6
2018 年 10 月 11 日	88.12	84.6
2018 年 10 月 12 日	88.09	84.57
2018 年 10 月 15 日	89.55	86
2018 年 10 月 16 日	90.36	86.93

续表

日期	国际棉花指数（SM）	国际棉花指数（M）
2018年10月17日	90.04	86.63
2018年10月18日	89.82	86.46
2018年10月19日	89.87	86.48
2018年10月22日	89.82	86.45
2018年10月23日	92.21	88.91
2018年10月24日	91.23	87.89
2018年10月25日	89.35	86.01
2018年10月26日	89.77	86.4
2018年10月29日	90.76	87.42
2018年10月30日	89.9	86.66
2018年10月31日	89.23	85.92
2018年11月1日	89.13	85.82
2018年11月2日	91.2	87.83
2018年11月5日	90.96	87.59
2018年11月6日	91.04	87.66
2018年11月7日	89.95	86.68
2018年11月8日	91.4	88.1
2018年11月9日	91.43	88.13
2018年11月12日	90.52	87.25
2018年11月13日	88.99	85.71
2018年11月14日	88.41	85.14
2018年11月15日	89.39	85.74
2018年11月16日	89.56	85.96
2018年11月19日	89.57	86.24
2018年11月20日	89.32	86.01
2018年11月21日	88.76	85.34
2018年11月22日	89.76	86.34
2018年11月23日	89.97	86.49
2018年11月26日	88.57	85.09
2018年11月27日	89.53	86.12

续表

日期	国际棉花指数（SM）	国际棉花指数（M）
2018 年 11 月 28 日	89.43	86.17
2018 年 11 月 29 日	90.43	87.17
2018 年 11 月 30 日	90.27	86.96
2018 年 12 月 3 日	90.55	87.24
2018 年 12 月 4 日	91.6	88.28
2018 年 12 月 5 日	91.48	88.17
2018 年 12 月 6 日	92.59	89.26
2018 年 12 月 7 日	90.67	87.34
2018 年 12 月 10 日	91.84	88.53
2018 年 12 月 11 日	91.51	88.19
2018 年 12 月 12 日	91.63	88.31
2018 年 12 月 13 日	91.56	88.22
2018 年 12 月 14 日	90.99	87.66
2018 年 12 月 17 日	91.1	87.75
2018 年 12 月 18 日	90.19	86.84
2018 年 12 月 19 日	89.55	86.27
2018 年 12 月 20 日	88.45	85.17
2018 年 12 月 21 日	87.29	83.77
2018 年 12 月 24 日	86.34	82.83
2018 年 12 月 25 日	85.98	82.36
2018 年 12 月 26 日	85.57	81.84
2018 年 12 月 27 日	85.62	81.77
2018 年 12 月 28 日	84.52	80.51
2018 年 12 月 29 日	84.52	80.51
2019 年 1 月 2 日	84.52	80.51
2019 年 1 月 3 日	83.93	80.01
2019 年 1 月 4 日	83.9	79.97
2019 年 1 月 7 日	85.07	81.17
2019 年 1 月 8 日	85.38	81.49
2019 年 1 月 9 日	84.54	80.63

续表

日期	国际棉花指数（SM）	国际棉花指数（M）
2019 年 1 月 10 日	85.56	81.74
2019 年 1 月 11 日	85.16	81.42
2019 年 1 月 14 日	84.74	81.02
2019 年 1 月 15 日	85.35	81.74
2019 年 1 月 16 日	85.01	81.49
2019 年 1 月 17 日	85.83	82.39
2019 年 1 月 18 日	86.77	83.42
2019 年 1 月 21 日	86.27	82.94
2019 年 1 月 22 日	86.27	82.92
2019 年 1 月 23 日	85.62	82.24
2019 年 1 月 24 日	86.01	82.62
2019 年 1 月 25 日	85.63	82.24
2019 年 1 月 28 日	86.63	83.24
2019 年 1 月 29 日	86.3	82.88
2019 年 1 月 30 日	86.64	83.15
2019 年 1 月 31 日	86.79	83.28
2019 年 2 月 1 日	86.8	83.3
2019 年 2 月 2 日	86.33	82.83
2019 年 2 月 3 日	86.33	82.83
2019 年 2 月 11 日	85.62	82.09
2019 年 2 月 12 日	83.63	80.26
2019 年 2 月 13 日	82.95	79.56
2019 年 2 月 14 日	83.25	79.86
2019 年 2 月 15 日	83.55	80.18
2019 年 2 月 18 日	83.76	80.41
2019 年 2 月 19 日	83.79	80.43
2019 年 2 月 20 日	84.08	80.72
2019 年 2 月 21 日	84.07	80.72
2019 年 2 月 22 日	85.71	82.4
2019 年 2 月 25 日	84.62	81.31

续表

日期	国际棉花指数（SM）	国际棉花指数（M）
2019 年 2 月 26 日	84.78	81.51
2019 年 2 月 27 日	83.93	80.69
2019 年 2 月 28 日	84.29	81.08
2019 年 3 月 1 日	84.66	81.48
2019 年 3 月 4 日	85.68	82.5
2019 年 3 月 5 日	85.11	81.93
2019 年 3 月 6 日	86.63	83.52
2019 年 3 月 7 日	86.31	83.32
2019 年 3 月 8 日	85.31	82.31
2019 年 3 月 11 日	85.71	82.71
2019 年 3 月 12 日	85.41	82.41
2019 年 3 月 13 日	86.58	83.48
2019 年 3 月 14 日	87.42	84.31
2019 年 3 月 15 日	86.09	82.82
2019 年 3 月 18 日	87.27	84
2019 年 3 月 19 日	87.07	83.8
2019 年 3 月 20 日	87.49	84.24
2019 年 3 月 21 日	87.41	84.21
2019 年 3 月 22 日	89.05	85.84
2019 年 3 月 25 日	88.5	85.31
2019 年 3 月 26 日	89.58	86.37
2019 年 3 月 27 日	89.78	86.59
2019 年 3 月 28 日	89.23	86.08
2019 年 3 月 29 日	88.44	85.39
2019 年 4 月 1 日	90.14	87.07
2019 年 4 月 2 日	89.91	86.85
2019 年 4 月 3 日	89.83	86.78
2019 年 4 月 4 日	89.62	86.6
2019 年 4 月 8 日	89.85	86.81
2019 年 4 月 9 日	90.24	87.17

续表

日期	国际棉花指数（SM）	国际棉花指数（M）
2019 年 4 月 10 日	89.68	86.61
2019 年 4 月 11 日	89.67	86.63
2019 年 4 月 12 日	88.93	85.9
2019 年 4 月 15 日	89.99	86.96
2019 年 4 月 16 日	88.33	85.31
2019 年 4 月 17 日	89.83	86.81
2019 年 4 月 18 日	90.25	87.21
2019 年 4 月 19 日	89.55	86.51
2019 年 4 月 22 日	89.55	86.51
2019 年 4 月 23 日	89.65	86.59
2019 年 4 月 24 日	89.11	86.02
2019 年 4 月 25 日	88.31	85.22
2019 年 4 月 26 日	89.53	86.42
2019 年 4 月 28 日	88.93	85.82
2019 年 4 月 29 日	88.93	85.82
2019 年 4 月 30 日	88.16	85.06
2019 年 5 月 5 日	88.16	85.06
2019 年 5 月 6 日	87.29	84.19
2019 年 5 月 7 日	85.23	82.18
2019 年 5 月 8 日	84.93	81.91
2019 年 5 月 9 日	84.06	81.05
2019 年 5 月 10 日	82.39	79.46
2019 年 5 月 13 日	81.62	78.82
2019 年 5 月 14 日	80.06	77.31
2019 年 5 月 15 日	81.57	78.76
2019 年 5 月 16 日	81.3	78.56
2019 年 5 月 17 日	81.79	79.05
2019 年 5 月 20 日	81.27	78.66
2019 年 5 月 21 日	83.03	80.36
2019 年 5 月 22 日	82.47	79.79

续表

日期	国际棉花指数（SM）	国际棉花指数（M）
2019 年 5 月 23 日	81.86	79.14
2019 年 5 月 24 日	80.05	76.72
2019 年 5 月 27 日	81.06	77.76
2019 年 5 月 28 日	81.23	77.99
2019 年 5 月 29 日	81.95	78.69
2019 年 5 月 30 日	81.76	78.5
2019 年 5 月 31 日	81.89	78.59
2019 年 6 月 3 日	80.45	77.02
2019 年 6 月 4 日	81.52	78.14
2019 年 6 月 5 日	81.22	77.81
2019 年 6 月 6 日	81.16	77.64
2019 年 6 月 10 日	79.88	76.37
2019 年 6 月 11 日	80.19	76.72
2019 年 6 月 12 日	79.71	76.2
2019 年 6 月 13 日	80.66	77.15
2019 年 6 月 14 日	80.93	77.42
2019 年 6 月 17 日	80.12	76.59
2019 年 6 月 18 日	80.57	77.01
2019 年 6 月 19 日	81.02	77.47
2019 年 6 月 20 日	81.38	77.83
2019 年 6 月 21 日	80.39	76.85
2019 年 6 月 24 日	80.02	76.47
2019 年 6 月 25 日	80.21	76.69
2019 年 6 月 26 日	80.46	77.01
2019 年 6 月 27 日	81.75	78.48
2019 年 6 月 28 日	81.12	77.81
2019 年 7 月 1 日	80.88	77.64
2019 年 7 月 2 日	81.02	77.9
2019 年 7 月 3 日	81.19	78.25
2019 年 7 月 4 日	81.02	78.18

续表

日期	国际棉花指数（SM）	国际棉花指数（M）
2019 年 7 月 5 日	81.03	78.22
2019 年 7 月 8 日	80.74	77.96
2019 年 7 月 9 日	80.3	77.69
2019 年 7 月 10 日	78.01	75.6
2019 年 7 月 11 日	78.15	75.78
2019 年 7 月 12 日	77.28	74.95
2019 年 7 月 15 日	76.6	74.21
2019 年 7 月 16 日	77.59	75.33
2019 年 7 月 17 日	76.89	74.58
2019 年 7 月 18 日	76.08	73.73
2019 年 7 月 19 日	75.26	72.84
2019 年 7 月 22 日	76.32	73.83
2019 年 7 月 23 日	76.62	74.13
2019 年 7 月 24 日	76.79	74.29
2019 年 7 月 25 日	77.32	74.82
2019 年 7 月 26 日	77.22	74.72
2019 年 7 月 29 日	77.72	75.27
2019 年 7 月 30 日	77.66	75.12
2019 年 7 月 31 日	76.95	74.27
2019 年 8 月 1 日	77.22	74.6
2019 年 8 月 2 日	75.98	73.21
2019 年 8 月 5 日	73.37	70.45
2019 年 8 月 6 日	72.3	69.37
2019 年 8 月 7 日	72.37	69.69
2019 年 8 月 8 日	72.68	70.05
2019 年 8 月 9 日	73.41	70.78
2019 年 8 月 12 日	72.83	70.13
2019 年 8 月 13 日	72.1	69.41
2019 年 8 月 14 日	73.28	70.66
2019 年 8 月 15 日	73.42	70.8

续表

日期	国际棉花指数（SM）	国际棉花指数（M）
2019 年 8 月 16 日	73.5	70.89
2019 年 8 月 19 日	74	71.39
2019 年 8 月 20 日	73.26	70.6
2019 年 8 月 21 日	73.13	70.46
2019 年 8 月 22 日	73.86	71.19
2019 年 8 月 23 日	73.27	70.35
2019 年 8 月 26 日	72.51	69.62
2019 年 8 月 27 日	72.07	69.22
2019 年 8 月 28 日	72.13	69.32

数据来源：国家棉花市场监测系统、中国棉花网。

表 4–34　2018/2019 年度国际期、现货月平均价格对比表

（单位：美分 / 磅）

日期	国际棉花指数（SM）	国际棉花指数（M）	ICE 近月合约结算价
2018 年 9 月	92.8	89.51	80.76
2018 年 10 月	89.6	86.19	77.59
2018 年 11 月	89.89	86.53	77.09
2018 年 12 月	89.22	85.75	76.94
2019 年 1 月	85.54	81.93	73.12
2019 年 2 月	84.56	81.19	71.5
2019 年 3 月	87.08	83.93	75.07
2019 年 4 月	89.45	86.4	77.25
2019 年 5 月	82.62	79.65	69.3
2019 年 6 月	80.67	77.19	65.36
2019 年 7 月	78.2	75.62	62.96
2019 年 8 月	73.3	70.57	58.97

数据来源：国家棉花市场监测系统、美国洲际交易所（ICE）。

表 4–35　2018/2019 年度 ICE 棉花期货近月合约日结算价格表

（单位：美分 / 磅）

日期	结算价	日期	结算价
2018 年 9 月 3 日	82.31	2018 年 10 月 11 日	76.81
2018 年 9 月 4 日	82.78	2018 年 10 月 12 日	78.37
2018 年 9 月 5 日	81.71	2018 年 10 月 15 日	78.72
2018 年 9 月 6 日	81.38	2018 年 10 月 16 日	78.33
2018 年 9 月 7 日	82.13	2018 年 10 月 17 日	77.92
2018 年 9 月 10 日	83.93	2018 年 10 月 18 日	78.05
2018 年 9 月 11 日	83.03	2018 年 10 月 19 日	77.92
2018 年 9 月 12 日	82.76	2018 年 10 月 22 日	80.02
2018 年 9 月 13 日	81.62	2018 年 10 月 23 日	78.99
2018 年 9 月 14 日	81.9	2018 年 10 月 24 日	77.07
2018 年 9 月 17 日	81.51	2018 年 10 月 25 日	77.68
2018 年 9 月 18 日	79.15	2018 年 10 月 26 日	78.53
2018 年 9 月 19 日	79.63	2018 年 10 月 29 日	77.17
2018 年 9 月 20 日	79.07	2018 年 10 月 30 日	76.9
2018 年 9 月 21 日	79.28	2018 年 10 月 31 日	76.86
2018 年 9 月 24 日	78.73	2018 年 11 月 1 日	79.03
2018 年 9 月 25 日	80.41	2018 年 11 月 2 日	78.79
2018 年 9 月 26 日	79	2018 年 11 月 5 日	78.87
2018 年 9 月 27 日	78.12	2018 年 11 月 6 日	77.43
2018 年 9 月 28 日	76.76	2018 年 11 月 7 日	78.96
2018 年 10 月 1 日	76.7	2018 年 11 月 8 日	79.01
2018 年 10 月 2 日	76.58	2018 年 11 月 9 日	78.09
2018 年 10 月 3 日	76.85	2018 年 11 月 12 日	76.38
2018 年 10 月 4 日	76.39	2018 年 11 月 13 日	75.86
2018 年 10 月 5 日	76.49	2018 年 11 月 14 日	76.39
2018 年 10 月 8 日	77.94	2018 年 11 月 15 日	76.25
2018 年 10 月 9 日	77.4	2018 年 11 月 16 日	76.12
2018 年 10 月 10 日	76.8	2018 年 11 月 19 日	75.88

续表

日期	结算价	日期	结算价
2018 年 11 月 20 日	75.27	2019 年 1 月 2 日	70.84
2018 年 11 月 21 日	76.51	2019 年 1 月 3 日	70.83
2018 年 11 月 22 日	76.51	2019 年 1 月 4 日	72.52
2018 年 11 月 23 日	74.92	2019 年 1 月 7 日	72.75
2018 年 11 月 26 日	77.4	2019 年 1 月 8 日	71.67
2018 年 11 月 27 日	76.77	2019 年 1 月 9 日	73.13
2018 年 11 月 28 日	77.76	2019 年 1 月 10 日	72.85
2018 年 11 月 29 日	76.64	2019 年 1 月 11 日	72.49
2018 年 11 月 30 日	77.16	2019 年 1 月 14 日	72.99
2018 年 12 月 3 日	78.91	2019 年 1 月 15 日	72.36
2018 年 12 月 4 日	78.77	2019 年 1 月 16 日	73.27
2018 年 12 月 5 日	80.11	2019 年 1 月 17 日	74.37
2018 年 12 月 6 日	78.02	2019 年 1 月 18 日	73.89
2018 年 12 月 7 日	80.23	2019 年 1 月 21 日	73.89
2018 年 12 月 10 日	79.88	2019 年 1 月 22 日	73.13
2018 年 12 月 11 日	80.02	2019 年 1 月 23 日	73.52
2018 年 12 月 12 日	79.97	2019 年 1 月 24 日	73.14
2018 年 12 月 13 日	79.41	2019 年 1 月 25 日	74.13
2018 年 12 月 14 日	79.6	2019 年 1 月 28 日	73.85
2018 年 12 月 17 日	78.54	2019 年 1 月 29 日	74.15
2018 年 12 月 18 日	77.85	2019 年 1 月 30 日	74.36
2018 年 12 月 19 日	76.71	2019 年 1 月 31 日	74.4
2018 年 12 月 20 日	75.06	2019 年 2 月 1 日	73.64
2018 年 12 月 21 日	73.18	2019 年 2 月 4 日	72.76
2018 年 12 月 24 日	72.55	2019 年 2 月 5 日	73.4
2018 年 12 月 26 日	73.5	2019 年 2 月 6 日	73.66
2018 年 12 月 27 日	72.06	2019 年 2 月 7 日	72.81
2018 年 12 月 28 日	72.19	2019 年 2 月 8 日	72.55
2018 年 12 月 31 日	72.2	2019 年 2 月 11 日	70.55

续表

日期	结算价	日期	结算价
2019年2月12日	69.78	2019年3月25日	77.73
2019年2月13日	69.86	2019年3月26日	77.89
2019年2月14日	70.13	2019年3月27日	76.95
2019年2月15日	70.22	2019年3月28日	75.87
2019年2月18日	70.22	2019年3月29日	77.61
2019年2月19日	70.41	2019年4月1日	77.36
2019年2月20日	70.28	2019年4月2日	77.27
2019年2月21日	72.19	2019年4月3日	77.05
2019年2月22日	71.84	2019年4月4日	77.32
2019年2月25日	71.93	2019年4月5日	78.25
2019年2月26日	70.85	2019年4月8日	78.92
2019年2月27日	71.19	2019年4月9日	78.09
2019年2月28日	71.74	2019年4月10日	77.62
2019年3月1日	72.73	2019年4月11日	76.98
2019年3月4日	71.97	2019年4月12日	78.11
2019年3月5日	73.45	2019年4月15日	76.49
2019年3月6日	73.05	2019年4月16日	77.94
2019年3月7日	71.9	2019年4月17日	78.11
2019年3月8日	73.49	2019年4月18日	77.31
2019年3月11日	73.2	2019年4月22日	77.19
2019年3月12日	74.85	2019年4月23日	76.57
2019年3月13日	75.72	2019年4月24日	75.77
2019年3月14日	74.3	2019年4月25日	76.97
2019年3月15日	75.5	2019年4月26日	76.75
2019年3月18日	75.27	2019年4月29日	76.13
2019年3月19日	75.65	2019年4月30日	75.98
2019年3月20日	75.5	2019年5月1日	75.91
2019年3月21日	77.18	2019年5月2日	74.65
2019年3月22日	76.58	2019年5月3日	74.78

续表

日期	结算价	日期	结算价
2019年5月6日	72.65	2019年6月14日	65.94
2019年5月7日	72.28	2019年6月17日	65.63
2019年5月8日	71.45	2019年6月18日	65.32
2019年5月9日	70.23	2019年6月19日	65.38
2019年5月10日	68.45	2019年6月20日	63.21
2019年5月13日	65.45	2019年6月21日	61.19
2019年5月14日	66.76	2019年6月24日	62.3
2019年5月15日	66.35	2019年6月25日	62.2
2019年5月16日	66.8	2019年6月26日	63.49
2019年5月17日	65.99	2019年6月27日	62.99
2019年5月20日	67.91	2019年6月28日	63.15
2019年5月21日	67.32	2019年7月1日	63.17
2019年5月22日	66.75	2019年7月2日	63.77
2019年5月23日	67.48	2019年7月3日	63.75
2019年5月24日	68.39	2019年7月4日	63.75
2019年5月27日	68.39	2019年7月5日	63.44
2019年5月28日	69.47	2019年7月8日	62.33
2019年5月29日	69.06	2019年7月9日	60.23
2019年5月30日	69.34	2019年7月10日	63.54
2019年5月31日	68.08	2019年7月11日	62.89
2019年6月3日	69.42	2019年7月12日	62.36
2019年6月4日	68.97	2019年7月15日	63.7
2019年6月5日	68.74	2019年7月16日	62.33
2019年6月6日	68.59	2019年7月17日	61.89
2019年6月7日	65.59	2019年7月18日	60.78
2019年6月10日	65.99	2019年7月19日	62.25
2019年6月11日	65.65	2019年7月22日	62.79
2019年6月12日	66.57	2019年7月23日	63.29
2019年6月13日	66.83	2019年7月24日	63.89

续表

日期	结算价	日期	结算价
2019 年 7 月 25 日	63.81	2019 年 8 月 14 日	59.61
2019 年 7 月 26 日	64.24	2019 年 8 月 15 日	59.66
2019 年 7 月 29 日	63.77	2019 年 8 月 16 日	60.08
2019 年 7 月 30 日	62.87	2019 年 8 月 19 日	59.18
2019 年 7 月 31 日	63.22	2019 年 8 月 20 日	59.17
2019 年 8 月 1 日	61.84	2019 年 8 月 21 日	59.87
2019 年 8 月 2 日	58.94	2019 年 8 月 22 日	58.87
2019 年 8 月 5 日	57.91	2019 年 8 月 23 日	57.97
2019 年 8 月 6 日	58.27	2019 年 8 月 26 日	57.66
2019 年 8 月 7 日	58.58	2019 年 8 月 27 日	57.54
2019 年 8 月 8 日	59.54	2019 年 8 月 28 日	58.35
2019 年 8 月 9 日	59.05	2019 年 8 月 29 日	58.88
2019 年 8 月 12 日	58.03	2019 年 8 月 30 日	59.05
2019 年 8 月 13 日	59.34		

棉花进出口

表 4–36　2018/2019 年度中国棉花进口分国别统计表

（单位：吨）

国别	数量	国别	数量
合计	2028561	南非	5301
澳大利亚	508190	以色列	5130
巴西	479248	阿根廷	4725
美国	364668	西班牙	4638
印度	238014	乌干达	3815

续表

国别	数量	国别	数量
乌兹别克斯坦	84318	土耳其	3557
贝宁	50068	塔吉克斯坦	2324
布基纳法索	39893	莫桑比克	1239
苏丹	39301	中非共和国	994
墨西哥	38026	马来西亚	889
希腊	33017	缅甸（Myanmar）	727
马里	28535	尼日利亚	577
科特迪瓦	22035	巴基斯坦	491
喀麦隆	20483	吉尔吉斯斯坦	240
哈萨克斯坦	16002	土库曼斯坦	195
津巴布韦	11438	马拉维	103
赞比亚	7282	加纳	99
多哥	6697	乍得	28
埃及	6248	秘鲁	21

数据来源：中国海关总署（不含已梳的棉花）。

表 4–37　2018/2019 年度中国棉花出口分国别和地区统计表

（单位：吨）

国别	数量	国别	数量
全球	48303	台湾	1904
越南	16465	日本	1394
孟加拉国	6707	巴基斯坦	1794
印度尼西亚	10331	印度	4245
北朝鲜	796	韩国	1201
泰国	1132	马来西亚	2333

数据来源：中国海关总署（不含已梳的棉花）。

表 4–38　2018/2019 年度棉花进口分月统计表

（单位：万吨）

月份	进口	
	数量	同比（±%）
合计	202.86	53.49%
2018 年 9 月	13.53	45.98%
2018 年 10 月	10.81	38.57%
2018 年 11 月	13.20	82.84%
2018 年 12 月	21.89	118.51%
2019 年 1 月	27.99	109.26%
2019 年 2 月	22.96	123.59%
2019 年 3 月	15.22	41.79%
2019 年 4 月	17.98	71.53%
2019 年 5 月	17.98	36.51%
2019 年 6 月	15.75	59.61%
2019 年 7 月	16.35	19.15%
2019 年 8 月	9.19	–43.38%

表 4–39　2003/2004 年度以来进口棉占中国用棉总量比例表

（单位：万吨）

年度	合计	国内产量	进口量	进口比例（%）
2003/2004	684.9	485.9	199.0	29.1
2004/2005	798.3	632.3	166.0	20.8
2005/2006	982.3	571.3	411.0	41.8
2006/2007	977.8	749.8	228.0	23.3
2007/2008	1033.0	789.0	244.0	23.6

续表

年度	合计	国内产量	进口量	进口比例（%）
2008/2009	943.8	799.1	144.7	15.3
2009/2010	926.1	675.7	250.4	27.0
2010/2011	880.7	623.1	257.6	29.2
2011/2012	1298.8	802.8	544.0	41.9
2012/2013	1201.1	761.5	439.6	36.6
2013/2014	1000.1	699.7	300.4	30.0
2014/2015	806.4	651.0	155.4	19.3
2015/2016	617.7	521.6	96.1	18.4
2016/2017	622.7	511.7	111.0	21.7
2017/2018	745.7	612.7	133.0	17.8
2018/2019	813.4	610.5	202.9	24.9

数据来源：国家棉花市场监测系统。

纺织品服装进出口

表 4–40　2018/2019 年度棉纱进出口分月统计表

（单位：吨）

月份	进口		出口	
	数量	同比（±%）	数量	同比（±%）
合计	1963730	−8.62%	384981	−8.67%
2018 年 9 月	175353	4.74%	30746	−12.83%
2018 年 10 月	141013	−16.86%	28134	−12.46%
2018 年 11 月	161797	−16.55%	27608	−19.09%

续表

月份	进口		出口	
	数量	同比（±%）	数量	同比（±%）
2018 年 12 月	155891	−17.16%	30802	−12.54%
2019 年 1 月	164758	−15.84%	39333	2.60%
2019 年 2 月	119886	30.19%	21265	−32.66%
2019 年 3 月	191344	11.14%	39780	14.71%
2019 年 4 月	191988	22.09%	37519	−12.63%
2019 年 5 月	207641	−0.79%	35647	−6.46%
2019 年 6 月	156832	−19.90%	37760	15.48%
2019 年 7 月	150341	−26.58%	28175	−17.25%
2019 年 8 月	146886	−27.59%	28212	−12.94%

数据来源：中国海关总署。

表 4–41　2018/2019 年度棉布进出口分月统计表

（单位：万米）

月份	进口		出口	
	数量	同比（±%）	数量	同比（±%）
合计	29913	−21.42%	796065	−9.85%
2018 年 9 月	2762	−9.00%	72996	−5.63%
2018 年 10 月	2584	−13.85%	66591	−18.19%
2018 年 11 月	2762	−23.50%	69459	−12.29%
2018 年 12 月	2472	−30.23%	59687	−16.85%
2019 年 1 月	2289	−29.07%	74185	2.15%
2019 年 2 月	1533	−11.95%	40375	−34.18%
2019 年 3 月	3013	−7.19%	69941	25.11%
2019 年 4 月	3132	−4.71%	71384	−15.17%
2019 年 5 月	2582	−30.34%	80057	−6.37%

续表

月份	进口		出口	
	数量	同比（±%）	数量	同比（±%）
2019年6月	2053	−35.80%	64629	−10.32%
2019年7月	2478	−27.29%	66393	−4.49%
2019年8月	2253	−26.52%	60368	−16.41%

数据来源：中国海关总署。

表4−42 2018/2019年度纺织品服装出口额分月统计表

（单位：亿美元）

月份	纺织品		服装		纺织品服装	
	金额	同比（±%）	金额	同比（±%）	金额	同比（±%）
合计	1199.58	2.47%	1535.64	−2.51%	2735.22	−0.39%
2018年9月	106.00	18.18%	160.08	8.31%	266.09	12.04%
2018年10月	97.43	6.08%	135.13	8.13%	232.56	7.26%
2018年11月	103.14	3.25%	127.41	−2.93%	230.55	−0.26%
2018年12月	98.82	−2.74%	132.35	−4.48%	231.17	−3.74%
2019年1月	114.12	14.29%	136.51	4.03%	250.63	8.47%
2019年2月	59.59	−33.17%	71.16	−37.71%	130.76	−35.72%
2019年3月	95.24	36.45%	86.58	20.51%	181.82	28.37%
2019年4月	97.89	−6.90%	96.71	−11.85%	194.6	−9.43%
2019年5月	116.435	3.55%	121.872	−0.11%	238.31	1.65%
2019年6月	103.092	−3.51%	143.373	−3.08%	246.47	−3.26%
2019年7月	107.673	5.99%	167.47	−0.27%	275.14	2.09%
2019年8月	100.147	−2.61%	156.989	−6.38%	257.14	−4.95%

数据来源：中国海关总署。

棉花消费

表 4–43　2018/2019 年度全国纺织生产分月统计表

（单位：万吨、亿米）

月份	纺纱产量	同比（±%）	化纤产量	同比（±%）	棉布产量	同比（±%）	棉纱产量	同比（±%）
总计	2980.6	–21.57	5507.6	7.40	234.4	–24.77	1576.3	–29.77
2018 年 9 月	286.8	–23.25	415.6	–5.76	25.5	–27.22	179.1	–29.73
2018 年 10 月	284	–25.22	432	–4.06	25.8	–26.81	176.4	–32.67
2018 年 11 月	272.8	–28.49	445	0.52	26.5	–26.87	165.5	–38.37
2018 年 12 月	266.6	–29.40	464	3.57	—	—	—	—
2019 年 1–2 月	402.1	–24.40	789.2	10.27	31.72	–34.19	230.0	–35.08
2019 年 3 月	248	–14.19	478.1	12.73	21.6	–19.08	139.6	–22.81
2019 年 4 月	230.7	–21.66	464.8	6.02	20.5	–20.88	129.9	–30.18
2019 年 5 月	232.7	–25.08	490.7	4.25	19.1	–29.17	131.0	–32.07
2019 年 6 月	245.3	–15.00	505.1	11.97	20.0	–19.04	133.6	–26.99
2019 年 7 月	263.4	–4.98	511.9	15.71	23.5	–4.63	151.6	–12.14
2019 年 8 月	248.2	–10.46	511.2	15.55	20.2	–17.82	139.6	–19.06

数据来源：国家统计局。

中国棉花产销存预测

表 4-44　2001/2002 年度以来国内棉花产销存预测与价格对比表

（单位：万吨、元 / 吨）

年度	期初库存	产量	进口	消费	出口	期末库存	库存消费比（%）	年度均价
2001/2002	436.49	531.48	11.65	582.26	9.05	447.08	75.61	10140
2002/2003	447.08	491.7	71.9	659.84	15.1	394.55	58.46	12008
2003/2004	394.55	485.9	199	674.25	3	456.17	67.36	16100
2004/2005	456.17	632.3	166	871.54	1	440.06	50.43	12432
2005/2006	440.06	571.27	411	1032.01	1	467.87	45.29	14103
2006/2007	467.87	749.79	228	1166.66	1.86	337.51	28.88	13300
2007/2008	337.51	789	244	1111.56	1.5	351.59	31.59	13767
2008/2009	351.59	799.12	144.65	989.56	1.74	324.18	32.7	12162
2009/2010	324.18	675.7	250.47	1048.58	0.53	224.18	21.37	15753
2010/2011	224.18	623.05	257.63	937.48	2.66	194.11	20.65	25654
2011/2012	194.11	802.8	544.03	806.9	1.23	619.22	81.64	19192
2012/2013	659.72	761.5	439.61	801.22	0.93	897.09	123.06	19141
2013/2014	987.09	699.7	300.37	743.27	0.93	1188.98	159.77	18581
2014/2015	1188.98	662.1	167.13	750.32	2.51	1209.29	160.63	13751
2015/2016	1209.29	521.6	96.14	759.26	2.38	1035.52	135.96	12865
2016/2017	1035.37	511.7	111.03	822.07	1.37	797	96.79	15683
2017/2018	797	612.7	133	856.89	1.44	662.08	77.14	15892
2018/2019	660	610.5	202.86	798.83	4.83	628.45	78.2	15191

数据来源：国家棉花市场监测系统（发布时间截至 2019 年 12 月 23 日）。

备注：年度均价为国家棉花价格 B 指数的棉花年度均价。

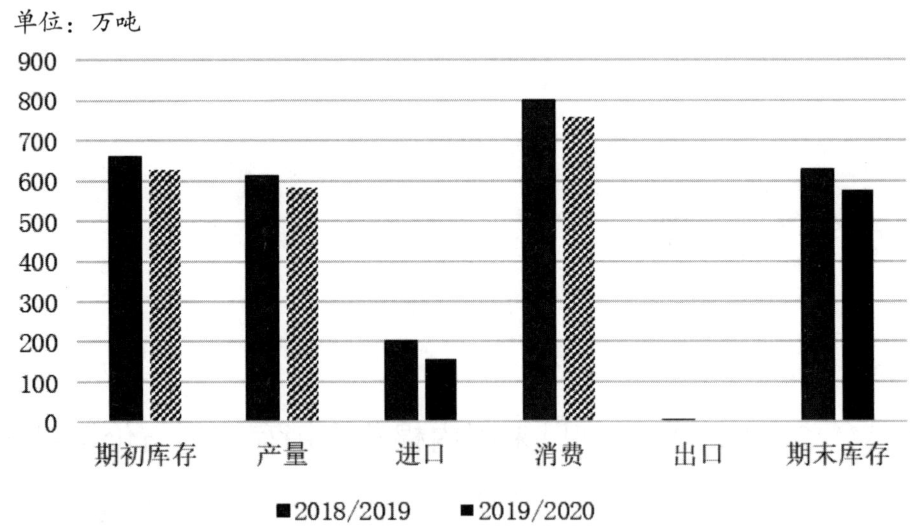

图 4-12　2018/2019 年度与 2019/2020 年度中国产销存预测同比对比

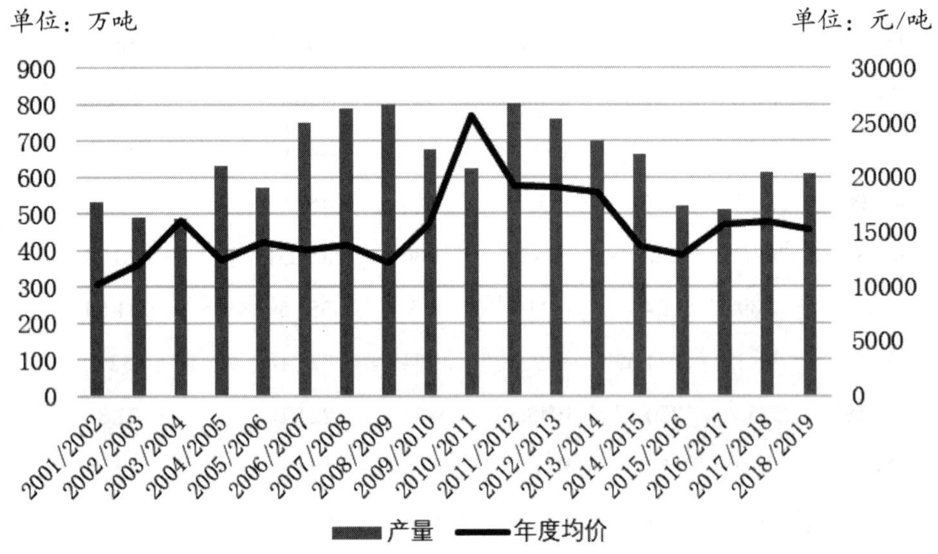

图 4-13　2001/2002 年度以来国内棉价与中国棉花产量预测对比

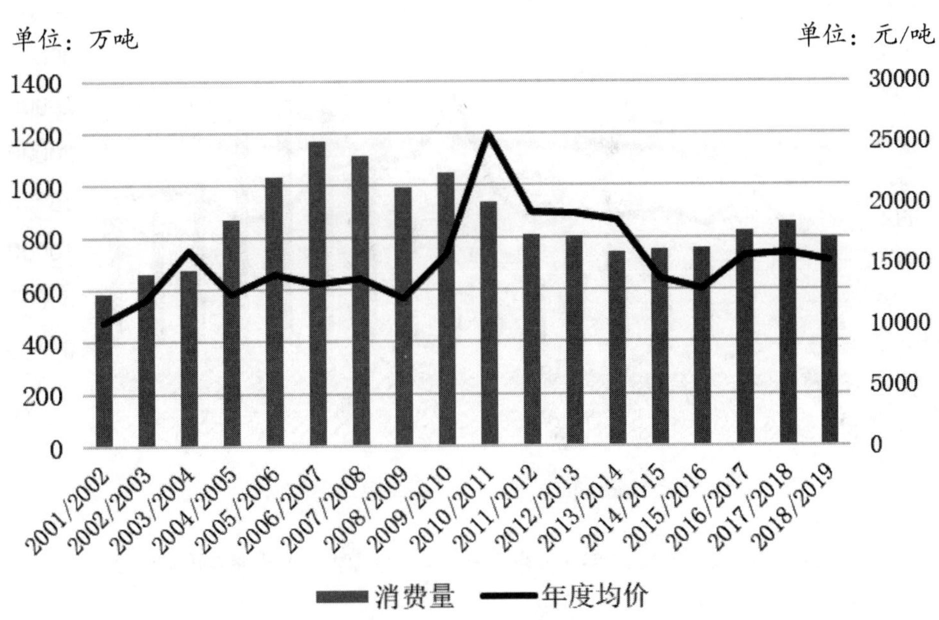

图 4-14　2001/2002 年度以来国内棉价与中国棉花消费量预测对比

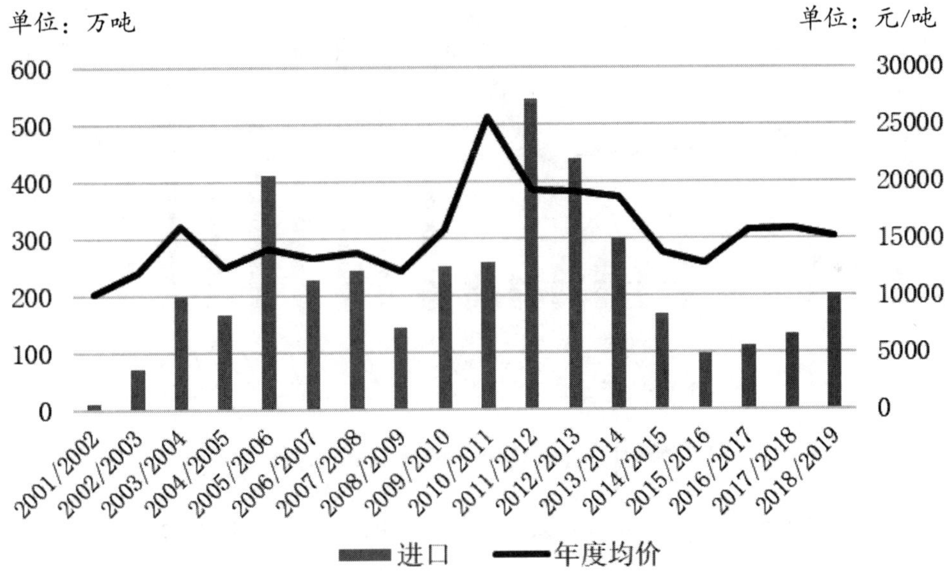

图 4-15　2001/2002 年度以来国内棉价与中国棉花进口量预测对比

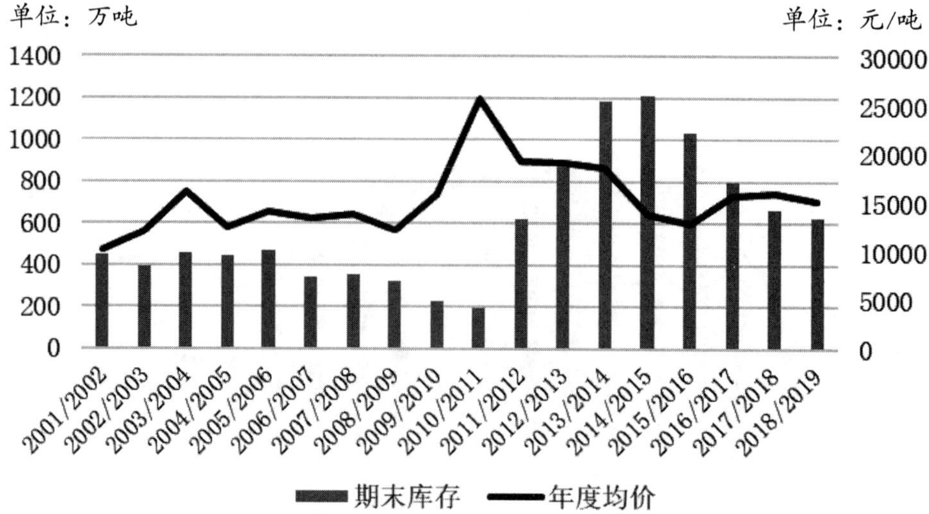

图 4-16　2001/2002 年度以来国内棉价与中国棉花期末库存预测对比

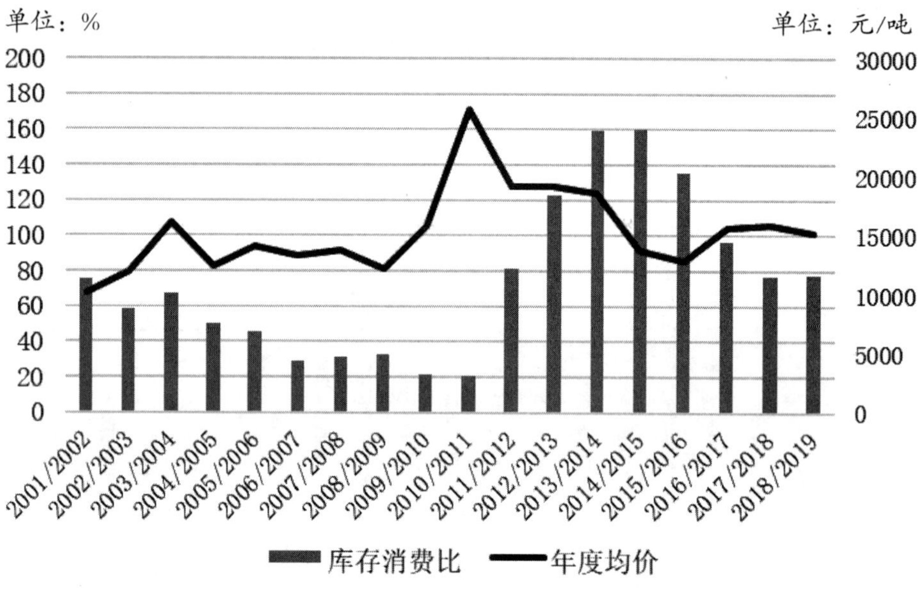

图 4-17　2001/2002 年度以来国内棉价与中国棉花库存消费比对比

全球棉花产销存预测

表 4-45　2003/2004 年度以来全球棉花产销存预测表

（单位：万吨、美分 / 磅）

年度	期初库存	产量	进口量	消费量	出口量	期末库存	库存消费比（%）	国际棉花指数（M）
2003/2004	1042.5	2104.9	743.5	2135.7	721.8	1053.3	49	55.71
2004/2005	1053.3	2646.4	739.5	2377.7	760.9	1327.6	56	53.57
2005/2006	1327.6	2533.5	972.5	2546.8	978.1	1347.9	53	57.32
2006/2007	1347.9	2671.2	834	2704.4	814.7	1371.4	51	59.12
2007/2008	1371.4	2613.8	859	2696.3	846.3	1347.3	50	74.71
2008/2009	1347.3	2353	665.7	2401.5	657.7	1338.0	56	61.27
2009/2010	1338	2244.4	804	2601.7	779.6	1005.4	39	82.56
2010/2011	1005.4	2553.9	790.3	2514.6	759.3	1073.1	43	170.05
2011/2012	1073.1	2770.5	989	2266.9	1001.4	1568.8	69	101.21
2012/2013	1568.8	2697.7	1037	2356.8	1009.2	1945.1	83	89.59
2013/2014	1945.1	2620.6	897.1	2393	892.6	2175.2	91	90.79
2014/2015	2175.2	2595.7	785.2	2443.6	782.7	2324.0	95	72.04
2015/2016	2324	2093.7	771.7	2465.4	755.5	1962.8	80	71.27
2016/2017	1962.8	2322.7	820.8	2529.5	824.1	1748.1	69	82.26
2017/2018	1748.1	2695	896.2	2672.9	903.9	1760.0	66	88.97
2018/2019	1760	2582.5	925.4	2619.4	900.3	1745.7	67	81.92
2019/2020	1745.7	2647.4	948.7	2572.7	949.3	1815.8	71	

数据来源：美国农业部，中国棉花网。

备注：2004/2005 年度以前为北欧到岸价 A 指数，2004/2005 年度以后为国际棉花指数（M）。

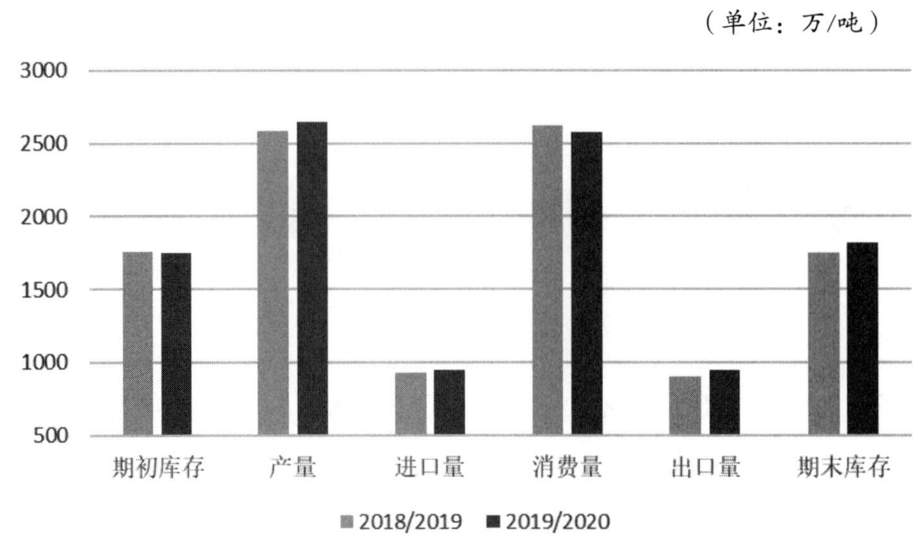

图 4-18　2018/2019 和 2019/2020 年度全球产销存预测比较

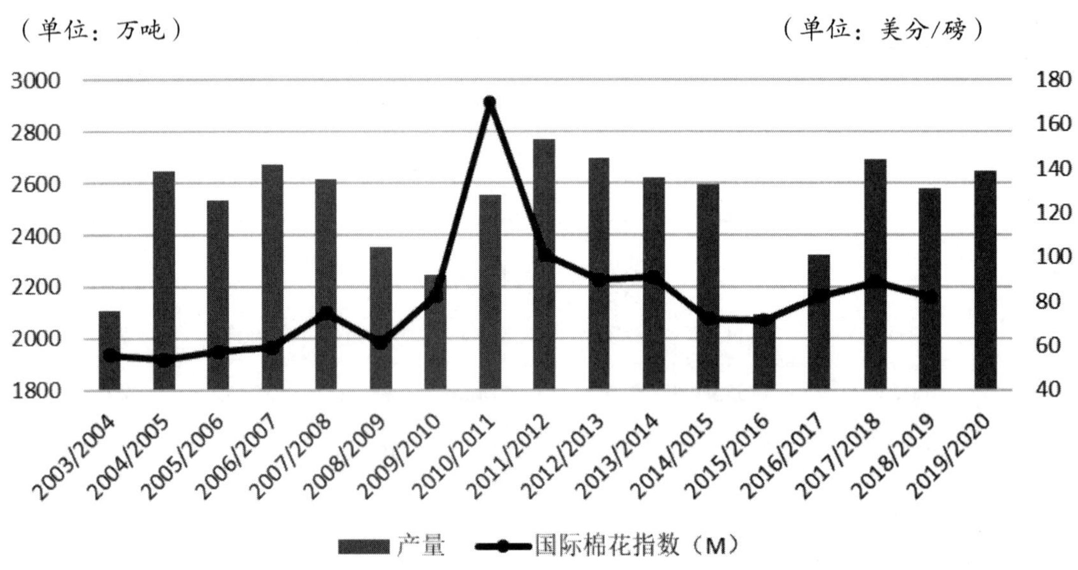

图 4-19　2003/2004 年度以来国际棉价与全球棉花产量变化

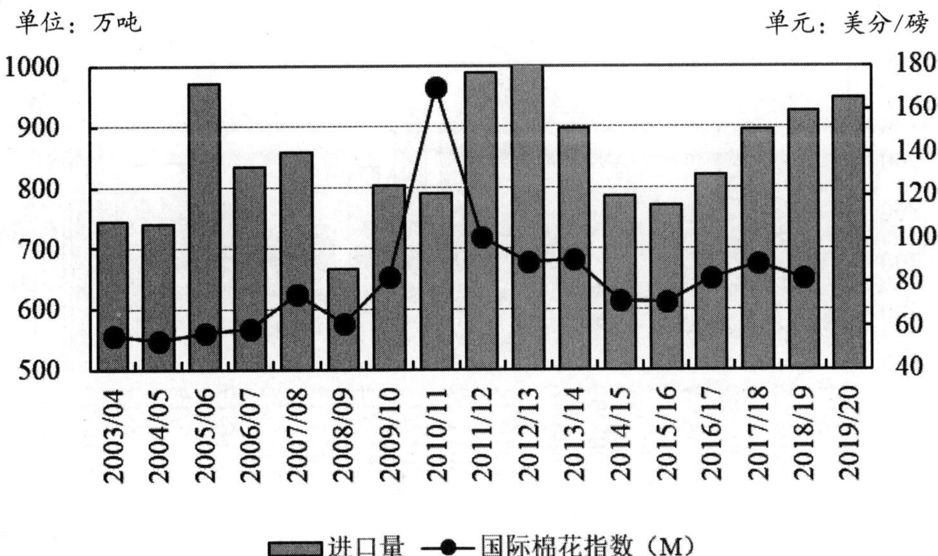

图 4-20　2003/2004 年度以来国际棉价与全球棉花进口量变化

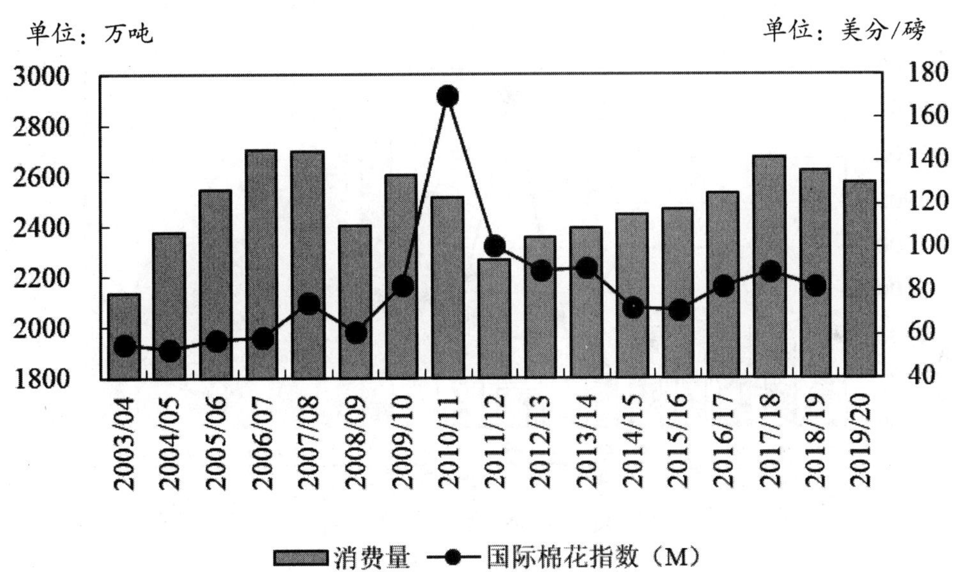

图 4-21　2003/2004 年度以来国际棉价与全球棉花消费量变化

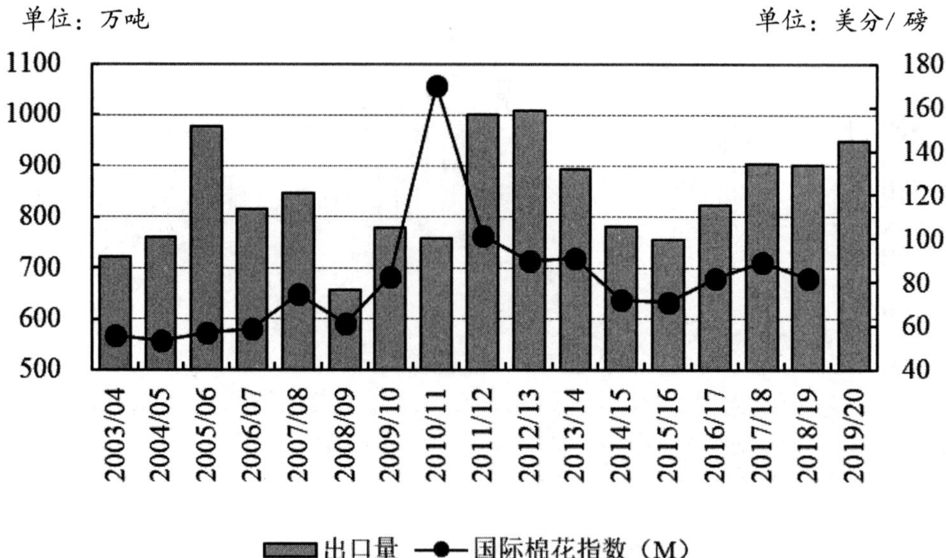

图 4-22　2003/2004 年度以来国际棉价与全球棉花出口量变化

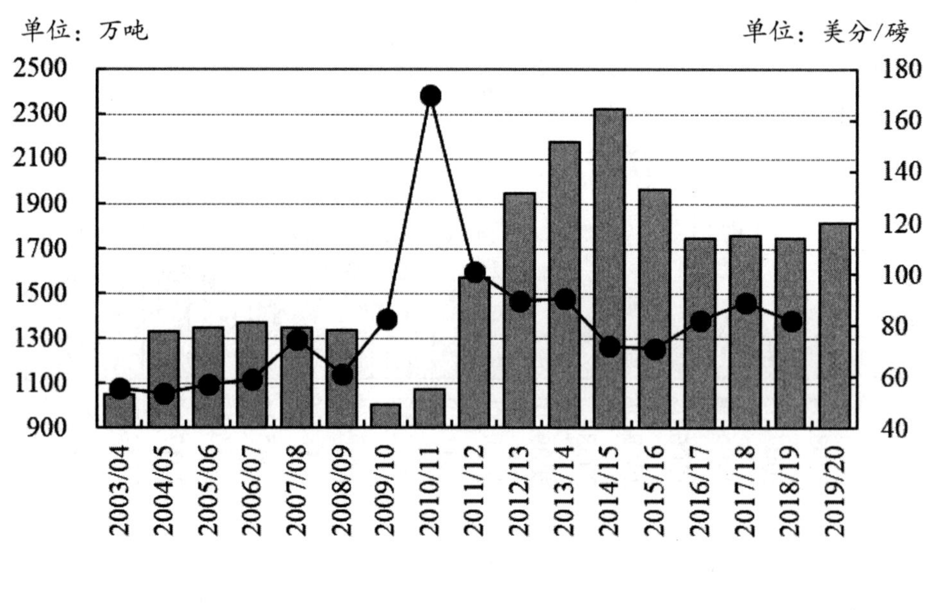

图 4-23　2003/2004 年度以来国际棉价与全球棉花期末库存变化

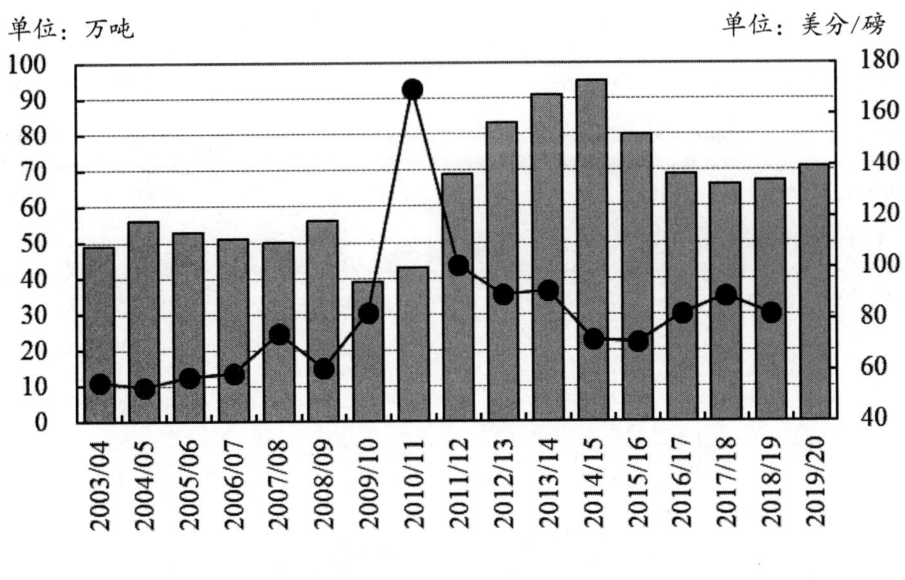

图 4-24 2003/2004 年度以来国际棉价与全球棉花库存消费比变化

表 4-46 2003/2004 年度以来主要国家棉花产量预测统计表

（单位：万吨）

年度	中国	印度	美国	巴基斯坦	乌兹别克斯坦	巴西	土耳其	澳大利亚	西非
2003/2004	518.2	304.8	397.5	170.8	89.3	131.0	89.3	34.8	92.8
2004/2005	659.7	413.7	506.2	242.5	113.2	128.5	90.4	65.3	100.9
2005/2006	618.3	414.8	520.2	214.5	120.8	102.3	77.3	59.9	90.6
2006/2007	772.9	489.9	470.0	208.6	116.5	152.4	82.7	29.4	81.9
2007/2008	805.6	537.8	418.2	186.2	116.5	160.2	67.5	13.6	57.0
2008/2009	799.1	507.3	279.0	185.9	100.2	119.3	42.0	33.2	57.0
2009/2010	696.7	533.4	265.4	201.2	84.9	118.7	38.1	38.6	55.9
2010/2011	664.1	592.2	394.2	188.1	89.3	196.0	45.9	91.4	56.3
2011/2012	740.3	631.4	339.1	230.8	91.4	189.4	74.9	119.8	70.2
2012/2013	762.0	620.5	377.0	202.5	98.0	130.6	57.7	100.2	90.4
2013/2014	713.1	675.0	281.1	206.8	89.3	174.2	50.1	89.3	91.1
2014/2015	664.1	675.0	353.9	213.4	89.3	152.4	68.6	50.1	96.5
2015/2016	529.1	620.5	283.7	174.2	80.6	141.5	57.7	52.3	100.1
2016/2017	457.2	587.9	359.8	179.6	80.6	141.5	69.7	98.0	84.4

续表

年度	中国	印度	美国	巴基斯坦	乌兹别克斯坦	巴西	土耳其	澳大利亚	西非
2017/2018	544.3	642.3	466.8	178.5	80.6	169.8	87.1	102.3	91.4
2018/2019	587.9	598.7	404.7	161.1	71.8	239.5	93.6	54.4	107.3
2019/2020	593.3	642.3	439.9	135.0	76.2	272.2	78.4	18.5	104.7

资料来源：美国农业部（USDA）。

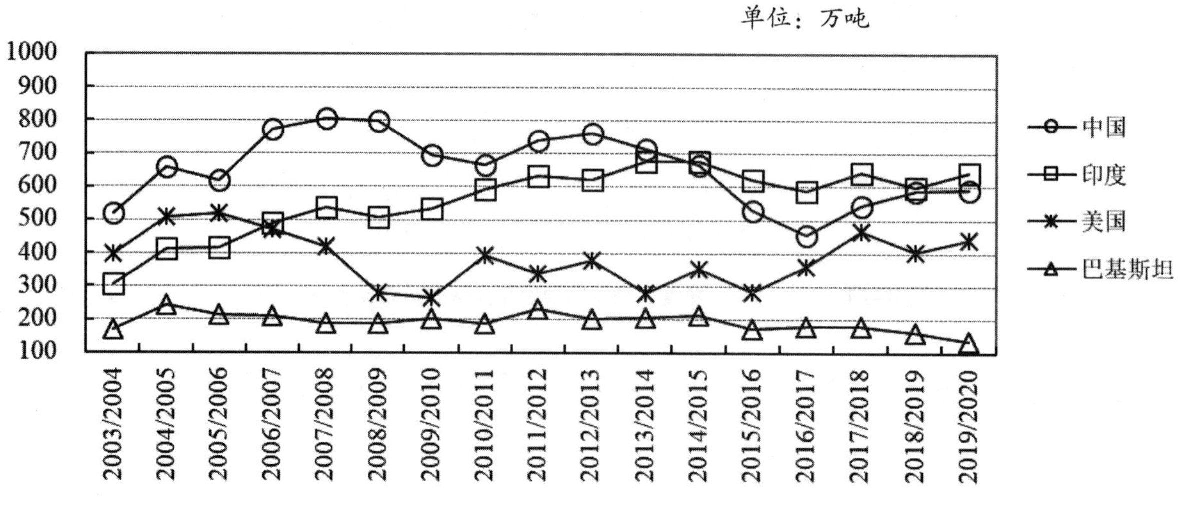

图 4-25　2003/2004 年度以来主要国家棉花产量变化

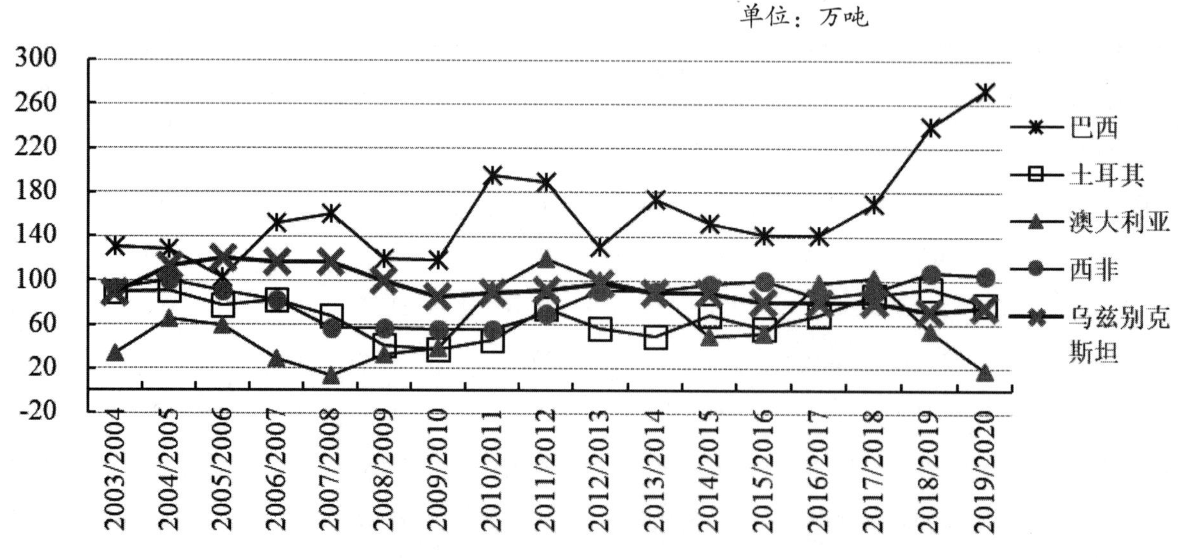

图 4-26　2003/2004 年度以来主要国家棉花产量变化

表 4–47 2003/2004 年度以来主要国家棉花消费量预测统计表

（单位：万吨）

年度	中国	印度	巴基斯坦	土耳其	美国	巴西	孟加拉国	印度尼西亚	泰国	越南
2003/2004	696.7	293.9	209.0	130.6	136.4	87.4	39.2	46.8	40.3	12.5
2004/2005	838.3	322.2	228.6	154.6	145.7	93.8	47.9	46.8	45.7	15.2
2005/2006	979.8	363.6	250.4	152.4	127.8	96.9	54.4	47.4	44.6	16.3
2006/2007	1088.6	394.1	261.3	158.9	107.4	99.6	69.7	51.7	42.5	21.2
2007/2008	1110.4	405.0	261.3	132.8	99.8	100.2	76.2	56.6	42.5	26.1
2008/2009	958.0	386.5	241.7	107.8	77.1	91.4	80.6	51.2	34.8	27.2
2009/2010	1088.6	430.0	226.4	128.5	77.3	95.8	87.1	56.6	38.6	34.8
2010/2011	1001.5	447.4	215.6	121.9	84.9	93.6	91.4	56.6	37.0	35.4
2011/2012	827.4	423.5	217.7	121.9	71.9	87.1	76.2	53.3	28.3	36.5
2012/2013	783.8	475.7	234.1	131.7	76.2	89.3	84.9	64.2	32.1	49.0
2013/2014	751.2	511.7	226.4	137.2	77.3	91.4	90.4	66.4	32.7	69.7
2014/2015	827.4	533.4	230.8	141.5	82.7	89.3	94.7	66.4	32.7	89.3
2015/2016	707.6	550.8	219.9	139.3	80.6	72.9	127.4	68.6	30.5	98.0
2016/2017	778.4	517.1	222.1	147.0	71.8	69.7	139.3	63.1	26.1	117.6
2017/2018	849.1	538.9	226.4	152.4	72.9	74	156.8	74.0	26.1	143.7
2018/2019	903.6	550.8	230.8	152.4	71.8	76.2	147.2	78.4	25.0	163.3
2019/2020	838.2	533.4	230.8	154.6	65.3	74.0	161.1	67.5	21.8	156.8

资料来源：美国农业部（USDA）。

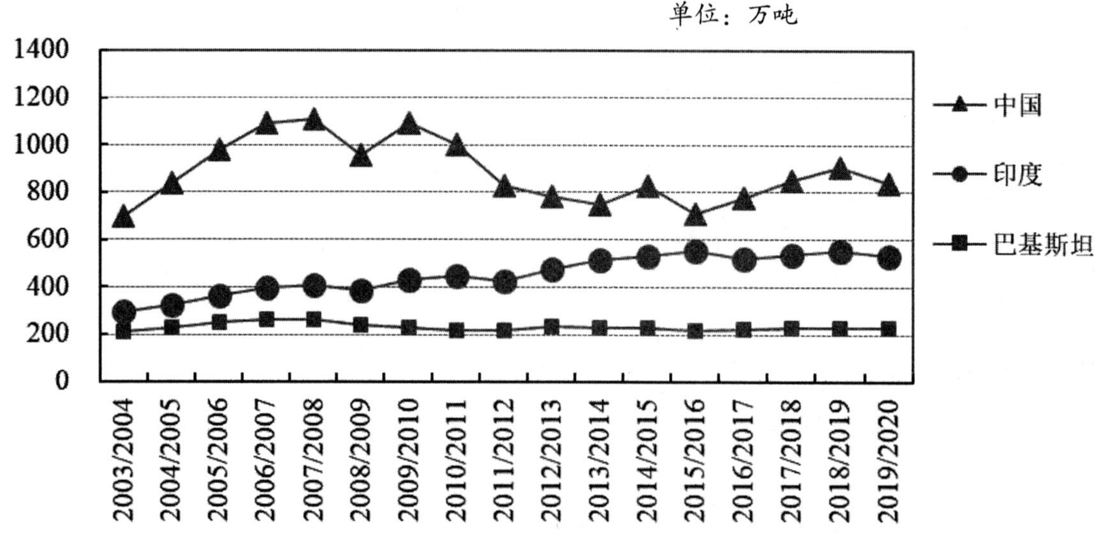

图 4-27　2003/2004 年度以来主要国家棉花消费量变化

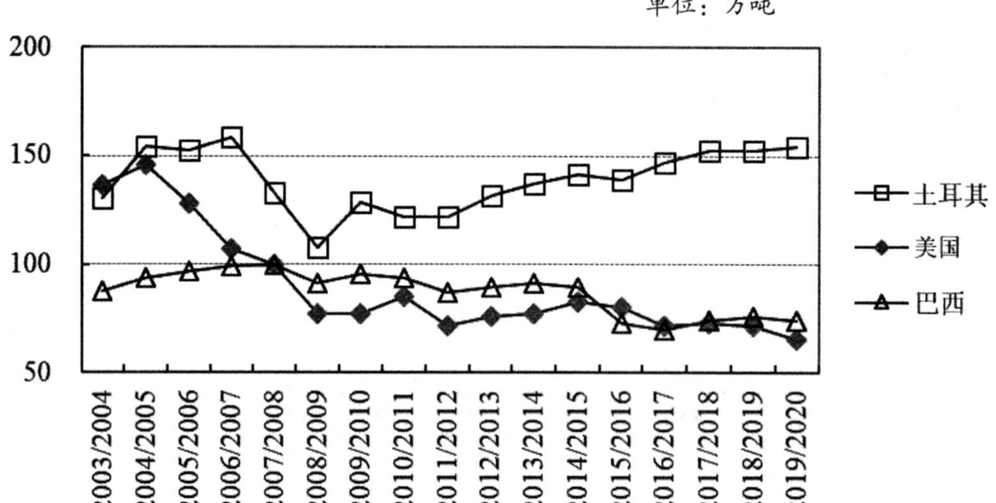

图 4-28　2003/2004 年度以来主要国家棉花消费量变化

单位：万吨

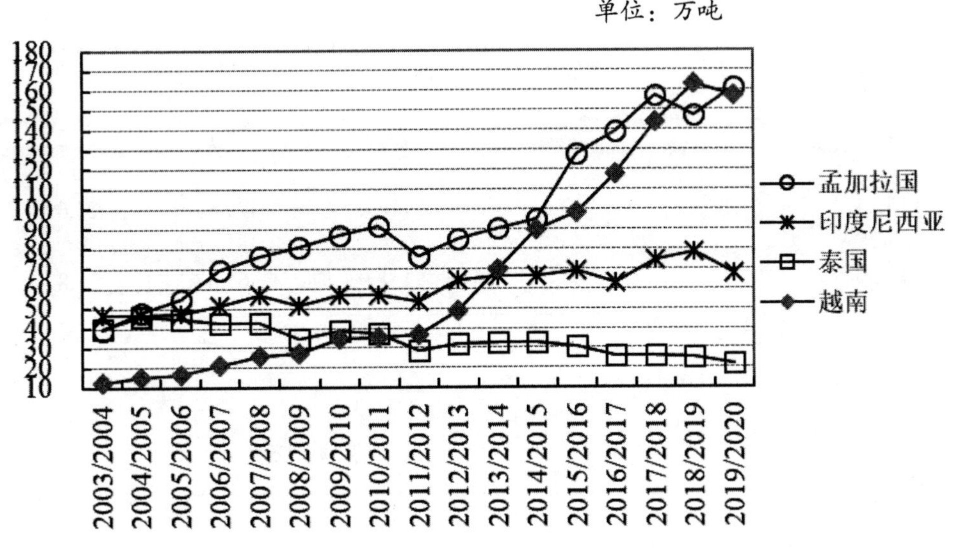

图 4-29　2003/2004 年度以来主要国家棉花消费量变化

表 4-48　2003/2004 年度以来主要国家棉花进口量预测统计表

（单位：万吨）

年度	中国	土耳其	巴基斯坦	孟加拉国	印度尼西亚	泰国	越南
2003/2004	192.3	51.6	39.3	39.2	46.8	36.5	11.8
2004/2005	139.0	74.3	38.2	49.0	47.9	49.7	15.0
2005/2006	419.9	76.2	35.2	53.3	47.9	41.2	15.1
2006/2007	230.5	87.7	50.2	70.8	52.3	41.5	21.3
2007/2008	251.0	71.1	85.1	78.4	58.8	42.0	26.3
2008/2009	152.3	63.6	41.7	82.7	52.3	34.9	27.2
2009/2010	237.4	95.7	34.3	87.1	58.8	39.3	36.9
2010/2011	260.8	72.9	31.4	92.5	56.6	38.1	34.2
2011/2012	534.2	51.9	19.6	71.9	54.4	27.5	35.4
2012/2013	442.6	80.4	39.2	84.9	65.3	32.9	52.5
2013/2014	307.5	92.4	26.1	89.3	65.3	33.7	69.7
2014/2015	152.4	82.7	32.7	96.9	67.5	34.3	93.1
2015/2016	119.7	82.7	43.5	125.2	67.5	31.6	100.2
2016/2017	98.0	80.6	47.9	137.2	63.1	26.7	119.8

续表

年度	中国	土耳其	巴基斯坦	孟加拉国	印度尼西亚	泰国	越南
2017/2018	115.4	76.2	58.8	157.9	75.1	27.2	150.2
2018/2019	152.4	63.1	63.1	176.4	79.5	25.6	165.5
2019/2020	196.0	87.1	91.4	158.9	67.5	21.8	156.8

资料来源：美国农业部（USDA）。

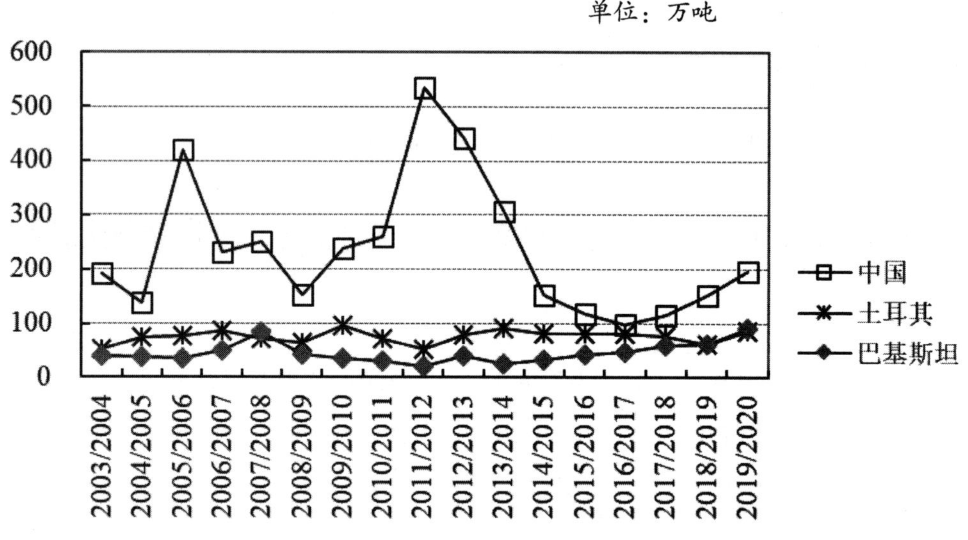

图 4-30　2003/2004 年度以来主要国家棉花进口量变化

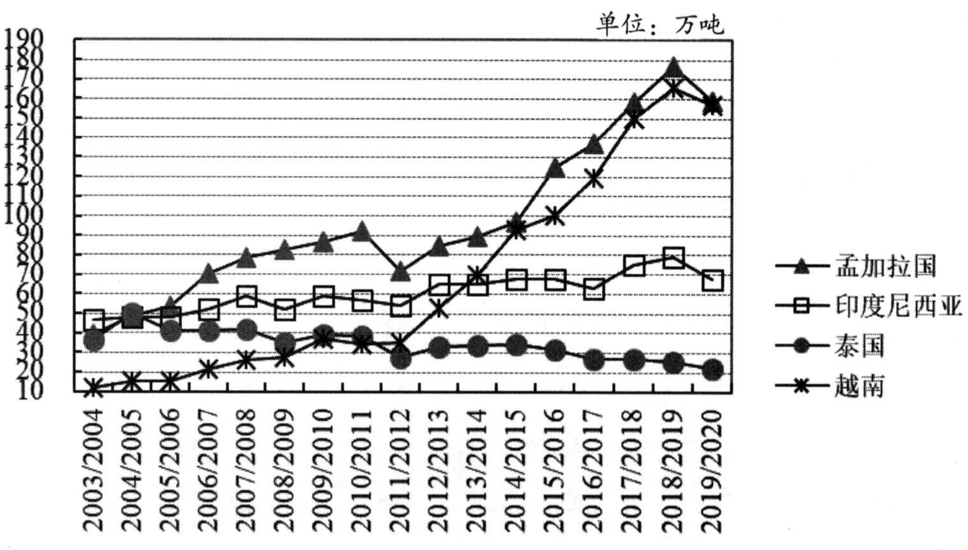

图 4-31　2003/2004 年度以来主要国家棉花进口量变化

表 4–49　2003/2004 年度以来主要国家棉花出口量预测统计表

（单位：万吨）

年度	美国	印度	乌兹别克斯坦	西非	澳大利亚	巴西
2003/2004	299.6	15.2	67.5	86.8	47.0	21.0
2004/2005	314.3	14.4	86.0	79.2	43.5	33.9
2005/2006	384.8	80.0	104.5	88.4	62.8	42.9
2006/2007	282.2	106.1	98.0	80.0	46.4	28.3
2007/2008	296.9	163.3	91.4	54.9	26.5	48.6
2008/2009	288.7	51.4	65.3	45.5	26.1	59.6
2009/2010	262.1	142.6	82.7	49.9	46.0	43.3
2010/2011	313.0	108.9	57.7	48.3	54.4	43.5
2011/2012	255.0	241.2	54.4	50.6	101.0	104.3
2012/2013	283.6	168.7	69.7	84.0	134.3	93.8
2013/2014	229.3	204.7	58.8	81.9	105.6	48.6
2014/2015	217.7	108.9	50.1	77.9	69.7	74.0
2015/2016	217.7	115.4	50.1	102.9	56.6	91.4
2016/2017	265.6	91.4	46.8	77.2	89.3	63.1
2017/2018	322.2	93.6	26.1	80.0	93.6	87.1
2018/2019	326.6	95.8	17.4	100.7	78.4	126.3
2019/2020	359.2	87.1	10.9	101.8	32.7	191.6

资料来源：美国农业部（USDA）。

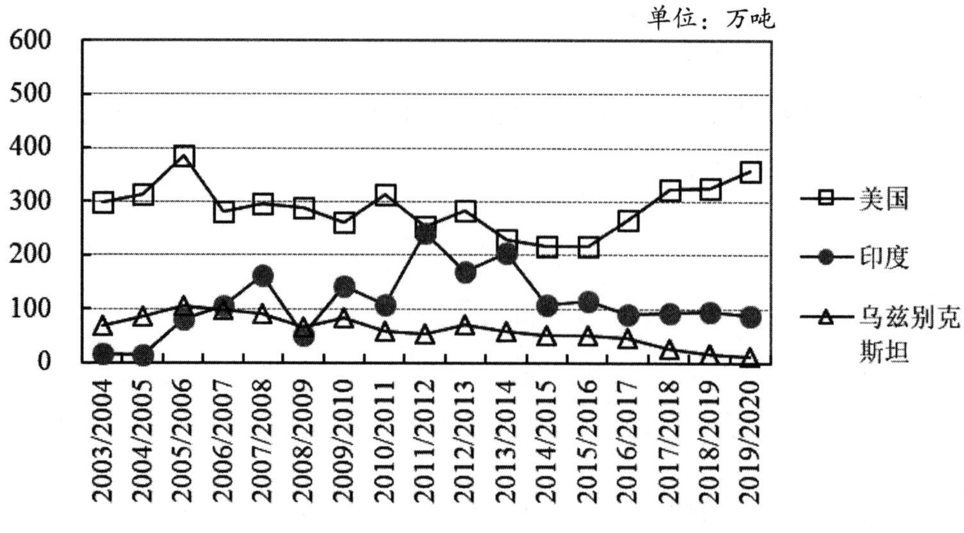

图 4-32 2003/2004 年度以来主要国家棉花出口量变化

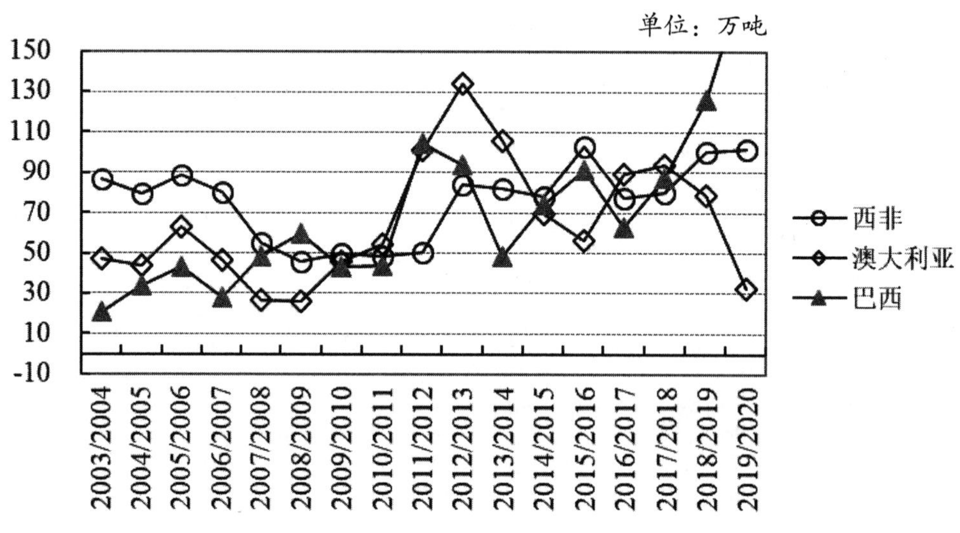

图 4-33 2003/2004 年度以来主要国家棉花出口量变化

表 4-50 2003/2004 年度以来主要国家棉花期末库存预测统计表

（单位：万吨）

年度	中国	印度	巴基斯坦	土耳其	美国	巴西	孟加拉国	印度尼西亚	泰国	墨西哥
2003/2004	413.3	91.1	68.2	32.2	75.1	97.7	8.2	8.0	8.6	24.9
2004/2005	400.4	190.8	107.7	39.0	119.6	106.3	10.5	8.2	12.5	28.7
2005/2006	490.7	170.7	100.1	35.4	132.1	78.7	10.8	7.9	8.9	28.8
2006/2007	447.1	170.5	92.3	40.3	206.4	117.7	12.9	7.7	7.7	22.4

续表

年度	中国	印度	巴基斯坦	土耳其	美国	巴西	孟加拉国	印度尼西亚	泰国	墨西哥
2007/2008	446.4	153.0	95.9	38.1	218.8	136.1	15.6	9.0	6.9	20.3
2008/2009	465.2	239.9	73.5	32.9	138.0	108.7	18.5	9.2	6.3	16.6
2009/2010	310.2	211.2	66.2	34.9	64.2	94.8	19.3	10.6	6.4	13.4
2010/2011	230.9	256.9	54.9	28.7	56.6	172.1	21.6	9.9	7.0	13.0
2011/2012	676.7	236.6	61.7	27.0	72.9	174.0	18.9	11.5	5.7	15.5
2012/2013	1096.5	260.6	59.0	28.6	82.7	126.3	21.0	13.2	5.8	14.1
2013/2014	1365.3	246.4	53.9	29.5	53.3	167.0	22.2	12.5	6.3	12.5
2014/2015	1353.3	296.5	58.8	35.0	106.7	161.0	26.8	14.0	7.3	15.2
2015/2016	1415.7	269.7	50.3	30.4	65.3	141.1	28.2	11.9	5.1	12.8
2016/2017	1041.8	256.8	56.4	31.7	104.5	148.3	33.7	11.5	4.8	11.3
2017/2018	863.7	287.0	53.1	38.7	126.3	180.4	39.6	14.5	4.9	14.0
2018/2019	661.2	175.8	51.3	36.5	95.8	227.1	45.3	14.4	3.9	15.3
2019/2020	723.8	272.5	47.2	38.0	119.7	263.5	39.3	11.5	3.4	15.7

资料来源：美国农业部（USDA）。

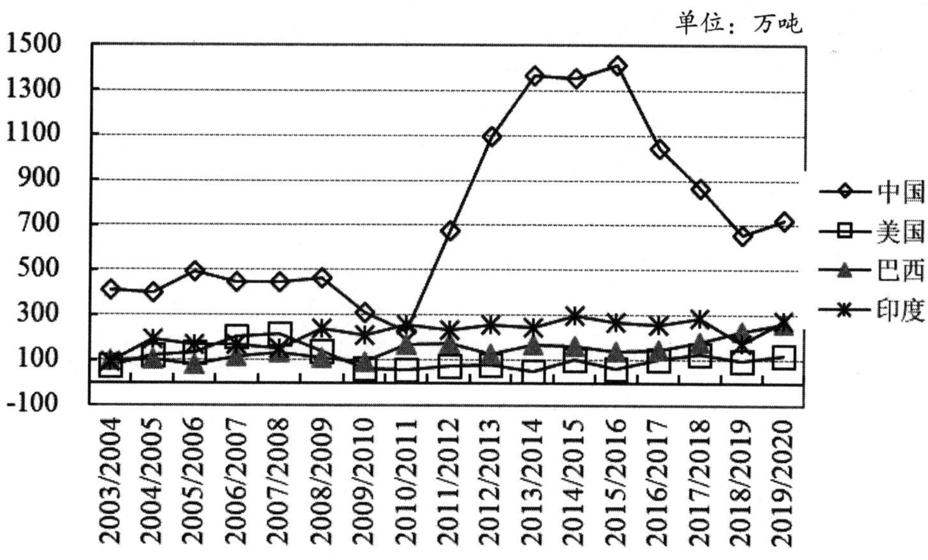

图 4–34　2003/2004 年度以来主要国家棉花期末库存变化

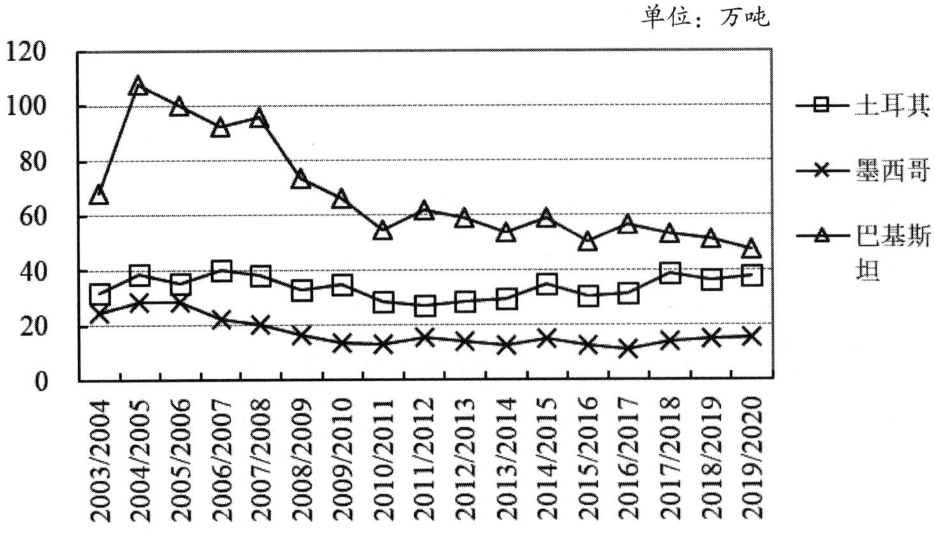

图 4–35　2003/2004 年度以来主要国家棉花期末库存变化

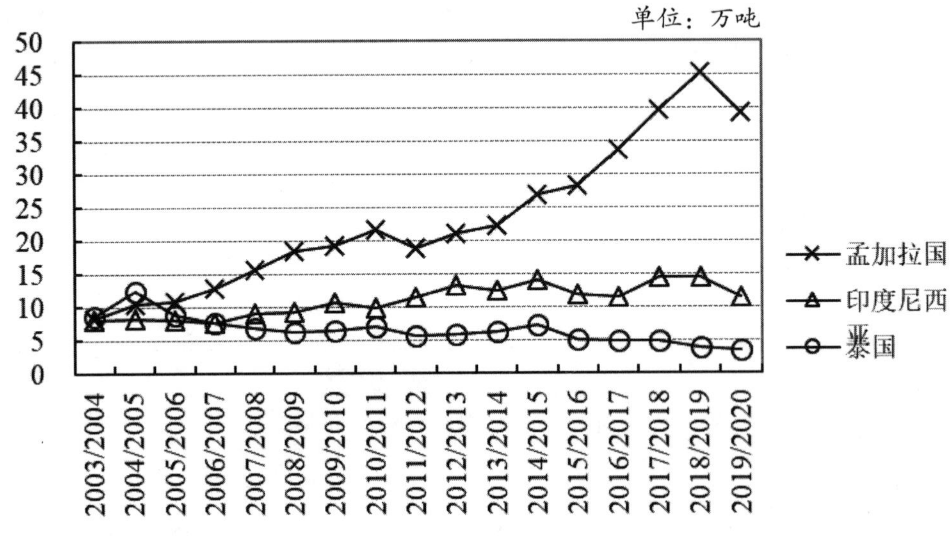

图 4–36　2003/2004 年度以来主要国家棉花期末库存变化

表 4–51　2017/2018 年度主要国家棉花产销存预测表

（单位：万吨）

国家和地区	期初库存	产量	进口量	消费量	出口量	期末库存
全球	1745.7	2647.4	948.7	2572.7	949.3	1815.8
美国	105.6	431.1	0.1	65.3	359.2	111
澳大利亚	34.2	14.7	0	0.8	28.3	19.9
巴西	266.9	283	0.5	74	191.6	284.8

续表

国家和地区	期初库存	产量	进口量	消费量	出口量	期末库存
中国	776.7	593.3	179.6	794.7	3.8	751
印度	202.8	642.3	50.1	533.4	78.4	283.3
孟加拉国	38.9	3	158.9	161.1	0	39.5
巴基斯坦	54.4	143.7	91.4	235.1	2.2	51.6
乌兹别克斯坦	25.2	76.2	0	71.8	6.5	23
越南	25.8	0.1	148.1	148.1	0	25.9

资料来源：美国农业部（USDA）。

表 4–52　2003/2004 年度以来全球棉花种植面积和单产统计表

（单位：亿亩、公斤 / 亩）

年度	种植面积	单产
2003/04	4.8	43.5
2004/05	5.4	49.3
2005/06	5.2	48.9
2006/07	5.2	51.4
2007/08	4.9	53.2
2008/09	4.6	51.3
2009/10	4.5	49.6
2010/11	5.1	50.6
2011/12	5.4	51.2
2012/13	5.1	52.2
2013/14	4.9	53.3
2014/15	5.1	50.8
2015/16	4.6	48.2
2016/2017	4.5	51.7
2017/2018	5.1	53.2
2018/2019	5.0	51.4
2019/20	5.2	51.0

数据来源：美国农业部（USDA）。

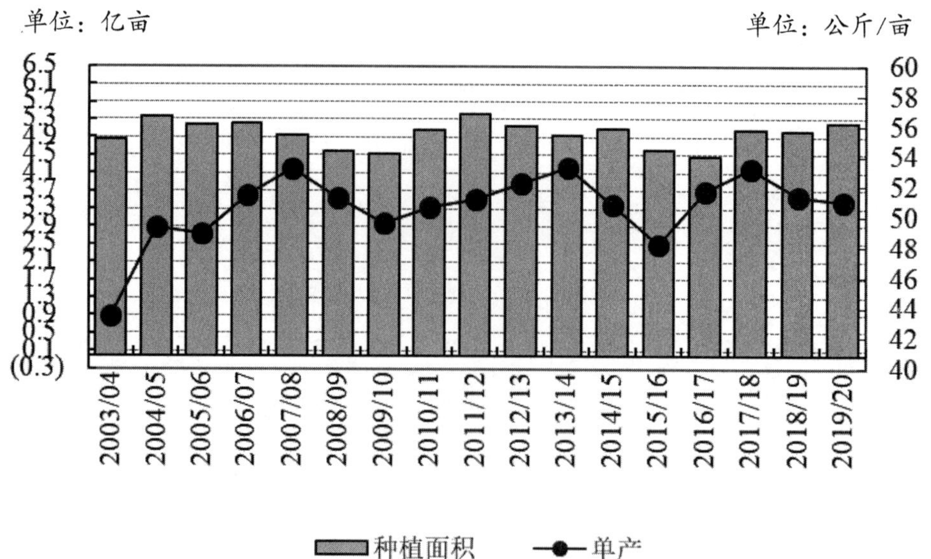

图 4–37　2003/2004 年度以来全球棉花种植面积和单产变化

表 4–53　2012/2013 年度以来 ICE 期货近月合约均价与美棉出口量对比表

（单位：万吨、美分 / 磅）

年度	美棉出口装运量	ICE 期货价格
2012/2013	283.6	79.41
2013/2014	231.96	84.29
2014/2015	240.41	63.55
2015/2016	199.3	63.08
2016/2017	326.55	72.99
2017/2018	346.29	79.86
2018/2019	298.44	72.16

数据来源：美国农业部（USDA）、美国洲际交易所（ICE）。

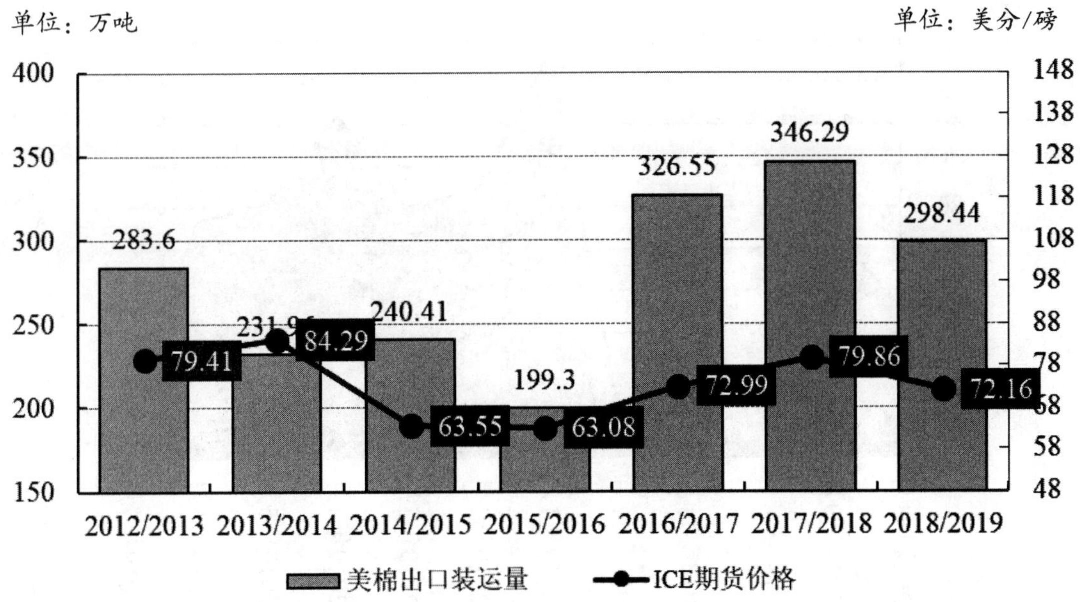

图 4-38 2012/2013 年度以来 ICE 期货近月合约均价与美棉出口量比较

表 4-54 2017/2018 年度美棉出口装运量分月统计表

（单位：万吨）

月份	美棉出口装运量	美棉对中国出口装运量	比重（%）
2018 年 8 月	17.93	1.84	10%
2018 年 9 月	27.12	1.31	5%
2018 年 10 月	15.86	1.37	9%
2018 年 11 月	16.01	1.92	12%
2018 年 12 月	4.11	2.27	55%
2019 年 1 月	48.45	0.48	1%
2019 年 2 月	32.39	4.42	14%
2019 年 3 月	30.25	3.16	10%
2019 年 4 月	41.22	3.55	9%
2019 年 5 月	30.49	5.47	18%
2019 年 6 月	28.42	2.70	10%
2019 年 7 月	6.19	1.90	31%

数据来源：美国农业部（USDA）。

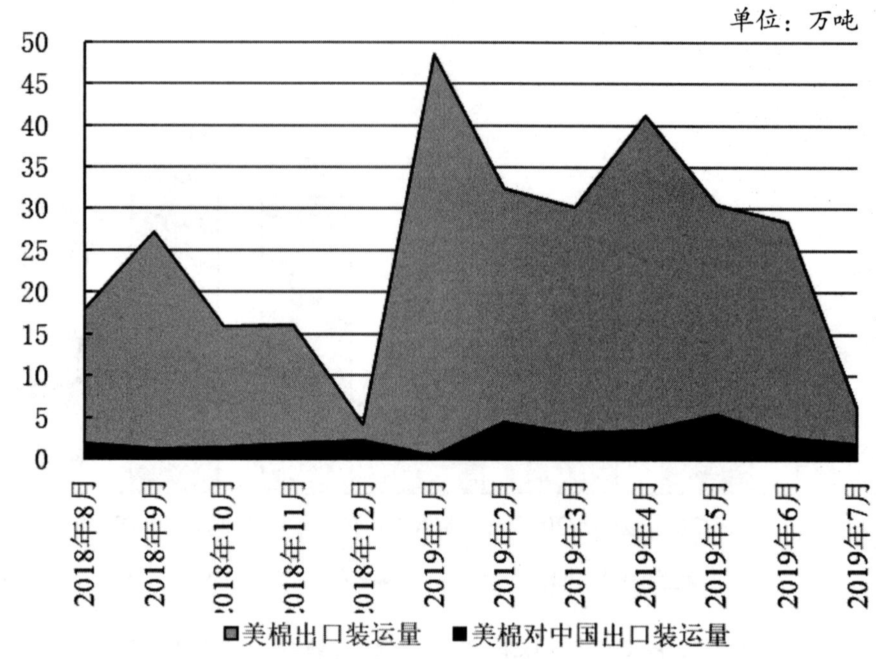

图 4-39　2017/2018 年度美棉出口装运量变化

第五部分

大事记

国 内 棉 花

2019 年中央一号文件

2019 年 2 月 19 日，中共中央、国务院发布《关于做好"三农"工作的若干意见》即中央一号文件。此次一号文件对于三农的要求更加具体，也对三农的发展做出了更清晰规划，有了更多的具体任务。其中涉棉内容包括恢复启动新疆优质棉生产基地建设，将糖料蔗"双高"基地建设范围覆盖到划定的所有保护区"、"在提质增效基础上，巩固棉花、油料、糖料、天然橡胶生产能力。

关于 2019 年棉花关税配额外优惠关税税率进口配额申请有关事项的公告

为保障纺织企业用棉需要，经研究决定，2019 年发放一定数量的棉花关税配额外优惠关税税率进口配额（简称棉花进口滑准税配额）。本次棉花进口滑准税配额数量为 80 万吨，全部为非国营贸易配额。棉花进口滑准税配额申请者基本条件为：2019 年 4 月 1 日前在工商管理部门登记注册；具有良好的财务状况、纳税记录和诚信情况; 2017 年以来在海关等方面无违法违规记录; 未列入"信用中国"网站受惩黑名单。在具备上述条件的前提下，申请者还必须为纺纱设备（自有）5 万锭及以上的棉纺企业。

关于组织 2019 年中央储备棉轮出销售的公告

为优化中央储备棉结构，确保质量良好，2019 年将对部分中央储备棉进行轮换。轮换时间为 2019 年 5 月 5 日至 2019 年 9 月 30 日期间的国家法定工作日，总量安排 100 万吨左右。实行均衡投放，原则上每工作日挂牌销售 1 万吨左右。挂牌销售底价随行就市动态确定，原则上与国内外棉花现货价格挂钩联动，由国内市场棉花现货价格指数和国际市场棉花现货价格指数各按 50% 的权重计算确定，每周调整一次。

关于 2019 年度中央储备棉轮入公告

为加强中央储备棉管理，进一步优化储备结构、提高储备质量，决定轮入部分新疆棉。轮入时间为 2019 年 12 月 2 日至 2020 年 3 月 31 日的国家法定工作日。轮入总量 50 万吨左右，每日挂牌竞买 7000 吨左右。轮入竞买最高限价（到库价格）随行就市动态确定，原则上与国内棉花现货价格挂钩联动并上浮一定比例，每周调整一次。轮入期间当内外棉价差连续三个工作日超过 800 元 / 吨时，暂停交易；当内外棉价差回落到 800 元 / 吨以内时，重新启动交易。轮入棉花质量要求为 2019/2020 年度生产加工且已纳入新疆棉花专业监管的锯齿细绒棉，每批颜色级白棉 1、2、3 级，长度级 28mm 及以上，马克隆值级 B 级及以上，断裂比强度中等及以上。

郑商所：将推动棉花期货引入境外合格交易者

郑州商品交易所 6 月 21 日发布《棉花期货服务棉花产业高质量发展白皮书》。其中指出，郑商所将推动棉花期货引入境外合格交易者。白皮书表示，未来一个时期，棉花产业的发展道路仍不平坦，影响棉纺产业平稳发展的不确定因素增加。在这样的背景下，棉花期货将以改革为主线，不断开拓创新，在服务棉花和纺织产业健康发展方面发挥更重要作用：第一，提升功能作用，推动产业提质增效；第二，扩大对外开放，增强国际影响力；第三，优化规则制度，夯实市场发展基础。

证监会批准开展棉花期权交易

证监会已于近日批准上海期货交易所开展天然橡胶期权交易、批准郑州商品交易所开展棉花期权交易，批准大连商品交易所开展玉米期权交易。天然橡胶、棉花和玉米期权合约正式挂牌交易时间为 2019 年 1 月 28 日。

国　内　纺　织

美国宣布将对约 2000 亿美元的中国产品加征 10% 进口关税

2018 年 9 月 17 日，美国宣布将于 9 月 24 日起对约 2000 亿美元的中国产品加征 10% 进口关税，并将于 2019 年 1 月 1 日起将税率提升至 25%。对于我国纺织业而言，该清单中仍包括 50 至 60 章中的 917 项关税细目，涉及全部种类的纺织纱线、织物、产业用制成品以及部分家用纺织品等，涉及产品年出口额超过 40 亿美元。

国务院从 11 月 1 日起降低部分商品进口关税纺织品由 11.5% 降至 8.4%

2018 年 9 月 26 日，国务院总理李克强主持召开国务院常务会议，确定推动外商投资重大项目落地、降低部分商品进口关税和加快推进通关便利化的措施，促进更高水平对外开放。会议决定，适应产业升级、降低企业成本和群众多层次消费等需求，从今年 11 月 1 日起，降低 1585 个税目工业品等商品进口关税税率，将纺织品、建材等商品平均税率由 11.5% 降至 8.4%，并对同类或相似商品减并税级。我国关税总水平将由上年的 9.8% 降至 7.5%。

2019 年我国实施更大规模实施减税降费举措

2019 年 3 月 5 日上午 9 时，十三届全国人大二次会议开幕会在人民大会堂举行，国务院总理李克强代表国务院向十三届全国人大二次会议作政府工作报告时指出，深化增值税改革，将制造业等行业现行 16% 的税率降至 13%，将交通运输业、建筑业等行业现行 10% 的税率降至 9%，确保主要行业税负明显降低；保持 6% 一档的税率不变，但通过采取对生产、生活性服务业增加税收抵扣等配套措施，确保所有行业税负只减不增，继续向推进税率三档并两档、税制简化方向迈进。

中巴签署自贸协定第二阶段议定书，棉纺织品有望纳入关税减让范围

2019 年 4 月 28 日，商务部副部长兼国际贸易谈判副代表俞建华与巴基斯坦驻华大使马苏德 · 哈立德签署《中华人民共和国政府和巴基斯坦伊斯兰共和国政府关于修订 < 自由贸易协定 >

的议定书》。巴方将中方重点关注的机电、家具、纺织、磷肥、玻璃制品、汽车及摩托车零部件等出口优势产品纳入关税减让。中方将巴方重点关注的棉纱、皮革、服装、水产品、坚果等出口优势产品纳入关税减让。

国 际 市 场

中美贸易战危及全球棉花和纺织业

中美贸易争端在2018/2019年度持续发酵、几度升级，对全球棉花和纺织市场产生深刻影响，棉花市场由牛市转为熊市，其结果体现在以下几个方面：1）国际棉价大幅下跌。2018/2019年度，中美贸易战波折反复、屡次升级给棉花市场带来一次次冲击。整个年度，ICE期货呈现单边下跌走势，跌幅达30%。2）美棉出口下降，非美棉出口增加。受中国对美棉加征25%关税影响，美棉在中国市场的竞争优势丧失，非美棉对中国出口实现大幅增长。3）棉花消费减少。棉价大幅下跌破坏了整个纺织产业链的正常秩序，市场信心的集体缺失导致棉花消费量减少。中美贸易战还威胁到全球经济增长，继而导致全球棉花消费增长减慢。

中国和巴基斯坦签订第二阶段自由贸易协定

2019年4月28日，中巴签署《中华人民共和国政府和巴基斯坦伊斯兰共和国政府关于修订<自由贸易协定>的议定书》。7月1日《协定书》生效后，中巴两国间相互实施零关税产品的税目数比例将从此前的35%逐步增加至75%，巴基斯坦棉纱在关税减免之列，这将大大推动巴基斯坦棉纱对中国的出口。

巴西棉异军突起，棉花产量和出口猛增

2018/2019年度，中美贸易战和澳棉减产给巴西棉带来巨大机遇，巴西棉凭借其不断提高的质量和出口供应量在出口市场上大放异彩，棉花生产和出口迎来历史性转变，成为仅次于美棉的第二大出口品种。

美国、印度、澳大利亚棉花大幅减产

2018年10月份，飓风“佛罗伦斯”和“迈克尔”接连重创美国主产棉区，美国新棉损失超过100万包，新棉单产和质量下降。根据美国农业部预测，2018/2019年度美国棉花产量同比减少55.6万吨至400万吨。由于季风雨不佳，印度棉花产量同比大幅减少11%至561.7万吨，为近三年最低值。受厄尔尼诺气候影响，2018年开始澳大利亚旱情不断发展，降雨量极其稀少，灌溉田和旱地田因缺少灌溉水和降雨单产大受影响。据美国农业部统计，2018/2019年度澳大利亚棉花产量仅47.9万吨，同比减少54%。

宏 观 经 济

中国人民银行再增加再贷款和再贴现额度1500亿元

2018年10月22日，为改善小微企业和民营企业融资环境，人民银行在2018年6月增加了再贷款和再贴现额度1500亿元，现决定在此基础上，再增加再贷款和再贴现额度1500亿元，发挥其定向调控、精准滴灌功能，支持金融机构扩大对小微、民营企业的信贷投放。

习近平对自由贸易试验区建设做出重要指示

2018年10月24日，习近平对自由贸易试验区建设做出重要指示强调，继续解放思想积极探索，加强统筹谋划改革创新，把自由贸易试验区建设成为新时代改革开放新高地。

财政部调整部分产品出口退税率

2018年10月25日，财政部发布《关于调整部分产品出口退税率的通知》称，为进一步简化税制、完善出口退税政策，对部分产品增值税出口退税率进行调整，将部分农产品、砖、瓦、玻璃纤维等产品出口退税率提高至10%。取消豆粕出口退税。

时隔五年中日重启货币互换，协议规模2000亿元人民币

2018年10月26日，央行网站显示，经国务院批准，中国人民银行与日本银行签署了中日双边本币互换协议，协议规模为2000亿元人民币/34000亿日元，协议有效期三年，经双方同意可以展期。

中国10月官方制造业PMI创2016年7月以来新低

国家统计局10月31日公布的数据显示，2018年10月份，中国制造业采购经理指数（PMI）为50.2%，创2016年7月以来新低，比上月回落0.6个百分点，制造业总体继续运行在扩张区间，但扩张速度放缓。

习近平同美国总统特朗普通电话

2018年11月1日，国家主席习近平同美国总统特朗普通电话，双方领导人将在G20峰会进行会晤，就一些重大问题进行深入探讨。特朗普表示美方重视美中经贸合作，愿继续扩大对华出口。两国经济团队有必要加强沟通磋商。

习近平在进口博览会上宣布开放举措

2018年11月5日，国家主席习近平在进口博览会上宣布，中国将进一步降低关税；稳步扩大金融业和其他领域的开放；将保护外资企业合法权益，依法惩处侵犯知识产权行为；将增设上海自贸区的新片区；将在上交所设立科创板并试点注册制。

央行开展4035亿元中期借贷便利（MLF）操作

2018年11月5日，央行公告开展1年期中

期借贷便利（MLF）操作4035亿元，操作利率3.3%，无逆回购操作。当日有4035亿元MLF到期，因当日无逆回购到期，而MLF操作规模等额对冲当日到期，故以考虑MLF的全口径计算，单日既无净投放亦无净回笼。

美联储暗示12月加息

2018年11月9日，美联储在结束为期两天的货币政策例会后宣布，将联邦基金利率目标区间维持在2%至2.25%的水平不变，并表示进一步加息符合美国经济状况与美联储货币政策目标，但指出企业投资放缓。正如市场此前共识，美联储暂不加息，但决策者保留12月实施年内第四次加息的可能性，自2015年底以来已经实施了八次加息。

中美就经贸问题达成共识，停止升级关税

2018年12月1日，国家主席习近平与美国总统特朗普在阿根廷布宜诺斯艾利斯举行会晤。两国元首讨论了中美经贸问题并达成了共识。双方决定，停止升级关税等贸易限制措施，包括不再提高现有针对对方的关税税率，及不对其他商品出台新的加征关税措施，推动双边经贸关系尽快回到正常轨道，实现双赢。

央行中央政治局召开经济工作会议

2018年12月13日，中共中央政治局召开会议，分析研究2019年经济工作，会议指出，保持经济运行在合理区间，进一步稳就业、稳金融、稳外贸、稳外资、稳投资、稳预期，提振市场信心。

美国总统特朗普再表达乐观预期：中美很快达成重大贸易协议

2018年12月16日，外媒称，美国总统特朗普14日预测中美将在不远的未来达成一项重大贸易协议。另据路透社12月14日报道，美国贸易代表办公室14日正式把对中国的2000亿美元产品加征关税的时间调整为美国东部时间2019年3月2日凌晨0时01分。

美财长姆努钦：中美计划在1月举行会谈，争取在最后期限前达成协议

当地时间12月18日，美国财政部部长姆努钦表示，美国和中国计划在2019年1月举行贸易会谈，争取在最后期限前达成协议。姆努钦还表示，双方最近几周进行了几次电话交谈，并计划进一步举行正式会谈。

商务部：中美举行经贸问题副部级通话

2018年12月19日，香港万得通讯社报道，商务部网站发布消息称，12月19日，中美举行经贸问题副部级通话，就双方关心的问题进行沟通。

央行创设定向中期借贷便利（TMLF），新增再贷款和再贴现额度1000亿元

2018年12月19日，为加大对小微企业、民营企业的金融支持力度，中国人民银行决定创设定向中期借贷便利（Targeted Medium-term Lending Facility，TMLF），根据金融机构对小微企业、民营企业贷款增长情况，向其提供长期稳定资金来源。定向中期借贷便利资金可使用三年，操作利率比中期借贷便利（MLF）利率优惠15个基点，目前为3.15%。

美联储年内第四次加息落地，下调明年加息预期至两次

2018年12月19日，美联储宣布加息25个基点至2.25%—2.5%区间，接近决策者所估计的2.5%—3.5%的中性利率底部区域，这是美联储年内的第四次加息，也是2015年12月美联储开启本轮加息周期以来的第九次加息。

中国商务部：中美有计划于2019年1月举行贸易磋商

2018年12月20日，商务部新新闻发言人高峰表示，中美元首会晤以来，双方工作团队保持了十分密切的沟通，已经就磋商的议题和安排进行了详细讨论。双方将根据磋商进展的需要，随时安排包括会面、通话在内的磋商活动，推动落实中美两国元首会晤的共识。

国务院金融稳定发展委员会召开资本市场改革与发展座谈会

2018年12月20日，央行副行长、国务院金融稳定发展委员会办公室副主任刘国强住持会议，听取对当前资本市场改革发展的意见建议。会议认为，要贯彻中央关于进一步深化改革开放的精神，坚决落实市场化原则，推动法制化建设，减少对交易的行政干预。

商务部：中美经贸磋商继续推进

商务部12月23日发布消息称，12月21日，中美双方进行副部级通话，再次就彼此共同关心的贸易平衡、加强知识产权保护等问题深入交换意见，取得新的进展。双方还讨论了下次通话和互访的有关安排。

国务院关税税则委员会：对706项商品实施进口暂定税率

12月24日，为积极扩大进口，削减进口环节制度性成本，助力供给侧结构性改革，自2019年1月1日起对706项商品实施进口暂定税率，适当降低棉花滑准税和部分毛皮进口暂定税率。

中央农村工作会议在京召开，习近平对做好“三农”工作做出重要指示

2019年1月2日，中央农村工作会议在京召开，习近平在会上强调，2018年农业农村发展取得了新成绩，粮食再获好收成，乡村振兴开局良好。2019年是决胜全面建成小康社会第一个百年奋斗目标的关键之年，做好“三农”工作对有效应对各种风险挑战、确保经济持续健康发展和社会大局稳定具有重大意义。

央行调整普惠金融定向降准小型和微型企业贷款考核标准

2019年1月2日，央行公告，自2019年起，将普惠金融定向降准小型和微型企业贷款考核标准由“单户授信小于500万元”调整为“单户授信小于1000万元”。这有利于扩大普惠金融定向降准优惠政策的覆盖面，引导金融机构更好地满足小微企业的贷款需求，使更多的小微企业受益。

中美将于1月7日—8日举行经贸问题副部级磋商

1月4日上午，商务部新闻发言人表示，中美双方举行副部级通话，确认美国副贸易代表格里什将于1月7日至8日率领美方工作组访华，与中方工作组就落实两国元首阿根廷会晤重要共识进行积极和建设性讨论。

证监会批准开展天然橡胶、玉米和棉花期权交易

证监会已于近日批准上海期货交易所开展天然橡胶期权交易、批准郑州商品交易所开展棉花期权交易，批准大连商品交易所开展玉米期权交易。天然橡胶、棉花和玉米期权合约正式挂牌交易时间为2019年1月28日。

降准：央行决定于2019年1月下调金融机构存款准备金率，置换部分中期借借贷便利

1月4日，中国人民银行决定下调金融机构存款准备金率1个百分点。2019年1月15

日和1月25日分别下调0.5个百分点。同时，2019年一季度到期的中期借贷便利（MLF）不再续做。

央行行长易纲：1月下旬将实施首次定向中期借贷便利（TMLF）操作

1月9日，央行行长易纲表示，人民银行进一步强化逆周期调节，着力缓解信贷供给的制约因素，有利于保持流动性合理充裕和金融市场利率合理稳定，引导货币信贷合理增长。同时坚持以供给侧结构性改革为主线，将逆周期调节措施与补短板、加强长期制度建设结合起来，着力提高对民营、小微企业等实体经济的支持力度。

统计局：2018年全年CPI同比上涨2.1%

2018年全年CPI同比上涨2.1%，远低于3%的通胀控制目标。随着去年12月PPI涨幅超预期回落至两年低位的0.9%，且市场普遍预期未来PPI还会继续下行，PPI与CPI剪刀差持续收窄，通胀压力进一步下行。分析人士认为，通胀下行将为稳增长拓宽货币政策空间，短期内货币政策或适度加大宽松力度支持基建补短板。

商务部：中美双方在北京举行经贸问题副部级磋商

北京时间1月10日上午，中国商务部发布声明表示，1月7日至9日，中美双方在北京举行经贸问题副部级磋商。双方积极落实两国元首重要共识，就共同关注的贸易问题和结构性问题进行了广泛、深入、细致的交流，增进了相互理解，为解决彼此关切问题奠定了基础。双方同意继续保持密切联系。

刘鹤率领中方代表团抵达美国磋商

中共中央政治局委员、国务院副总理、中美全面经济对话中方牵头人刘鹤率领中方代表团于当地时间28日下午抵达华盛顿，将同美方就中美经贸问题举行高级别磋商。中方代表团成员包括中国人民银行行长易纲，国家发展和改革委员会副主任宁吉喆，中央财经委员会办公室副主任、财政部副部长廖岷。

中共中央、国务院发布《关于坚持农业农村优先发展做好“三农”工作的若干意见》

2月19日，中共中央、国务院发布《关于坚持农业农村优先发展做好“三农”工作的若干意见》。《意见》指出，在提质增效基础上，巩固棉花、油料、糖料、天然橡胶生产能力。加快推进并支持农业走出去，加强“一带一路”农业国际合作，主动扩大国内紧缺农产品进口，拓展多元化进口渠道，培育一批跨国农业企业集团，提高农业对外合作水平，扩大农业大灾保险试点和“保险＋期货”试点，支持重点领域特色农产品期货期权品种上市

第七轮中美经贸磋商取得进展，美延后对华加征关税

美国当地时间2月24日下午，第七轮中美经贸高级别磋商在美国首都华盛顿结束。美国总统特朗普表示，磋商取得实质性进展，美国将延后原定于3月1日对中国产品加征关税的措施。

美联储主席鲍威尔：重申美联储计划在2019年稍晚结束缩表行动

2月28日，美联储主席鲍威尔重申，美联储计划在2019年稍晚结束缩表行动；若美联储资产负债表造成未意识到的亏损，那不会影响到美联储的政策；美联储已经制定资产负债表计划的框架，希望很快宣布。

政府工作报告：实施更大规模减税，确保所有行业税负只减不增

3月5日，政府工作报告指出，实施更大规

模的减税。普惠性减税与结构性减税并举，重点降低制造业和小微企业税收负担。深化增值税改革，将制造业等行业现行 16% 的税率降至 13%，将交通运输业、建筑业等行业现行 10% 的税率降至 9%，确保主要行业税负明显降低；保持 6% 一档的税率不变，但通过采取对生产、生活性服务业增加税收抵扣等配套措施，确保所有行业税负只减不增。

美联储：预计今年内不加息，9 月底将停止缩表

美国东部时间 3 月 20 日周三，美联储公布的声明显示，全体美联储货币政策委员会 FOMC 成员一致投票同意，保持 2.25%—2.5% 的联邦基金利率目标区间不变。联储表示，有意从今年 5 月起，将每月缩减资产负债表（缩表）计划的美国国债最高减持规模从当前的 300 亿美元降至 150 亿美元，到 9 月末停止缩表。

商务部：中美将于 3—4 月举行第八轮和第九轮高级别贸易磋商

在 3 月 21 日举行的商务部新闻发布上，新闻发言人高峰对媒体证实，中共中央政治局委员、国务院副总理、中美全面经济对话中方牵头人刘鹤与美国贸易代表莱特希泽、美国财政部长姆努钦，近期就中美经贸问题举行多轮电话磋商。双方商定莱特希泽、姆努钦将于 3 月 28 日到 29 日应邀访华，在北京举行第八轮中美经贸高级别磋商，刘鹤副总理将于 4 月初应邀访美，在华盛顿举行第九轮中美经贸高级别磋商。

第十轮中美经贸高级别磋商在京举行

5 月 1 日，中共中央政治局委员、国务院副总理、中美全面经济对话中方牵头人刘鹤与美国贸易代表莱特希泽、财政部长姆努钦在北京举行第十轮中美经贸高级别磋商。双方按照既定安排，将于下周在华盛顿举行第十一轮中美经贸高级别磋商。

央行：5 月 15 日开始对部分中小银行实行较低的优惠存款准备金率

中国人民银行决定从 2019 年 5 月 15 日开始，对聚焦当地、服务县域的中小银行，实行较低的优惠存款准备金率。对仅在本县级行政区域内经营，或在其他县级行政区域设有分支机构但资产规模小于 100 亿元的农村商业银行，执行与农村信用社相同档次的存款准备金率，该档次目前为 8%。约有 1000 家县域农商行可以享受该项优惠政策，释放长期资金约 2800 亿元，全部用于发放民营和小微企业贷款。

国务院关税税则委员会对原产于美国的部分进口商品提高加征关税税率

5 月 13 日，国务院关税税则委员会宣布对 2493 个税目商品，实施加征 25% 的关税；对 1078 个税目商品，实施加征 20% 的关税；对 974 个税目商品，实施加征 10% 的关税。对 595 个税目商品，仍实施加征 5% 的关税。

中国将建立“不可靠实体清单”制度

5 月 31 日，中国宣布将建立“不可靠实体清单”制度。对不遵守市场规则、背离契约精神、出于非商业目的对中国企业实施封锁或断供，严重损害中国企业正当权益的外国企业、组织或个人，将列入“不可靠实体清单”，具体措施将于近日公布。

央行：增加再贴现和常备借贷便利额度 3000 亿元，加强对中小银行流动性支持

央行决定于 2019 年 6 月 14 日增加再贴现额度 2000 亿元、常备借贷便利额度 1000 亿元，加强对中小银行流动性支持，保持中小银行流动性充足。中小银行可使用合格债券、同业存单、票据等作为质押品，向人民银行申请流动性支持。

国家主席习近平应约同美国总统特朗普通电话

6月18日，国家主席习近平应约同美国总统特朗普通电话。特朗普表示期待着同习近平主席在二十国集团领导人大阪峰会期间再次会晤，就双边关系和共同关心的问题进行深入沟通。美方重视美中经贸合作，希望双方工作团队能展开沟通，尽早找到解决当前分歧的办法。习近平指出，中美合则两利、斗则俱伤，双方应该按照共识，在相互尊重、互惠互利基础上，推进以协调、合作、稳定为基调的中美关系。中美作为全球最大的两个经济体，要共同发挥引领作用，推动二十国集团大阪峰会达成积极成果，为全球市场注入信心和活力。

中美两国元首同意重启两国经贸磋商

在6月29日举行的中美元首会晤中，国家主席习近平和美国总统特朗普同意，中美双方在平等和相互尊重的基础上重启经贸磋商。美方表示不再对中国出口产品加征新的关税。两国经贸团队将就具体问题进行讨论。

美国政府宣布将豁免中国110项产品的关税

美国政府7月9日宣布，将豁免中国110项输美产品的关税，包括医疗设备及电子元件等产品。这些关税豁免将针对去年7月6日，美国对中国价值340亿美元进口产品所施加的25%关税。豁免有效期将追溯至关税实施当日，并自周二起延长一年。

第十二轮中美经贸高级别磋商在上海举行

7月30—31日，中共中央政治局委员、国务院副总理、中美全面经济对话中方牵头人刘鹤与美国贸易代表莱特希泽、财政部长姆努钦在上海举行第十二轮中美经贸高级别磋商。双方按照两国元首大阪会晤重要共识要求，就经贸领域共同关心的重大问题进行了坦诚、高效、建设性的深入交流。双方还讨论了中方根据国内需要增加自美农产品采购以及美方将为采购创造良好条件。双方将于9月在美举行下一轮经贸高级别磋商。

央行回应人民币汇率“破7”：完全能够在合理均衡水平上保持基本稳定

8月5日，中国人民银行有关负责人就人民币汇率接受采访时称，受单边主义和贸易保护主义措施及对中国加征关税预期等影响，今日人民币对美元汇率有所贬值，突破了7元，但人民币对一篮子货币继续保持稳定和强势，这是市场供求和国际汇市波动的反映。人民银行有经验、有信心、有能力保持人民币汇率在合理均衡水平上基本稳定。

中国人民银行关于美国财政部将中国列为“汇率操纵国”的声明

8月6日，美国财政部将中国列为“汇率操纵国”，中方对此深表遗憾。这一标签不符合美财政部自己制订的所谓“汇率操纵国”的量化标准，是任性的单边主义和保护主义行为，严重破坏国际规则，将对全球经济金融产生重大影响。

中国相关企业暂停新的美国农产品采购

8月6日，从国家发展改革委、商务部相关方面获悉，由于日前美方宣称拟对3000亿美元中国输美商品加征10%关税，严重违背中美两国元首大阪会晤共识，国务院关税税则委员会对8月3日后新成交的美国农产品采购暂不排除进口加征关税，中国相关企业已暂停采购美国农产品。中方有关部门表示，中国市场容量大，进口美国优质农产品前景光明，但希望美方认真落实中美两国元首大阪会晤达成的共识，言而有信，落实承诺，为两国农业领域合作创造必要条件。

中美经贸高级别磋商双方牵头人通话

8月13日晚，中共中央政治局委员、国务院副总理、中美全面经济对话中方牵头人刘鹤应约与美国贸易代表莱特希泽、财政部长姆努钦通话。中方就美方拟于9月1日对中国输美商品加征关税问题进行了严正交涉。双方约定在未来两周内再次通话。

国务院关税税则委员会：美加征关税违背共识，将采取反制措施

国务院关税税则委员会有关负责人发表讲话，针对美国贸易代表办公室宣布将对约3000亿美元自华进口商品加征10%关税，国务院关税税则委员会有关负责人表示，美方此举严重违背中美两国元首阿根廷会晤共识和大阪会晤共识，背离了磋商解决分歧的正确轨道。中方将不得不采取必要的反制措施。

商务部：中方坚决反对贸易战升级，愿以冷静的态度通过磋商与合作解决分歧

商务部新闻发言人高峰8月29日在例行新闻发布会上表示，中方坚决反对贸易战升级，愿以冷静的态度通过磋商与合作解决问题。贸易战升级不利于中国，不利于美国，也不利于全世界人民的利益。中方的反制手段是充足的，但在当前形势下，中方认为应该讨论的问题是取消对5500亿美元中国输美商品进一步加征关税，防止贸易战继续升级，中方正就此与美方严正交涉。希望美方拿出诚意和实际行动，与中方相向而行，在平等和相互尊重的基础上推动中美经贸问题妥善解决。

政策文件

第六部分

国家发展改革委关于2019年粮棉进口关税配额申领条件和分配原则的公告

【发布单位】国家发展改革委
【发布日期】2018年10月12日

根据《农产品进口关税配额管理暂行办法》，制定了《2019年粮食进口关税配额申领条件和分配原则》和《2019年棉花进口关税配额申领条件和分配原则》，现予以公告。

附件：1. 2019年粮食进口关税配额申领条件和分配原则

2. 2019年棉花进口关税配额申领条件和分配原则

国家发展改革委

2018年10月12日

附件1

2019年粮食进口关税配额申领条件和分配原则

根据《农产品进口关税配额管理暂行办法》（商务部、国家发展和改革委员会令2003年第4号），现将2019年粮食进口关税配额数量、申领条件和分配原则公布如下：

一、配额数量

2019年粮食进口关税配额量为：小麦963.6万吨，国营贸易比例90%；玉米720万吨，国营贸易比例60%；大米532万吨（其中：长粒米266万吨、中短粒米266万吨），国营贸易比例50%。

二、申领条件

2019年粮食进口关税配额申请者基本条件为：2018年10月1日前在市场监督管理部门登记注册；2017年以来在海关等方面无违法违规记录；未列入“信用中国”网站受惩黑名单；没有违反《农产品进口关税配额管理暂行办法》的行为。

在具备上述条件的前提下，粮食进口关税配额申请者还必须符合下列条件之一：

（一）小麦

1. 国营贸易企业；

2. 2018年有进口实绩（不包括代理进口）的企业；

3. 2017年或2018年小麦用量10万吨以上的面粉生产企业；

4. 2017年或2018年面粉用量5万吨以上的食品生产企业；

5. 2018年无进口实绩，但有进出口经营权和由所在地商务部门出具的2018年度加工贸易企业经营状况及生产能力证明、以小麦或面粉为原料从事加工贸易的企业。

（二）玉米

1. 国营贸易企业；

2. 2018年有进口实绩（不包括代理进口）的企业；

3. 2017年或2018年玉米用量5万吨以上的饲料生产企业；

4. 2017年或2018年玉米用量15万吨以上的其他生产企业；

5. 2018年无进口实绩，但有进出口经营权和由所在地商务部门出具的2018年度加工贸易企业经营状况及生产能力证明、以玉米为原料从事加工贸易的企业。

（三）大米（长粒米和中短粒米需分别申请）

1. 国营贸易企业；

2. 2018年有进口实绩（不包括代理进口）的企业；

3. 具有粮食批发零售资格，2017年或2018年大米销售额1亿元人民币以上的粮食企业；

4. 2017年或2018年大米用量5万吨以上的食品生产企业；

5. 2018年无进口实绩，但有进出口经营权和由所在地商务部门出具的2018年度加工贸易企业经营状况及生产能力证明、以大米为原料从事加工贸易的企业。

拥有多家加工厂的集团企业，须以各个加工厂名义独立申报、独立使用进口配额。

三、申请时间

2019年粮食进口关税配额申请时间为2018年10月15日至30日。

申请者可到国家发展改革委授权机构领取，或从国家发展改革委网站（http://www.ndrc.gov.cn）下载《2019年粮食进口关税配额申请表》，并如实填写。

国家发展改革委各授权机构负责受理属地范围内的企业申请，并于2018年11月30日前将企业申请表转报国家发展改革委，同时抄报商务部。

企业申报有关信息将在国家发展改革委网站上公示。

四、分配原则

上述粮食进口关税配额将根据申请者的实际生产经营能力（包括历史生产加工、进口实绩、经营情况等）和其他相关商业标准进行分配。

五、其他要求

（一）申请者对其提交申请材料和信息的真实性承担主体责任，不得有任何隐瞒或提供虚假信息。对虚假申报或拒不履行承诺的失信者，有关部门将按照国家有关规定适时采取相应惩戒措施。对伪造有关资料骗取粮食进口关税配额证的，除依法收缴其配额证外，两年内不再受理其进口关税配额的申请。对伪造、变造或者买卖《农产品进口关税配额证》的，将依照有关法律规定追究其刑事责任。

（二）申请者获得的上述粮食进口关税配额必须自用，进口的货物须由本企业加工经营。其中，进口小麦、玉米的生产企业须在本厂加工使用；进口大米的贸易企业须以本企业名义组织销售。

（三）获得粮食进口关税配额的企业要积极配合国家发展改革委及其授权机构组织开展粮食进口关税配额申请、使用情况监督检查。

附表

2019 年粮食进口关税配额申请表

<table>
<tr><td colspan="4">企业名称：</td><td colspan="2" rowspan="2">统一社会信用代码：</td></tr>
<tr><td colspan="4">企业注册地址：</td></tr>
<tr><td colspan="4">企业性质：□国有　□股份制　□民营　□外商投资</td><td colspan="2">联系电话：</td></tr>
<tr><td colspan="2">注册资本（万元）：</td><td colspan="2">□ 2017 年　□ 2018 年纳税额（万元）：</td><td colspan="2">□ 2017 年　□ 2018 年资产负债率：</td></tr>
<tr><td colspan="3" rowspan="2">申请农产品配额名称：
加工贸易：</td><td rowspan="2">申请数量（吨）</td><td colspan="2">一般贸易：</td></tr>
<tr><td colspan="2">加工贸易：</td></tr>
<tr><td colspan="2">□ 2018 年有该农产品一般贸易进口实绩者</td><td colspan="3">□ 2018 年有该农产品加工贸易进口实绩者</td><td>□ 2018 年无该农产品进口实绩者</td></tr>
<tr><td colspan="6">以下由生产企业填写</td></tr>
<tr><td rowspan="8">企业生产经营情况</td><td rowspan="5">一般贸易</td><td colspan="4">□ 2017 年□ 2018 年</td></tr>
<tr><td colspan="2">产品名称：</td><td colspan="2">加工原料名称：</td></tr>
<tr><td colspan="2">年生产能力（吨）：</td><td colspan="2">年处理能力（吨）：</td></tr>
<tr><td colspan="2">年实际产量（吨）：</td><td colspan="2">年实际用量（吨）：</td></tr>
<tr><td colspan="4">该产品年销售额（万元）：</td></tr>
<tr><td rowspan="3">加工贸易</td><td colspan="2">出口产品名称：</td><td colspan="2">进口原料名称：</td></tr>
<tr><td colspan="2">年加工能力（吨）：</td><td colspan="2">年实际进口量（吨）：</td></tr>
<tr><td colspan="2">年实际出口量（吨）：</td><td colspan="2">年进口处理需求（吨）：</td></tr>
<tr><td colspan="6">以下由具有大米批发零售资格的粮食企业填写</td></tr>
<tr><td colspan="3">2017 年大米贸易年销售额（万元）：</td><td colspan="3">2018 年大米贸易完成销售额（万元）：</td></tr>
<tr><td colspan="6">本企业已阅知国家发展改革委 2018 年第 12 号《公告》相关内容，承诺：保证符合国家规定的粮食进口关税配额申领条件，保证本申请表所填写的内容真实、准确、完整；获得粮食进口关税配额，保证按照国家有关法律、法规、规章开展粮食进口业务。如有违反本承诺的，愿意承担相应的法律责任，并接受相应惩戒。

申请企业（盖章）　　企业法定代表人（签字）：</td></tr>
</table>

填表说明：

1. 企业名称与统一社会信用代码必须一一对应，一码一申请。
2. “企业生产经营情况”：指企业 2017 年或 2018 年以申请进口的农产品（包括粉、粒）为主要原料加工产品实际生产经营情况，2017 年的以截止到 2017 年底为准，2018 年的以截止到 2018 年 9 月底为准。
3. 申请加工贸易的企业按照当地商务部门出具的 2018 年度加工贸易企业经营状况及生产能力证明，填写产品“年加工能力”、“年实际出口量”和原料“年进口处理需求”。

附件 2

2019 年棉花进口关税配额申领条件和分配原则

根据《农产品进口关税配额管理暂行办法》（商务部、国家发展和改革委员会令 2003 年第 4 号），现将 2019 年棉花进口关税配额数量、申领条件和分配原则公布如下：

一、配额数量

2019 年棉花进口关税配额量为 89.4 万吨，其中国营贸易比例为 33%。

二、申领条件

2019 年棉花进口关税配额申请者基本条件为：2018 年 10 月 1 日前在市场监督管理部门登记注册；2017 年以来在海关等方面无违法违规记录；未列入“信用中国”网站受惩黑名单；没有违反《农产品进口关税配额管理暂行办法》的行为。

在具备上述条件的前提下，棉花进口关税配额申请者还必须符合下列条件之一：

1. 国营贸易企业；

2. 纺纱设备（自有）5 万锭及以上的棉纺企业。

三、申请时间

2019 年棉花进口关税配额申请时间为 2018 年 10 月 15 日至 30 日。

申请者可到国家发展改革委授权机构领取，或从国家发展改革委网站（http://www.ndrc.gov.cn）下载《2019 年棉花进口关税配额申请表》，并如实填写。

国家发展改革委各授权机构负责受理属地范围内的企业申请，并于 2018 年 11 月 30 日前将企业申请表转报国家发展改革委，同时抄报商务部。

企业申报有关信息将在国家发展改革委网站上公示，公示期内接受举报，经确认申请材料不属实的，取消被举报申请者申请资格。

四、分配原则

上述棉花进口关税配额将根据申请者的实际生产经营能力（包括历史生产加工、进口实绩、经营情况等）和其他相关商业标准进行分配。

五、其他要求

（一）申请者对其提交申请材料和信息的真实性承担主体责任，不得有任何隐瞒或提供虚假信息。

（二）申请者通过使用获得的棉花进口关税配额进口的货物由本企业加工经营，不得转卖。

（三）获得棉花进口关税配额的企业要积极配合国家发展改革委及其授权机构组织开展棉花进口关税配额申请、使用情况监督检查，及时如实提供检查所需资料数据。

六、罚则

对虚假申报或拒不履行承诺的申请者，有关部门将按照国家相关规定适时采取相应惩戒措施。对虚假填报申请表、伪造有关资料骗取棉花进口关税配额、以及未按规定开展进口业务的，将收缴其配额证，并依规限制其今后申请棉花进口关税配额。对伪造、变造或者买卖《农产品进口关税配额证》的，将依照有关法律规定追究其刑事责任。

附表

2019年棉花进口关税配额申请表

<table>
<tr><td colspan="3">申请企业名称：</td><td rowspan="2">统一社会信用代码：</td></tr>
<tr><td colspan="3">企业注册地址：</td></tr>
<tr><td colspan="3">企业性质：□国有 □股份制 □民营 □外商投资</td><td>联系电话：</td></tr>
<tr><td colspan="2">注册资本（万元）：</td><td>□ 2017年纳税额（万元）：</td><td>□ 2017年资产负债率：</td></tr>
<tr><td colspan="4">配额申请数量（不区分贸易方式，单位：吨）：</td></tr>
<tr><td colspan="2">□ 2018年有棉花一般贸易进口实绩者</td><td>□ 2018年有棉花加工贸易进口实绩者</td><td>□ 2018年无棉花进口实绩者</td></tr>
<tr><td rowspan="5">2018年企业生产经营情况</td><td colspan="2">纺纱能力： 万锭</td><td>年棉花用量： 吨</td></tr>
<tr><td colspan="2">其中，环锭纺： 万锭</td><td>其中，进口棉用量： 吨</td></tr>
<tr><td colspan="2">转杯纺： 头</td><td>年纱线产量： 吨</td></tr>
<tr><td colspan="2">喷气涡流纺： 头</td><td>其中，棉纱产量： 吨</td></tr>
<tr><td colspan="2"></td><td>#纯棉纱产量： 吨</td></tr>
<tr><td colspan="4">2018年棉花进口配额分配量（吨）：</td></tr>
<tr><td colspan="3">其中，关税配额分配量（吨）：</td><td>滑准税配额分配量（吨）：</td></tr>
<tr><td colspan="4">备注：</td></tr>
</table>

本企业已阅知国家发展改革委2018年第12号《公告》相关内容，郑重承诺：保证本企业符合国家规定的棉花进口关税配额申领条件，保证本申请表所填写的内容真实有效、有据可查，没有任何隐瞒或虚假信息。获得棉花进口关税配额后，保证按照国家有关法律、法规、规章和相关规定开展进口业务。如有违反本承诺，本企业愿意承担相关责任和后果，并接受有关部门相应惩戒。

申请企业（盖章）　　企业法定代表人（签字）：

填表说明：

1. 企业名称与统一社会信用代码必须一一对应，一码一申请。
2. “纺纱能力”指生产细纱的能力，本表为折环锭纺产能，须填报本企业自有设备且2018年10月已投产使用的实际纺纱能力。转杯纺和喷气涡流纺分别按每头10锭和20锭折算为环锭纺纱锭数。
3. 本表棉纱指以棉花为原料之一加工的纱线，纯棉纱指含棉量为100%的棉纱线。“2018年企业生产经营情况”中，棉花用量、纱线产量等填报2018年前三季度数据。
4. 企业须保存与上述填报数据相一致的采购、销售发票和出入库凭证等证明材料备查。检查时，如无法完整提供，将视为虚假填报。

商务部关于公布《2019 年货物进口许可证发证目录》的公告

【发布单位】中华人民共和国商务部

【发布日期】2018 月 12 年 29 日

根据《货物进口许可证管理办法》（商务部令 2004 年第 27 号）、《重点旧机电产品进口管理办法》（商务部、海关总署、质检总局令 2008 年第 5 号）和《2019 年进口许可证管理货物目录》（商务部、海关总署公告 2018 年第 107 号），现公布《2019 年货物进口许可证发证目录》（见附件），并就有关事宜公告如下：

一、2019 年实行进口许可证管理的货物包括消耗臭氧层物质和重点旧机电产品，由商务部和商务部委托的省级地方商务主管部门（以下简称委托机构）负责实施货物进口许可。

（一）重点旧机电产品进口许可证及在京的属于国务院国资委管理的对外贸易经营者申领的进口许可证，由商务部配额许可证事务局（以下简称许可证局）负责签发。

（二）消耗臭氧层物质进口许可证，由委托机构负责签发。

二、进口许可证的签发，应严格按照《货物进口许可证管理办法》《重点旧机电产品进口管理办法》《2019 年进口许可证管理货物目录》和《进口许可证签发工作规范》（商配发〔2007〕360 号）等有关规定执行。许可证局负责对进口许可证签发业务进行监督检查和指导。

本公告自 2019 年 1 月 1 日起执行。商务部公告 2017 年第 96 号同时废止。

附件：2019 年进口发证目录 .xls

中华人民共和国商务部

2018 年 12 月 29 日

附件

2019 年货物进口许可证发证目录

货物种类	海关商品编号	商品名称及备注	单位
商务部许可证局负责签发以下货物的进口许可证			
旧机电产品目录			
一、化工设备	8419409090	其他蒸馏或精馏设备	台 / 千克
	8419609010	液化器（将来自级联的 UF6 气体压缩并冷凝成液态 UF6）	台 / 千克
二、金属冶炼设备	8454309000	其他金属冶炼及铸造用铸造机	台
三、工程机械	8426200000	塔式起重机	台 / 千克
	8426411000	轮胎式起重机	台 / 千克
	8426419000	其他带胶轮的自推进起重机械	台 / 千克
	8426491000	履带式自推进起重机械	台 / 千克
	8426499000	其他不带胶轮的自推进起重机械	台 / 千克
	8426990000	其他起重机械	台 / 千克
	8427209000	其他机动叉车及有升降装置工作车（包括装有搬运装置的机动工作车）	台 / 千克
	8427900000	其他叉车及可升降的工作车（工作车指装有升降或搬运装置）	台 / 千克
	8428109000	其他升降机及倒卸式起重机	台 / 千克
四、起重运输设备	8426193000	龙门式起重机	台 / 千克
	8426194100	门式装卸桥	台 / 千克
	8426194200	集装箱装卸桥	台 / 千克
	8427101000	有轨巷道堆垛机	台 / 千克
	8427102000	无轨巷道堆垛机	台 / 千克
	8428602100	单线循环式客运架空索道	台 / 千克
五、造纸设备	8439100000	制造纤维素纸浆的机器	台 / 千克
	8439200000	纸或纸板的抄造机器	台 / 千克
	8439300000	纸或纸板的整理机器	台 / 千克

续表

货物种类	海关商品编号	商品名称及备注	单位
六、电力电气设备	8501641090	其他输出功率超过 750 千伏安但不超过 350 兆伏安的交流发电机	台 / 千瓦
	8501642010	由使用可再生燃料锅炉和涡轮机组驱动的交流发电机（输出功率超过 350 兆伏安但不超过 665 兆伏安）	台 / 千瓦
	8501642090	其他输出功率超过 350 兆伏安但不超过 665 兆伏安的交流发电机	台 / 千瓦
	8501643010	由使用可再生燃料锅炉和涡轮机组驱动的交流发电机（输出功率超过 665 兆伏安）	台 / 千瓦
	8501643090	其他输出功率超过 665 兆伏安的交流发电机	台 / 千瓦
	8502120000	输出功率超过 75 千伏安但不超过 375 千伏安的柴油发电机组（包括半柴油发电机组）	台 / 千瓦
	8502131000	输出功率超过 375 千伏安但不超过 2 兆伏安的柴油发电机组（包括半柴油发电机组）	台 / 千瓦
	8502132000	输出功率超过 2 兆伏安的柴油发电机组（包括半柴油发电机组）	台 / 千瓦
	8502200000	装有点燃式活塞内燃发动机的发电机组（内燃的）	台 / 千瓦
	8502390010	依靠可再生能源（太阳能、小水电、潮汐、沼气、地热能、生物质 / 余热驱动的汽轮机）生产电力的发电机组	台 / 千瓦
	8515319100	螺旋焊管机（电弧（包括等离子弧）焊接）	台
	8515319900	其他电弧（包括等离子弧）焊接机及装置（全自动或半自动的）	台
	8515390000	其他电弧（等离子弧）焊接机器及装置（非全自动或半自动的）	台
	8515809010	电子束、激光自动焊接机（将端塞焊接于燃料细棒（或棒）的自动焊接机）	台
	8515809090	其他焊接机器及装置	台
七、食品加工及包装设备	8419810000	加工热饮料或烹调、加热食品的机器	台 / 千克
	8421220000	过滤或净化饮料的机器及装置(过滤或净化水的装置除外）	台 / 千克
	8422301010	乳品加工用自动化灌装设备	台 / 千克
	8422301090	其他饮料及液体食品灌装设备	台 / 千克
	8434200000	乳品加工机器	台 / 千克
	8438100010	糕点生产线	台 / 千克

续表

货物种类	海关商品编号	商品名称及备注	单位
八、农业机械	8432313100	免耕直接水稻插秧机	台 / 千克
	8432393100	非免耕直接水稻插秧机	台 / 千克
	8433510001	功率在 160 马力及以上的联合收割机	台 / 千克
	8433510090	功率在 160 马力以下的联合收割机	台 / 千克
	8433530001	功率在 160 马力及以上的土豆、甜菜收割机	台 / 千克
	8433591001	功率在 160 马力及以上的甘蔗收割机	台 / 千克
	8433592000	棉花采摘机	台 / 千克
	8433599001	自走式青储饲料收割机	台 / 千克
	8433599090	其他收割机及脱粒机	台 / 千克
九、印刷机械	8440102000	胶订机	台 / 千克
	8443120000	办公室用片取进料式胶印机（展开片尺寸不超过 22 厘米 ×36 厘米，用税目 84.42 项下商品进行印刷的机器）	台 / 千克
	8443140000	卷取进料式凸版印刷机（用税目 84.42 项下商品进行印刷的机器，但不包括苯胺印刷机）	台 / 千克
	8443150000	除卷取进料式以外的凸版印刷机（用税目 84.42 项下商品进行印刷的机器，但不包括苯胺印刷机）	台 / 千克
	8443160001	线速度在 350 米 / 分钟及以上、幅宽在 800 毫米及以上的苯胺印刷机（柔性版印刷机，用税目 84.42 项下商品进行印刷的机器）	台 / 千克
	8443160002	线速度在 160 米 / 分钟及以上、幅宽在 250 毫米及以上但少于 800 毫米的机组式柔性版印刷机（具有烫印或全息或丝网印刷功能单元）	台 / 千克
	8443160090	其他苯胺印刷机（柔性版印刷机，用税目 84.42 项下商品进行印刷的机器）	台 / 千克
	8443198000	未列名印刷机（网式印刷机除外，用税目 84.42 项下商品进行印刷的机器）	台 / 千克
十、纺织机械	8453100000	生皮、皮革的处理或加工机器（包括鞣制机）	台

续表

货物种类	海关商品编号	商品名称及备注	单位
十一、船舶	8901101010	高速客船（包括主要用于客运的类似船舶）	艘
	8901101090	其他机动巡航船、游览船及各式渡船（包括主要用于客运的类似船舶）	艘
	8903920001	长度超过 8 米但在 90 米以下的汽艇（装有舷外发动机的除外）	艘
	8903920090	其他汽艇（装有舷外发动机的除外）	艘
	8903990001	长度超过 8 米但在 90 米以下的娱乐或运动用其他机动船舶或快艇（包括划艇及轻舟）	艘
	8901109000	非机动巡航船、游览船及各式渡船（以及主要用于客运的类似船舶）	艘
	8901909000	非机动货运船舶及客货兼运船舶	艘
十二、硒鼓	8443999010	其他印刷（打印）机、复印机及传真机的感光鼓和含感光鼓的碳粉盒	千克
十三、X 射线管	9022300000	X 射线管	个
委托机构负责签发以下货物的进口许可证			
消耗臭氧层物质目录			
消耗臭氧层物质	2903191010	1，1，1- 三氯乙烷（甲基氯仿），用于清洗剂的除外	千克
	2903191090	1，1，1- 三氯乙烷（甲基氯仿），用于清洗剂的	千克
	2903399020	溴甲烷（甲基溴）	千克
	2903710000	一氯二氟甲烷	千克
	2903720000	二氯三氟乙烷	千克
	2903730000	二氯一氟乙烷	千克
	2903740000	一氯二氟乙烷	千克
	2903750010	1，1，1，2，2- 五氟 -3，3- 二氯丙烷	千克
	2903750020	1，1，2，2，3- 五氟 -1，3- 二氯丙烷	千克
	2903750090	其他二氯五氟丙烷	千克
	2903760010	溴氯二氟甲烷	千克
	2903760020	溴三氟甲烷	千克
	2903771000	三氯氟甲烷	千克
	2903772011	二氯二氟甲烷	千克
	2903772012	三氯三氟乙烷，用于清洗剂的除外（CFC-113）	千克
	2903772014	二氯四氟乙烷（CFC-114）	千克

续表

货物种类	海关商品编号	商品名称及备注	单位
	2903772015	一氯五氟乙烷（CFC-115）	千克
	2903772016	一氯三氟甲烷（CFC-13）	千克
	2903791011	一氟二氯甲烷	千克
	2903791012	1，1，1，2- 四氟 -2- 氯乙烷	千克
	2903791013	三氟一氯乙烷	千克
	2903791014	1- 氟 -1，1- 二氯乙烷	千克
	2903791015	1，1- 二氟 -1- 氯乙烷	千克
	2903791090	其他仅含氟和氯的甲烷、乙烷及丙烷的卤化衍生物	千克
	2903799021	其他仅含溴、氟的甲烷、乙烷和丙烷	千克
	3824710011	二氯二氟甲烷和二氟乙烷的混合物（R-500）	千克
	3824710012	一氯二氟甲烷和二氯二氟甲烷的混合物（R-501）	千克
	3824710013	一氯二氟甲烷和一氯五氟乙烷的混合物（R-502）	千克
	3824710014	三氟甲烷和一氯三氟甲烷的混合物（R-503）	千克
	3824710015	二氟甲烷和一氯五氟乙烷的混合物（R-504）	千克
	3824710016	二氯二氟甲烷和一氟一氯甲烷的混合物（R-505）	千克
	3824710017	一氟一氯甲烷和二氯四氟乙烷的混合物（R-506）	千克
	3824710018	二氯二氟甲烷和二氯四氟乙烷的混合物（R-400）	千克
	3824740011	二氟一氯甲烷、二氟乙烷和一氯四氟乙烷的混合物(R-401）	千克
	3824740012	五氟乙烷、丙烷和二氟一氯甲烷的混合物（R-402）	千克
	3824740013	丙烷、二氟一氯甲烷和八氟丙烷的混合物（R-403）	千克
	3824740014	二氟一氯甲烷、二氟乙烷、一氯二氟乙烷和八氟环丁烷的混合物（R-405）	千克
	3824740015	二氟一氯甲烷、2- 甲基丙烷（异丁烷）和一氯二氟乙烷的混合物（R-406）	千克
	3824740016	五氟乙烷、三氟乙烷和二氟一氯甲烷的混合物（R-408）	千克
	3824740017	二氟一氯甲烷、一氯四氟乙烷和一氯二氟乙烷的混合物（R-409）	千克
	3824740018	丙烯、二氟一氯甲烷和二氟乙烷的混合物（R-411）	千克
	3824740019	二氟一氯甲烷、八氟丙烷和一氯二氟乙烷的混合物(R-412）	千克
	3824740021	二氟一氯甲烷、一氯四氟乙烷、一氯二氟乙烷和 2- 甲基丙烷的混合物（R-414）	千克
	3824740022	二氟一氯甲烷和二氟乙烷的混合物（R-415）	千克

续表

货物种类	海关商品编号	商品名称及备注	单位
	3824740023	四氟乙烷、一氯四氟乙烷和丁烷的混合物（R-416）	千克
	3824740024	丙烷、二氟一氯甲烷和二氟乙烷的混合物（R-418）	千克
	3824740025	二氟一氯甲烷和八氟丙烷的混合物（R-509）	千克
	3824740026	二氟一氯甲烷和一氯二氟乙烷的混合物	千克
	3824740090	其他含甲烷、乙烷或丙烷的氢氯氟烃混合物（不论是否含甲烷、乙烷或丙烷的全氟烃或氢氟烃，但不含全氯氟烃）	千克

商务部、海关总署发布《2019年货物出口许可证发证目录》的公告

【发布单位】中华人民共和国商务部　海关总署

【发布日期】2018年12月29日

根据《货物出口许可证管理办法》（商务部令2008年第11号）和《2019年出口许可证管理货物目录》（商务部、海关总署公告2018年第108号），现公布《2019年货物出口许可证发证目录》（见附件），并就有关事宜公告如下：

一、2019年实行出口许可证管理的货物共45种，由商务部和商务部委托的省级地方商务主管部门及副省级市商务主管部门（以下简称委托机构）负责实施货物出口许可。

（一）商务部配额许可证事务局（以下简称许可证局）负责签发以下6种货物的出口许可证：小麦、玉米、煤炭、原油、成品油（不含一般贸易方式出口润滑油、润滑脂及润滑油基础油）、棉花。在京的属于国务院国资委管理的对外贸易经营者申领的出口许可证，由许可证局负责签发。

（二）商务部驻有关地方特派员办事处（以下简称特办）负责签发以下21种货物的出口许可证：活牛、活猪、活鸡、大米、小麦粉、玉米粉、大米粉、药料用麻黄草、甘草及甘草制品、蔺草及蔺草制品、天然砂、磷矿石、镁砂、滑石块（粉）、锡及锡制品、钨及钨制品、锑及锑制品、锯材、白银、铂金（铂或白金）、铟及铟制品。

其中，镁砂项下所有货物的出口许可证由特办负责签发。

（三）委托机构负责签发以下19种货物的出口许可证：牛肉、猪肉、鸡肉、矾土、氟石（萤石）、稀土、钼及钼制品、焦炭、成品油（仅限一般贸易方式出口润滑油、润滑脂及润滑油基础油）、石蜡、部分金属及制品、硫酸二钠、碳化硅、消耗臭氧层物质、柠檬酸、维生素C、青霉素工业盐、摩托车（含全地形车）及其发动机和车架、汽车（包括成套散件）及其底盘。

二、为维护正常的经营秩序，对以下出口货物实行指定机构发证，对外贸易经营者出口此类货物，需向指定机构申领出口许可证。

（一）以陆运方式出口的对港澳地区活牛、活猪、活鸡出口许可证由广州特办、深圳特办签发。

（二）广州特办、海南特办负责签发本省对外贸易经营者对台港澳地区天然砂出口许可证，福州特办负责签发本省对外贸易经营者对台天然砂出口许可证；福州特办负责签发标准砂出口许可证。

（三）天津特办负责签发药料用麻黄草出口许可证。

三、对外贸易经营者以一般贸易方式出口润滑油、润滑脂及润滑油基础油的，由商务部委托的省级地方商务主管部门凭货物出口合同签发出口许可证；以承包工程、境外投资、加工贸易、外资企业出口及边境贸易等方式出口的，仍按照商务部、发展改革委、海关总署 2008 年第 30 号公告相关规定执行。

四、出口许可证的签发，应严格按照《货物出口许可证管理办法》《2019 年出口许可证管理货物目录》和《出口许可证签发工作规范》（商配发〔2008〕398 号）等有关规定执行。许可证局负责对出口许可证签发业务进行监督检查和指导。

本公告自 2019 年 1 月 1 日起执行。商务部公告 2017 年第 95 号同时废止。

附件：2019 年出口发证目录 .xls

中华人民共和国商务部

2018 年 12 月 29 日

附件：

2019 年货物出口许可证发证目录

序号	货物种类	海关商品编号	货物名称及备注	单位
商务部许可证局负责签发以下货物的出口许可证				
1	小麦	1001110001	种用硬粒小麦	千克
		1001110090	种用硬粒小麦	千克
		1001190001	其他硬粒小麦	千克
		1001190090	其他硬粒小麦	千克
		1001910001	其他种用小麦及混合麦	千克
		1001910090	其他种用小麦及混合麦	千克
		1001990001	其他小麦及混合麦	千克
		1001990090	其他小麦及混合麦	千克
2	玉米	1005100001	种用玉米	千克
		1005100090	种用玉米	千克
		1005900001	其他玉米	千克
		1005900090	其他玉米	千克
3	煤炭	2701110010	无烟煤（不论是否粉化，但未制成型）	千克
		2701121000	未制成型的炼焦煤（不论是否粉化）	千克
		2701129000	其他烟煤（不论是否粉化，但未制成型）	千克
		2701190000	其他煤（不论是否粉化，但未制成型）	千克
		2702100000	褐煤（不论是否粉化，但未制成型）	千克
4	原油	2709000000	石油原油（包括从沥青矿物提取的原油）	千克
5	成品油	2710121000	车用汽油及航空汽油（不含生物柴油）	千克 / 升
		2710122000	石脑油（不含生物柴油）	千克 / 升
		2710129101	壬烯（碳九异构体混合物含量超过 90%，不含生物柴油）	千克
		2710129190	其他壬烯（不含生物柴油）	千克
		2710129910	异戊烯同分异构体混合物（不含生物柴油）	千克
		2710129990	其他轻油及制品（包括按重量计含油成分在 70% 及以上的制品，不含生物柴油）	千克
		2710191100	航空煤油（不含生物柴油）	千克 / 升
		2710191200	灯用煤油（不含生物柴油）	千克 / 升

续表

序号	货物种类	海关商品编号	货物名称及备注	单位
		2710191200	灯用煤油（不含生物柴油）	千克 / 升
		2710191910	正构烷烃（C9–C13，不含生物柴油）	千克 / 升
		2710191990	其他煤油馏分的油及制品（不含生物柴油）	千克 / 升
		2710192300	柴油	千克 / 升
		2710199100	润滑油（不含生物柴油）	千克 / 升
		2710199200	润滑脂（不含生物柴油）	千克 / 升
		2710199300	润滑油基础油，不含生物柴油	千克 / 升
		2710200000	石油及从沥青矿物提取的油类（但原油除外）以及以上述油为基本成分（按重量计在 70% 及以上）的其他税目未列名制品（含生物柴油成分在 30% 以下，废油除外）	千克 / 升
		2711110000	液化天然气	千克
6	棉花	5201000001	未梳的棉花（包括脱脂棉花）	千克
		5201000080	未梳的棉花（包括脱脂棉花）	千克
		5201000090	未梳的棉花（包括脱脂棉花）	千克
		5203000001	已梳的棉花	千克
		5203000090	已梳的棉花	千克
特办负责签发以下货物的出口许可证				
1	活牛	102290000	非改良种用家牛	头
		102390010	非改良种用濒危水牛	头
		102390090	非改良种用其他水牛	头
		102909010	非改良种用濒危野牛	头
		102909090	非改良种用其他牛	头
2	活猪			
	活大猪	103920010	重量在 50 千克及以上的其他野猪（改良种用的除外）	头
		103920090	重量在 50 千克及以上的其他猪（改良种用的除外）	头
	活中猪	103912010	重量在 10 千克及以上但在 50 千克以下的其他野猪（改良种用的除外）	头
		103912090	重量在 10 千克及以上但在 50 千克以下的其他猪（改良种用的除外）	头
	活乳猪	103911010	重量在 10 千克以下的其他野猪（改良种用的除外）	头
		103911090	重量在 10 千克以下的其他猪（改良种用的除外）	头

续表

序号	货物种类	海关商品编号	货物名称及备注	单位
3	活鸡	105941000	重量超过 185 克的改良种用鸡	只
		105949000	重量超过 185 克的其他鸡（改良种用的除外）	只
		105999300	重量超过 185 克的非改良种用珍珠鸡	只
4	大米	1006102101	种用长粒米稻谷	千克
		1006102190	种用长粒米稻谷	千克
		1006102901	其他种用稻谷	千克
		1006102990	其他种用稻谷	千克
		1006108101	其他长粒米稻谷	千克
		1006108190	其他长粒米稻谷	千克
		1006108901	其他稻谷	千克
		1006108990	其他稻谷	千克
		1006202001	长粒米糙米	千克
		1006202090	长粒米糙米	千克
		1006208001	其他糙米	千克
		1006208090	其他糙米	千克
		1006302001	长粒米精米（不论是否磨光或上光）	千克
		1006302090	长粒米精米（不论是否磨光或上光）	千克
		1006308001	其他精米（不论是否磨光或上光）	千克
		1006308090	其他精米（不论是否磨光或上光）	千克
		1006402001	长粒米碎米	千克
		1006402090	长粒米碎米	千克
		1006408001	其他碎米	千克
		1006408090	其他碎米	千克
5	小麦粉	1101000001	小麦或混合麦的细粉	千克
		1101000090	小麦或混合麦的细粉	千克
		1103110001	小麦粗粒及粗粉	千克
		1103110090	小麦粗粒及粗粉	千克
		1103201001	小麦团粒	千克
		1103201090	小麦团粒	千克

续表

序号	货物种类	海关商品编号	货物名称及备注	单位
6	玉米粉	1102200001	玉米细粉	千克
		1102200090	玉米细粉	千克
		1103130001	玉米粗粒及粗粉	千克
		1103130090	玉米粗粒及粗粉	千克
		1104199010	滚压或制片的玉米	千克
		1104230001	经其他加工的玉米	千克
		1104230090	经其他加工的玉米	千克
7	大米粉	1102902101	长粒米大米细粉	千克
		1102902190	长粒米大米细粉	千克
		1102902901	其他大米细粉	千克
		1102902990	其他大米细粉	千克
		1103193101	长粒米大米粗粒及粗粉	千克
		1103193190	长粒米大米粗粒及粗粉	千克
		1103193901	其他大米粗粒及粗粉	千克
		1103193990	其他大米粗粒及粗粉	千克
8	药料用麻黄草	1211500019	药料用麻黄草（人工种植）	千克
9	甘草及甘草制品	1211903600	鲜、冷、冻或干的甘草(不论是否切割、压碎或研磨成粉)	千克
		1302120000	甘草液汁及浸膏	千克
		2938909010	甘草酸粉	千克
		2938909020	甘草酸盐类	千克
		2938909030	甘草次酸及其衍生物	千克
10	蔺草及蔺草制品	1401903100	蔺草（已净、漂白或染色的）	千克
		4601291111	蔺草制的提花席、双苜席、垫子(单位面积超过1平方米，不论是否包边)	千克
		4601291112	蔺草制的其他席子（单位面积超过1平方米，不论是否包边）	千克
		9404210010	蔺草包面的垫子（单件面积超过1平方米，无论是否包边）	千克
11	天然砂	2505100000	硅砂及石英砂（不论是否着色）	千克
		2505900010	标准砂（不论是否着色，第26章的金属矿砂除外）	千克
		2505900090	其他天然砂（不论是否着色，第26章的金属矿砂除外）	千克

续表

序号	货物种类	海关商品编号	货物名称及备注	单位
12	磷矿石	2510101000	未碾磨磷灰石	千克
		2510109000	其他未碾磨天然磷酸钙、天然磷酸铝钙及磷酸盐白垩（磷灰石除外）	千克
		2510201000	已碾磨磷灰石	千克
		2510209000	其他已碾磨天然磷酸钙、天然磷酸铝钙及磷酸盐白垩（磷灰石除外）	千克
13	镁砂	2519100000	天然碳酸镁（菱镁矿）	千克
		2519901000	熔凝镁氧矿（电熔镁，包括喷补料）	千克
		2519902000	烧结镁氧矿（重烧镁，包括喷补料）	千克
		2519903000	碱烧镁（轻烧镁）	千克
		2519909910	其他氧化镁含量在 70% 以上的矿产品	千克
		2530909910	废镁砖	千克
		2530909930	未煅烧的水镁石	千克
		3824999200	按重量计含氧化镁 70% 以上的混合物	千克
14	滑石块（粉）	2526102000	未破碎及未研粉的滑石（不论是否粗加修整或仅用锯或其他方法切割成矩形板块）	千克
		2526202001	滑石粉（体积百分比在 90% 及以上、产品颗粒度不超过 18 微米的）	千克
		2526202090	已破碎或已研粉的其他天然滑石	千克
		3824999100	按重量计含滑石 50%以上的混合物	千克
15	锡及锡制品			
	锡矿砂	2609000000	锡矿砂及其精矿	千克
	锡及锡基合金	2825903100	二氧化锡	千克
		2825903900	其他锡的氧化物及氢氧化物	千克
		8001100000	未锻轧非合金锡	千克
		8001201000	锡基巴毕脱合金	千克
		8001202100	按重量计含铅量在 0.1% 以下的焊锡	千克
		8001202900	其他焊锡	千克
		8001209000	其他锡合金	千克
		8002000000	锡废碎料	千克
		8003000000	锡及锡合金条、杆、型材、丝	千克
		8007002000	厚度超过 0.2 毫米的锡板、片及带	千克
		8007004000	锡管及管子附件（例如：接头、肘管、管套）	千克

续表

序号	货物种类	海关商品编号	货物名称及备注	单位
16	钨及钨制品			
	钨砂	2611000000	钨矿砂及其精矿	千克
		2620991000	其他主要含钨的矿渣、矿灰及残渣	千克
	仲、偏钨酸铵	2841801000	仲钨酸铵	千克
		2841804000	偏钨酸铵	千克
	三氧化钨及蓝色氧化钨	2825901200	三氧化钨	千克
		2825901910	蓝色氧化钨	千克
	钨酸及其盐类	2825901100	钨酸	千克
		2841802000	钨酸钠	千克
		2841803000	钨酸钙	千克
	钨粉及其制品	2849902000	碳化钨	千克
		8101100010*	其他颗粒在500微米以下的钨及其合金（含量在97%及以上，不论球形、椭球体、雾化、片状研碎金属燃料）	千克
		8101100090	其他钨粉末	千克
		8101940000	未锻轧钨（包括简单烧结的条、杆）	千克
		8101970000	钨废碎料	千克
17	锑及锑制品			
	锑砂	2617101000	生锑（锑精矿，选矿产品）	千克
		2617109001	其他锑矿砂及其精矿（黄金价值部分）	千克
		2617109090	其他锑矿砂及其精矿（非黄金价值部分）	千克
	氧化锑	2825800000	锑的氧化物	千克
	锑（包括锑合金）及锑制品	8110101000	未锻轧锑	千克
		8110102000	锑粉末	千克
		8110200000	锑废碎料	千克
		8110900000	其他锑及锑制品	千克
18	锯材	4406110000	未浸渍的铁道及电车道针叶木枕木	立方米
		4406120000	未浸渍的铁道及电车道非针叶木枕木	立方米
		4407111091	经纵锯、纵切、刨切或旋切的非端部接合的红松厚板材（厚度超过6毫米）	立方米
		4407111099	经纵锯、纵切、刨切或旋切的非端部接合的樟子松厚板材（厚度超过6毫米）	立方米

续表

序号	货物种类	海关商品编号	货物名称及备注	单位
		4407120091	经纵锯、纵切、刨切或旋切的非端部接合的濒危云杉及冷杉厚板材（厚度超过 6 毫米）	立方米
		4407120099	经纵锯、纵切、刨切或旋切的非端部接合的其他云杉及冷杉厚板材（厚度超过 6 毫米）	立方米
		4407112090	经纵锯、纵切、刨切或旋切的非端部接合的辐射松厚板材（厚度超过 6 毫米）	立方米
		4407113090	经纵锯、纵切、刨切或旋切的非端部接合的花旗松厚板材（厚度超过 6 毫米）	立方米
		4407119091	经纵锯、纵切、刨切或旋切的非端部接合的其他濒危松木厚板材（厚度超过 6 毫米）	立方米
		4407119099	经纵锯、纵切、刨切或旋切的非端部接合的其他松木厚板材（厚度超过 6 毫米）	立方米
		4407190091	经纵锯、纵切、刨切或旋切的非端部接合的其他濒危针叶木厚板材（厚度超过 6 毫米）	立方米
		4407190099	经纵锯、纵切、刨切或旋切的非端部接合的其他针叶木厚板材（厚度超过 6 毫米）	立方米
		4407210090	经纵锯、纵切、刨切或旋切的非端部接合的美洲桃花心木（厚度超过 6 毫米）	立方米
		4407220090	经纵锯、纵切、刨切或旋切的非端部接合的苏里南肉豆蔻木、细孔绿心樟及美洲轻木（厚度超过 6 毫米）	立方米
		4407250090	经纵锯、纵切、刨切或旋切的非端部接合的红柳桉木板材（指深红色、浅红色及巴栲红柳桉木，厚度超过 6 毫米）	立方米
		4407260090	经纵锯、纵切、刨切或旋切的非端部接合的白柳桉、其他柳桉木和阿兰木板材（厚度超过 6 毫米）	立方米
		4407270090	经纵锯、纵切、刨切或旋切的非端部接合的沙比利木板材（厚度超过 6 毫米）	立方米
		4407280090	经纵锯、纵切、刨切或旋切的非端部接合的伊罗科木板材（厚度超过 6 毫米）	立方米
		4407291090	经纵锯、纵切、刨切或旋切的非端部接合的柚木板材（厚度超过 6 毫米）	立方米
		4407294091	经纵锯、纵切、刨切或旋切的非端部接合的濒危热带红木厚板材（厚度超过 6 毫米）	立方米
		4407294099	经纵锯、纵切、刨切或旋切的非端部接合的其他热带红木厚板材（厚度超过 6 毫米）	立方米
		4407299091	经纵锯、纵切、刨切或旋切的非端部接合的南美蒺藜木（玉檀木）厚板材（厚度超过 6 毫米）	立方米
		4407299092	经纵锯、纵切、刨切或旋切的非端部接合的其他未列名濒危热带木板材（厚度超过 6 毫米）	立方米

续表

序号	货物种类	海关商品编号	货物名称及备注	单位
		4407299099	经纵锯、纵切、刨切或旋切的非端部接合的其他未列名热带木板材（厚度超过6毫米）	立方米
		4407910091	经纵锯、纵切、刨切或旋切的非端部接合的蒙古栎厚板材	立方米
		4407910099	经纵锯、纵切、刨切或旋切的非端部接合的其他栎木（橡木）厚板材	立方米
		4407920090	经纵锯、纵切、刨切或旋切的非端部接合的水青冈木（山毛榉木）厚板材（厚度超过6毫米）	立方米
		4407930090	经纵锯、纵切、刨切或旋切的非端部接合的槭木（枫木）厚板材（厚度超过6毫米）	立方米
		4407940090	经纵锯、纵切、刨切或旋切的非端部接合的樱桃木厚板材（厚度超过6毫米）	立方米
		4407950091	经纵锯、纵切、刨切或旋切的非端部接合的水曲柳厚板材	立方米
		4407950099	经纵锯、纵切、刨切或旋切的非端部接合的其他白蜡木厚板材	立方米
		4407960091	经纵锯、纵切、刨切或旋切的非端部接合的濒危桦木厚板材（厚度超过6毫米）	立方米
		4407960099	经纵锯、纵切、刨切或旋切的非端部接合的其他桦木厚板材（厚度超过6毫米）	立方米
		4407970090	经纵锯、纵切、刨切或旋切的非端部接合的杨木厚板材（厚度超过6毫米）	立方米
		4407991091	经纵锯、纵切、刨切或旋切的非端部接合的濒危红木厚板材（厚度超过6毫米，税号4407.2940所列热带红木除外）	立方米
		4407991099	经纵锯、纵切、刨切或旋切的非端部接合的其他红木厚板材（厚度超过6毫米，税号4407.2940所列热带红木除外）	立方米
		4407998091	经纵锯、纵切、刨切或旋切的非端部接合的其他温带濒危非针叶厚板材（厚度超过6毫米）	立方米
		4407998099	经纵锯、纵切、刨切或旋切的非端部接合的其他温带非针叶厚板材（厚度超过6毫米）	立方米
		4407999092	经纵锯、纵切、刨切或旋切的非端部接合的沉香木及拟沉香木厚板材（厚度超过6毫米）	立方米
		4407999095	经纵锯、纵切、刨切或旋切的非端部接合的其他濒危木厚板材（厚度超过6毫米）	立方米
		4407999099	经纵锯、纵切、刨切或旋切的非端部接合的其他木厚板材（厚度超过6毫米）	立方米

续表

序号	货物种类	海关商品编号	货物名称及备注	单位
19	白银	7106101100	平均粒径在 3 微米以下的非片状银粉	克
		7106101900	平均粒径在 3 微米及以上的非片状银粉	克
		7106102100	平均粒径在 10 微米以下的片状银粉	克
		7106102900	平均粒径在 10 微米及以上的片状银粉	克
		7106911000	纯度在 99.99% 及以上的未锻造银（包括镀金、镀铂的银）	克
		7106919000	其他未锻造银（包括镀金、镀铂的银）	克
		7106921000	纯度在 99.99% 及以上的半制成银（包括镀金、镀铂的银）	克
		7106929000	其他半制成银（包括镀金、镀铂的银）	克
20	铂金（铂或白金）	7110110000	未锻造或粉末状铂（加工贸易方式）	克
		7110191000	板、片状铂（加工贸易方式）	克
21	铟及铟制品	8112923010	未锻轧的铟、铟粉末	千克
		8112923090	未锻轧的铟废碎料	千克
		8112993000	锻轧的铟及其制品	千克
地方发证机构负责签发以下货物的出口许可证				
1	牛肉			
	冰鲜牛肉	0201100010	鲜或冷的整头及半头野牛肉	千克
		0201100090	其他鲜或冷的整头及半头牛肉	千克
		0201200010	鲜或冷的带骨野牛肉	千克
		0201200090	其他鲜或冷的带骨牛肉	千克
		0201300010	鲜或冷的去骨野牛肉	千克
		0201300090	其他鲜或冷的去骨牛肉	千克
		0206100000	鲜或冷的牛杂碎	千克
	冻牛肉	0202100010	冻的整头及半头野牛肉	千克
		0202100090	其他冻的整头及半头牛肉	千克
		0202200010	冻的带骨野牛肉	千克
		0202200090	其他冻的带骨牛肉	千克
		0202300010	冻的去骨野牛肉	千克
		0202300090	其他冻的去骨牛肉	千克
		0206210000	冻牛舌	千克
		0206220000	冻牛肝	千克
		0206290000	其他冻牛杂碎	千克

续表

序号	货物种类	海关商品编号	货物名称及备注	单位
2	猪肉			
	冰鲜猪肉	0203111010	鲜或冷的整头及半头野乳猪肉	千克
		0203111090	其他鲜或冷的整头及半头乳猪肉	千克
		0203119010	其他鲜或冷的整头及半头野猪肉	千克
		0203119090	其他鲜或冷的整头及半头猪肉	千克
		0203120010	鲜或冷的带骨野猪前腿、后腿及肉块	千克
		0203120090	鲜或冷的带骨猪前腿、后腿及其肉块	千克
		0203190010	其他鲜或冷的野猪肉	千克
		0203190090	其他鲜或冷的猪肉	千克
		0206300000	鲜或冷的猪杂碎	千克
	冻猪肉	0203219010	其他冻的整头及半头野猪肉	千克
		0203219090	其他冻的整头及半头猪肉	千克
		0203220010	冻的带骨野猪前腿、后腿及肉	千克
		0203220090	冻的带骨猪前腿、后腿及其肉块	千克
		0203290010	冻的野猪其他肉	千克
		0203290090	其他冻的猪肉	千克
		0206410000	冻猪肝	千克
		0206490000	其他冻猪杂碎	千克
		0203211010	冻的整头及半头野乳猪肉	千克
		0203211090	冻的整头及半头乳猪肉	千克
3	鸡肉			
	冰鲜鸡肉	0207110000	鲜或冷的整只鸡	千克
		0207131100	鲜或冷的带骨鸡块	千克
		0207131900	其他鲜或冷的鸡块	千克
		0207132100	鲜或冷的鸡翼（不包括翼尖）	千克
		0207132900	其他鲜或冷的鸡杂碎	千克
	冻鸡肉	0207120000	冻的整只鸡	千克
		0207141100	冻的带骨鸡块（包括鸡胸脯、鸡大腿等）	千克
		0207141900	冻的不带骨鸡块（包括鸡胸脯、鸡大腿等）	千克
		0207142100	冻的鸡翼（不包括翼尖）	千克
		0207142200	冻的鸡爪	千克
		0207142900	冻的其他食用鸡杂碎（包括鸡翼尖、鸡肝等）	千克

续表

序号	货物种类	海关商品编号	货物名称及备注	单位
4	矾土	2508300000	耐火粘土（不论是否煅烧，包括矾土、焦宝石及其他耐火粘土）	千克
		2606000000	铝矿砂及其精矿	千克
5	氟石（萤石）	2529210000	按重量计氟化钙含量在 97% 及以下的萤石	千克
		2529220000	按重量计氟化钙含量在 97% 以上的萤石	千克
6	稀土	2530902000	其他稀土金属矿	千克
		2612200000	钍矿砂及其精矿	千克
		2805301100	钕（未相互混合或相互熔合）	千克
		2805301200	镝（未相互混合或相互熔合）	千克
		2805301300	铽（未相互混合或相互熔合）	千克
		2805301400	镧（未相互混合或相互熔合）	千克
		2805301510*	颗粒在 500 微米以下的铈及其合金（含量在 97% 及以上，不论球形、椭球体、雾化、片状、研碎金属燃料；未相互混合或相互熔合）	千克
		2805301590	其他金属铈（未相互混合或相互熔合）	千克
		2805301600	金属镨（未相互混合或相互熔合）	千克
		2805301700	金属钇（未相互混合或相互熔合）	千克
		2805301900	其他稀土金属	千克
		2805302100	其他电池级的稀土金属、钪及钇	千克
		2805302900	其他稀土金属、钪及钇	千克
		2846101000	氧化铈	千克
		2846102000	氢氧化铈	千克
		2846103000	碳酸铈	千克
		2846109010	氰化铈	千克
		2846109090	铈的其他化合物	千克
		2846901100	氧化钇	千克
		2846901200	氧化镧	千克
		2846901300	氧化钕	千克
		2846901400	氧化铕	千克
		2846901500	氧化镝	千克
		2846901600	氧化铽	千克

续表

序号	货物种类	海关商品编号	货物名称及备注	单位
		2846901700	氧化镨	千克
		2846901920	氧化铒	千克
		2846901930	氧化钆	千克
		2846901940	氧化钐	千克
		2846901970	氧化镱	千克
		2846901980	氧化钪	千克
		2846901991	灯用红粉	千克
		2846901992	按重量计中重稀土总含量在 30% 及以上的其他氧化稀土（灯用红粉、氧化铈除外）	千克
		2846901999	其他氧化稀土（灯用红粉、氧化铈除外）	千克
		2846902100	氯化铽	千克
		2846902200	氯化镝	千克
		2846902300	氯化镧	千克
		2846902400	氯化钕	千克
		2846902500	氯化镨	千克
		2846902600	氯化钇	千克
		2846902800	混合氯化稀土	千克
		2846902900	其他未混合氯化稀土	千克
		2846903100	氟化铽	千克
		2846903200	氟化镝	千克
		2846903300	氟化镧	千克
		2846903400	氟化钕	千克
		2846903500	氟化镨	千克
		2846903600	氟化钇	千克
		2846903900	其他氟化稀土	千克
		2846904100	碳酸镧	千克
		2846904200	碳酸铽	千克
		2846904300	碳酸镝	千克
		2846904400	碳酸钕	千克
		2846904500	碳酸镨	千克

续表

序号	货物种类	海关商品编号	货物名称及备注	单位
		2846904600	碳酸钇	千克
		2846904810	按重量计中重稀土总含量在 30% 及以上的混合碳酸稀土	千克
		2846904890	其他混合碳酸稀土	千克
		2846904900	其他未混合碳酸稀土	千克
		2846909100	镧的其他化合物	千克
		2846909200	钕的其他化合物	千克
		2846909300	铽的其他化合物	千克
		2846909400	镝的其他化合物	千克
		2846909500	镨的其他化合物	千克
		2846909690	钇的其他化合物（LED 用荧光粉除外）	千克
		2846909910	按重量计中重稀土总含量在 30% 及以上的稀土金属、钪的其他化合物（LED 用荧光粉、铈的化合物除外）	千克
		2846909990	其他稀土金属、钪的其他化合物（LED 用荧光粉、铈的化合物除外）	千克
7	钼及钼制品	2613100000	已焙烧的钼矿砂及其精矿	千克
		2613900000	其他钼矿砂及其精矿	千克
		2825700000	钼的氧化物及氢氧化物	千克
		2841701000	钼酸铵	千克
		2841709000	其他钼酸盐	千克
		8102100000	钼粉	千克
		8102940000	未锻轧钼（包括简单烧结的条、杆）	千克
		8102970000	钼废碎料	千克
		8102990000	钼制品	千克
8	焦炭	2704001000	焦炭或半焦炭（煤、褐煤或泥煤制成，不论是否成型）	千克
9	成品油	2710199100	润滑油（不含生物柴油）	千克 / 升
		2710199200	润滑脂（不含生物柴油）	千克 / 升
		2710199300	润滑油基础油，不含生物柴油	千克 / 升
10	石蜡	2712200000	石蜡（按重量计含油量在 0.75% 以下，不论是否着色）	千克
		2712901000	微晶石蜡	千克

续表

序号	货物种类	海关商品编号	货物名称及备注	单位
11	部分金属及制品			
	锆	8109200090*	其他未锻轧锆；粉末	千克
		8109300000*	锆废碎料	千克
		8109900090*	其他锻轧锆及锆制品	千克
		2825600090*	二氧化锆	千克
	钽	8103201100	松装密度小于 2.2 克 / 立方厘米的钽粉	千克
		8103201900	其他钽粉	千克
		8103209000	其他未锻轧钽，包括简单烧结而成的条、杆	千克
		8103300000	钽废碎料	千克
		8103909090	其他锻轧钽及其制品	千克
		8103901100	直径小于 0.5 毫米的钽丝	千克
		8103901900	其他钽丝	千克
	锗	8112921010	未锻轧锗废碎料	千克
		8112921090	未锻轧的锗；锗粉末	千克
		8112991000	其他锗及其制品	千克
		2825600001	锗的氧化物	千克
	钒	8112922001	未锻轧、废碎料或粉末状的钒氮合金	千克
		8112992001	其他钒氮合金	千克
		8112922010	未锻轧的钒废碎料	千克
		8112922090	未锻轧的钒；钒粉末	千克
		8112992090	其他钒及其制品	千克
		2825301000	五氧化二钒	千克
		2825309000	其他钒的氧化物及氢氧化物	千克
	铋	2825902100	三氧化二铋	千克
		2825902900	其他铋的氧化物及氢氧化物	千克
		8106001091	其他未锻轧铋	千克
		8106001092	其他未锻轧铋废碎料	千克
		8106001099	其他未锻轧铋粉末	千克
		8106009090	其他铋及铋制品	千克

续表

序号	货物种类	海关商品编号	货物名称及备注	单位
	钨	3824300010	混合的未烧结金属碳化钨（包括自身混合或与金属粘合剂混合的）	千克
	钛	3206111000	钛白粉	千克
		8108202100	未锻轧海绵钛	千克
		8108202990	其他未锻轧钛	千克
		8108203000	钛的粉末	千克
		8108300000	钛废碎料	千克
	镓、铼、铌	8112924010	铌废碎料	千克
		8112924090	未锻轧的铌；粉末	千克
		8112929091	未锻轧的镓、铼废碎料	千克
		8112929099	未锻轧的镓、铼；粉末	千克
		8112994000	锻轧的铌及其制品	千克
		8112999090	锻轧的镓、铼及其制品	千克
	钴	8105201000	钴湿法冶炼中间品	千克
		8105202000	未锻轧钴	千克
		8105209001	钴锍及其他冶炼钴时所得的中间产品	千克
		8105209090	其他钴锍、未锻轧钴、粉末	千克
		8105300000	钴锍废碎料	千克
		8105900000	其他钴及制品	千克
		2827393000	氯化钴	千克
		2917112000	草酸钴	千克
		2836993000	碳酸钴	千克
		2822001000	四氧化三钴	千克
		2822009000	其他钴的氧化物及氢氧化物（包括商品氧化钴，但四氧化三钴除外）	千克
		2833299010	硫酸钴	千克
	铍	8112120000*	未锻轧铍、铍粉末	千克
		8112130000*	铍废碎料	千克
		8112190000*	其他铍及其制品	千克
	镍	7501100000	镍锍	千克
		7501201000	镍湿法冶炼中间品	千克

续表

序号	货物种类	海关商品编号	货物名称及备注	单位
		7501209000	其他氧化镍烧结物、镍的其他中间产品	千克
		7502101000	未锻轧非合金镍(按重量计镍、钴总量在99.99%及以上，但钴含量不超过0.005%)	千克
		7502109000	其他未锻轧非合金镍	千克
		7502200000	未锻轧镍合金	千克
		7503000000	镍废碎料	千克
	锰	8111001010	未锻轧锰废碎料	千克
		8111001090	未锻轧锰；粉末	千克
		8111009000	其他锰及制品	千克
	铬	8112210000	未锻轧铬；铬粉末	千克
		8112220000	铬废碎料	千克
		8112290000	其他铬及其制品	千克
	铂	7110199000	其他半制成铂	克
		7112921000	铂及包铂的废碎料（但含有其他贵金属除外）	克
		7112922001	铂含量在3%以上的其他含有铂及铂化合物的废碎料（但含有其他贵金属除外，主要用于回收铂）	克
		7112922090	其他含有铂及铂化合物的废碎料（但含有其他贵金属除外，主要用于回收铂）	克
		7111000000	以贱金属、银或金为底的包铂材料	克
		7115100000	金属丝布或格栅形状的铂催化剂	克
		2843900020	氯化铂	克
		2843900031	奥沙利铂、卡铂、奈达铂、顺铂及其他含铂的抗癌药品制剂及原材料	克
		2843900039	其他铂化合物	克
		2843900090	其他贵金属化合物，贵金属汞齐（不论是否已有化学定义）	克
	钯	7110210000	未锻造或粉末状钯	克
		7110291000	板、片状钯	克
		7110299000	其他半制成钯	克
	铑	7110310000	未锻造或粉末状铑	克
		7110391000	板、片状铑	克
		7110399000	其他半制成铑	克

续表

序号	货物种类	海关商品编号	货物名称及备注	单位
	钌、铱、锇	7110410000	未锻造或粉末状铱、锇、钌	克
		7110491000	板、片状铱、锇、钌	克
		7110499000	其他半制成铱、锇、钌	克
	铁合金	7202110000	按重量计含碳量在 2% 以上的锰铁	千克
		7202190000	按重量计含碳量不超过 2% 的锰铁	千克
		7202210010	按重量计含硅量超过 55% 但在 90% 以下的硅铁	千克
		7202210090	按重量计含硅量超过 90% 的硅铁	千克
		7202290010	按重量计含硅量在 30% 及以上但不超过 55% 的硅铁	千克
		7202290090	按重量计含硅量在 30% 以下的硅铁	千克
		7202300000	硅锰铁	千克
		7202410000	按重量计含碳量在 4% 以上的铬铁	千克
		7202490000	按重量计含碳量不超过 4% 的铬铁	千克
		7202500000	硅铬铁	千克
		7202600000	镍铁	千克
		7202700000	钼铁	千克
		7202801000	钨铁	千克
		7202802000	硅钨铁	千克
		7202910000	钛铁及硅钛铁	千克
		7202921000	按重量计含钒量在 75% 及以上的钒铁	千克
		7202929000	其他钒铁	千克
		7202930010	钽含量在 10% 以下的铁钽铌合金	千克
		7202930090	其他铌铁	千克
		7202991100	钕铁硼合金速凝永磁片	千克
		7202991200	钕铁硼合金磁粉	千克
		7202991900	其他钕铁硼合金	千克
		7202999110	按重量计中重稀土元素总含量在 30% 及以上的铁合金（按重量计稀土元素总含量在 10% 以上）	千克
		7202999191	按重量计稀土元素总含量在 10% 以上的稀土硅铁合金	千克
		7202999199	其他按重量计稀土元素总含量在 10% 以上的铁合金	千克
		7202999900	其他铁合金	千克

续表

序号	货物种类	海关商品编号	货物名称及备注	单位
		8703505290	同时装有压燃式活塞内燃发动机（柴油或半柴油发动机，气缸容量超过2.5升但不超过3升）及驱动电动机的四轮驱动越野车的成套散件（可通过接插外部电源进行充电的除外）	辆
		8703505310	同时装有压燃式活塞内燃发动机（柴油或半柴油发动机，气缸容量超过2.5升但不超过3升）及驱动电动机的小客车（9座及以下，可通过接插外部电源进行充电的除外）	辆
		8703505390	同时装有压燃式活塞内燃发动机（柴油或半柴油发动机，气缸容量超过2.5升但不超过3升）及驱动电动机的小客车的成套散件（9座及以下，可通过接插外部电源进行充电的除外）	辆
		8703505910	同时装有压燃式活塞内燃发动机（柴油或半柴油发动机，气缸容量超过2.5升但不超过3升）及驱动电动机的其他载人车辆（可通过接插外部电源进行充电的除外）	辆
		8703505990	同时装有压燃式活塞内燃发动机（柴油或半柴油发动机，气缸容量超过2.5升但不超过3升）及驱动电动机的其他载人车辆的成套散件（可通过接插外部电源进行充电的除外）	辆
		8703506110	同时装有压燃式活塞内燃发动机（柴油或半柴油发动机，气缸容量超过3升但不超过4升）及驱动电动机的小轿车（可通过接插外部电源进行充电的除外）	辆
		8703506190	同时装有压燃式活塞内燃发动机（柴油或半柴油发动机，气缸容量超过3升但不超过4升）及驱动电动机的小轿车的成套散件（可通过接插外部电源进行充电的除外）	辆
		8703506210	同时装有压燃式活塞内燃发动机（柴油或半柴油发动机，气缸容量超过3升但不超过4升）及驱动电动机的四轮驱动越野车（可通过接插外部电源进行充电的除外）	辆
		8703506290	同时装有压燃式活塞内燃发动机（柴油或半柴油发动机，气缸容量超过3升但不超过4升）及驱动电动机的四轮驱动越野车的成套散件（可通过接插外部电源进行充电的除外）	辆
		8703506310	同时装有压燃式活塞内燃发动机（柴油或半柴油发动机，气缸容量超过3升但不超过4升）及驱动电动机的小客车（9座及以下，可通过接插外部电源进行充电的除外）	辆
		8703506390	同时装有压燃式活塞内燃发动机（柴油或半柴油发动机，气缸容量超过3升但不超过4升）及驱动电动机的小客车的成套散件（9座及以下，可通过接插外部电源进行充电的除外）	辆

续表

序号	货物种类	海关商品编号	货物名称及备注	单位
		8703506910	同时装有压燃式活塞内燃发动机（柴油或半柴油发动机，气缸容量超过 3 升但不超过 4 升）及驱动电动机的其他载人车辆（可通过接插外部电源进行充电的除外）	辆
		8703506990	同时装有压燃式活塞内燃发动机（柴油或半柴油发动机，气缸容量超过 3 升但不超过 4 升）及驱动电动机的其他载人车辆的成套散件（可通过接插外部电源进行充电的除外）	辆
		8703507110	同时装有压燃式活塞内燃发动机（柴油或半柴油发动机，气缸容量超过 4 升）及驱动电动机的小轿车（可通过接插外部电源进行充电的除外）	辆
		8703507190	同时装有压燃式活塞内燃发动机（柴油或半柴油发动机，气缸容量超过 4 升）及驱动电动机的小轿车的成套散件（可通过接插外部电源进行充电的除外）	辆
		8703507210	同时装有压燃式活塞内燃发动机（柴油或半柴油发动机，气缸容量超过 4 升）及驱动电动机的四轮驱动越野车（可通过接插外部电源进行充电的除外）	辆
		8703507290	同时装有压燃式活塞内燃发动机（柴油或半柴油发动机，气缸容量超过 4 升）及驱动电动机的四轮驱动越野车的成套散件（可通过接插外部电源进行充电的除外）	辆
		8703507310	同时装有压燃式活塞内燃发动机（柴油或半柴油发动机，气缸容量超过 4 升）及驱动电动机的的小客车（9 座及以下，可通过接插外部电源进行充电的除外）	辆
		8703507390	同时装有压燃式活塞内燃发动机（柴油或半柴油发动机，气缸容量超过 4 升）及驱动电动机的小客车的成套散件（9 座及以下，可通过接插外部电源进行充电的除外）	辆
		8703507910	同时装有压燃式活塞内燃发动机（柴油或半柴油发动机，气缸容量超过 4 升）及驱动电动机的的其他载人车辆（可通过接插外部电源进行充电的除外）	辆
		8703507990	同时装有压燃式活塞内燃发动机（柴油或半柴油发动机，气缸容量超过 4 升）及驱动电动机的的其他载人车辆的成套散件（可通过接插外部电源进行充电的除外）	辆
		8703509010	其他同时装有压燃式活塞内燃发动机（柴油或半柴油发动机）及驱动电动机的载人车辆（可通过接插外部电源进行充电的除外）	辆
		8703509090	其他同时装有压燃式活塞内燃发动机（柴油或半柴油发动机）及驱动电动机的载人车辆的成套散件（可通过接插外部电源进行充电的除外）	辆
		8703600000	同时装有点燃往复式活塞内燃发动机及驱动电动机、可通过接插外部电源进行充电的其他载人车辆	辆
		8703700000	同时装有压燃活塞内燃发动机（柴油或半柴油发动机）及驱动电动机、可通过接插外部电源进行充电的其他载人车辆	辆

续表

序号	货物种类	海关商品编号	货物名称及备注	单位
		8703900021	其他型气缸容量不超过 1 升的其他载人车辆	辆
		8703900022	其他型气缸容量超过 1 升但不超过 1.5 升的其他载人车辆	辆
		8703900023	其他型气缸容量超过 1.5 升但不超过 2 升的其他载人车辆	辆
		8703900024	其他型气缸容量超过 2 升但不超过 2.5 升的其他载人车辆	辆
		8703900025	其他型气缸容量超过 2.5 升但不超过 3 升的其他载人车辆	辆
		8703900026	其他型气缸容量超过 3 升但不超过 4 升的其他载人车辆	辆
		8703900027	其他型气缸容量超过 4 升的其他载人车辆	辆
		8704210000	柴油型其他小型货车（装有压燃式活塞内燃发动机，车辆总重量不超过 5 吨）	辆
		8704223000	柴油型其他中型货车（装有压燃式活塞内燃发动机，车辆总重量超过 5 吨但在 14 吨以下）	辆
		8704224000	柴油型其他重型货车（装有压燃式活塞内燃发动机，车辆总重量在 14 吨及以上但不超过 20 吨	）辆
		8704230010	固井水泥车、压裂车、混砂车、连续油管车、液氮泵车用底盘	辆
		8704230020	起重 55 吨及以上的汽车起重机用底盘	辆
		8704230030	车辆总重量在 31 吨及以上的清障车专用底盘	辆
		8704230090	柴油型的其他超重型货车（装有压燃式活塞内燃发动机，车辆总重量超过 20 吨）	辆
		8704310000	车辆总重量不超过 5 吨的其他货车（汽油型，装有点燃式活塞内燃发动机）	辆
		8704323000	车辆总重量超过 5 吨但不超过 8 吨的其他货车（汽油型，装有点燃式活塞内燃发动机）	辆
		8704324000	车辆总重量超过 8 吨的其他货车（汽油型，装有点燃式活塞内燃发动机）	辆
		8704900000	装有其他发动机的货车	辆
		8706002100	车辆总重量在 14 吨及以上的货车底盘（装有发动机）	台
		8706002200	车辆总重量在 14 吨以下的货车底盘（装有发动机）	台
		8706003000	大型客车底盘（装有发动机）	台
		8706009000	其他机动车辆底盘（装有发动机，用于税目 87.01、87.03 和 87.05 所列车辆）	台

注：标有“*”的货物免于申领出口许可证，但需按规定申领两用物项和技术出口许可证。

国家发展改革委、商务部公布《2019 年农产品进口关税配额再分配公告》

【发布单位】国家发展改革委　商务部

【发布日期】2018 年 8 月 21 日

根据《农产品进口关税配额管理暂行办法》，特制定《2019 年农产品进口关税配额再分配公告》，现予以公布。

2019 年农产品进口关税配额再分配公告

根据《农产品进口关税配额管理暂行办法》（商务部、国家发展和改革委员会令 2003 年第 4 号，以下简称《暂行办法》）、《2019 年粮食进口关税配额申领条件和分配原则》和《2019 年棉花进口关税配额申领条件和分配原则》（国家发展和改革委员会公告 2018 年第 12 号，以下简称《分配原则》）、《2019 年食糖进口关税配额申请和分配细则》（商务部公告 2018 年第 78 号，以下简称《分配细则》）中的有关规定，现将 2019 年农产品进口关税配额再分配有关事项公告如下：

一、持有 2019 年小麦、玉米、大米、棉花、食糖进口关税配额的最终用户，当年未就全部配额数量签订进口合同，或已签订进口合同但预计年底前无法从始发港出运的，均应将其持有的关税配额量中未完成或不能完成的部分于 9 月 15 日前交还所在地的省（自治区、直辖市、计划单列市、新疆生产建设兵团）发展改革委、商务主管部门。国家发展改革委、商务部将对交还的配额进行再分配。对最终用户 9 月 15 日前没有交还且年底前未充分使用的配额，国家发展改革委、商务部在分配下一年农产品进口关税配额时按比例相应扣减。

二、获得本公告第一条所列商品 2019 年进口关税配额并全部使用完毕（需提供进口报关单复印件）的最终用户，以及符合《分配原则》《分配细则》中所列申请条件但在年初分配时未申请 2019 年进口关税配额的新用户，可以向所在地省（自治区、直辖市、计划单列市、新疆生产建设兵团）发展改革委、商务主管部门提出农产品进口关税配额再分配申请。

三、申请者需在 9 月 1 日至 15 日以书面形式向所在地省（自治区、直辖市、计划单列市、新疆生产建设兵团）发展改革委、商务主管部门递交关税配额再分配申请。相关商品申请格式见附件。

四、各省（自治区、直辖市、计划单列市、新疆生产建设兵团）发展改革委、商务主管部门对申请者的申请进行受理后，于 9 月 1 日开始将符合条件的申请通过农产品进口关税配额计算机管理系统分别进行申报，并于 9 月 20 日前将申请按时间顺序汇总后，以书面形式分别上报国家发展改革委、商务部。

五、国家发展改革委、商务部按照网上申报的顺序对用户交回的配额进行再分配。10月1日前将关税配额再分配的结果通知到最终用户。

当符合条件的申请数量总和小于关税配额再分配量时，每个申请者的申请均可获得满足；当符合条件的申请数量总和大于关税配额再分配量时，按照《分配原则》《分配细则》中的有关规定进行再分配。

六、再分配关税配额的有效期等其他事项按照《暂行办法》《分配原则》《分配细则》执行。

七、小麦、玉米、大米、棉花进口关税配额的再分配，由国家发展改革委会同商务部以及各省（自治区、直辖市、计划单列市、新疆生产建设兵团）发展改革委组织实施；食糖进口关税配额再分配，由商务部以及各省（自治区、直辖市、计划单列市、新疆生产建设兵团）商务主管部门组织实施。

附件：1. 2019年粮食进口关税配额再分配申请表

2. 2019年棉花进口关税配额再分配申请表

3. 2019年食糖进口关税配额再分配申请表

附件1

2019年粮食进口关税配额再分配申请表

<table>
<tr><td colspan="3">企业名称：</td><td rowspan="2">统一社会信用代码：</td></tr>
<tr><td colspan="3">企业注册地址：</td></tr>
<tr><td colspan="3">企业性质：□国有　□股份制　□民营　□外商投资</td><td>联系电话：</td></tr>
<tr><td colspan="2">注册资本（万元）：</td><td>2018年纳税额（万元）：</td><td>2018年底资产负债率：</td></tr>
<tr><td colspan="2" rowspan="2">申请农产品配额名称：</td><td rowspan="2">申请数量（吨）</td><td>一般贸易：</td></tr>
<tr><td>加工贸易：</td></tr>
<tr><td colspan="2">□2018年有该农产品一般贸易进口实绩者</td><td>□2018年有该农产品加工贸易进口实绩者</td><td>□2018年无该农产品进口实绩者</td></tr>
<tr><td colspan="4">以下由生产企业填写：</td></tr>
<tr><td rowspan="9">企业生产经营情况</td><td rowspan="5">一般贸易</td><td colspan="2">□2018年　□2019年</td></tr>
<tr><td>产品名称：</td><td>加工原料名称：</td></tr>
<tr><td>年生产能力（吨）：</td><td>年处理能力（吨）：</td></tr>
<tr><td>年实际产量（吨）：</td><td>年实际用量（吨）：</td></tr>
<tr><td colspan="2">该产品年销售额（万元）：</td></tr>
<tr><td rowspan="4">加工贸易</td><td colspan="2">□2018年　□2019年</td></tr>
<tr><td>出口产品名称：</td><td>进口原料名称：</td></tr>
<tr><td>年加工能力（吨）：</td><td>年实际进口量（吨）：</td></tr>
<tr><td>年实际出口量（吨）：</td><td>年进口处理需求（吨）：</td></tr>
</table>

续表

<table>
<tr><td colspan="4">以下由具有大米批发零售资格的粮食企业填写：</td></tr>
<tr><td colspan="3">2018 年大米贸易年销售额（万元）：</td><td>2019 年大米贸易完成销售额（万元）：</td></tr>
<tr><td colspan="4">以下由有进口实绩（不包括代理进口）的企业填写：</td></tr>
<tr><td rowspan="7">企业实际进口情况</td><td></td><td>2018 年</td><td>2019 年</td></tr>
<tr><td rowspan="3">一般贸易配额</td><td>分配量（吨）：</td><td>分配量（吨）：</td></tr>
<tr><td>实际进口量（吨）：</td><td>已完成进口量（吨）：</td></tr>
<tr><td>调整期退回量（吨）：</td><td>调整期退回量（吨）：</td></tr>
<tr><td rowspan="3">加工贸易配额</td><td>分配量（吨）：</td><td>分配量（吨）：</td></tr>
<tr><td>实际进口量（吨）：</td><td>已完成进口量（吨）：</td></tr>
<tr><td>调整期退回量（吨）：</td><td>调整期退回量（吨）：</td></tr>
<tr><td colspan="4">本企业已阅知《2019 年农产品进口关税配额再分配公告》相关内容，承诺保证符合国家规定的粮食进口关税配额申领条件，保证本申请表所填写的内容真实、准确、完整；获得粮食进口关税配额，保证按照国家有关法律、法规、规章开展粮食进口业务。如有违反本承诺的，愿意承担相应的法律责任，并接受联合惩戒。

申请企业（盖章）　　　企业法定代表人（签字）:</td></tr>
</table>

填表说明：

1. 企业名称与统一社会信用代码必须一一对应，一码一申请。
2. “企业生产经营情况”：指企业 2018 年或 2019 年以申请进口的农产品（包括粉、粒）为主要原料加工产品实际生产经营情况，2018 年的以截止到年底为准，2019 年的以截止到 2019 年 6 月底为准。

附件 2

2019 年棉花进口关税配额再分配申请表

<table>
<tr><td colspan="2">申请企业名称：</td><td>统一社会信用代码：</td></tr>
<tr><td colspan="2">2018 年初以来企业是否更名：☐是　　☐否</td><td>曾用名：</td></tr>
<tr><td colspan="3">企业注册地址：</td></tr>
<tr><td colspan="2">企业性质：☐国有　☐股份制　☐民营　☐外商投资</td><td>联系电话：</td></tr>
<tr><td>注册资本（万元）：</td><td>2018 年纳税额（万元）：</td><td>2018 年资产负债率：</td></tr>
<tr><td colspan="3">配额申请数量（吨）：</td></tr>
<tr><td>☐ 2018 年有棉花一般贸易进口实绩者</td><td>☐ 2018 年有棉花加工贸易进口实绩者</td><td>☐ 2018 年无棉花进口实绩者</td></tr>
</table>

续表

<table>
<tr><td rowspan="5">2018 年企业生产经营情况</td><td>纺纱能力：　　　锭</td><td>年棉花用量：　　　吨</td></tr>
<tr><td>其中，环锭纺：　　　锭</td><td>其中，进口棉用量：　　　吨</td></tr>
<tr><td>转杯纺：　　　头</td><td>年纱线产量：　　　吨</td></tr>
<tr><td>喷气涡流纺：　　　头</td><td>其中，棉纱产量：　　　吨</td></tr>
<tr><td></td><td>#纯棉纱产量：　　　吨</td></tr>
<tr><td rowspan="4">关税配额获得及使用情况</td><td>2018 年</td><td>2019 年</td></tr>
<tr><td>分配量（吨）：</td><td>分配量（吨）：</td></tr>
<tr><td>实际进口量（吨）：</td><td>已完成进口量（吨）：</td></tr>
<tr><td>调整期退回量（吨）：</td><td>调整期退回量（吨）：</td></tr>
<tr><td colspan="3">备注：</td></tr>
<tr><td colspan="3">本企业已阅知《2019 年农产品进口关税配额再分配公告》相关内容，承诺保证符合国家规定的棉花进口关税配额申领条件，保证本申请表所填写的内容真实、准确、完整；获得棉花进口关税配额，保证按照国家有关法律、法规、规章开展棉花进口业务。如有违反本承诺的，愿意承担相应的法律责任，并接受联合惩戒。

申请企业（盖章）　　企业法定代表人（签字）：</td></tr>
</table>

填表说明：

1. 企业名称与统一社会信用代码必须一一对应，一码一申请。
2. “纺纱能力”指折环锭纺产能，须填报本企业自有设备且 2019 年 7 月 31 日已投产使用的实际纺纱能力。转杯纺和喷气涡流纺分别按每头 10 锭和 20 锭折算为环锭纺纱锭数。
3. 本表棉纱指以棉花为原料之一加工的纱线，纯棉纱指含棉量为 100% 的棉纱线。
4. 填报数据精确到个位。企业须保存与上述填报数据相一致的采购、销售发票和出入库凭证等证明材料备查。检查时，如无法完整提供，将视为虚假填报。
5. 2019 年 7 月 31 日纺纱能力较最近一次我委组织的产能现场核查及抽查有变化的，请在“备注”栏说明。

附件 3

2019 年食糖进口关税配额再分配申请表

企业名称：
企业注册地址：
企业性质：□国有　□股份制　□民营　□外商投资
企业类型：□生产企业　□贸易企业
统一社会信用代码：
联系电话：

续表

<table>
<tr><td colspan="2">申请配额名称：</td><td colspan="2">☐ 2018 年有食糖一般贸易进口实绩者</td><td colspan="2">☐ 2018 年有食糖加工贸易进口实绩者</td><td>☐ 2018 年无食糖进口实绩者</td></tr>
<tr><td rowspan="2">一般贸易</td><td colspan="2">申请数量：</td><td rowspan="2">加工贸易</td><td colspan="3">申请数量：</td></tr>
<tr><td colspan="2">报关口岸：① ②</td><td colspan="3">报关口岸：① ②</td></tr>
<tr><td colspan="7">以下由生产企业填写：</td></tr>
<tr><td rowspan="4">2018 年企业产品及生产能力</td><td colspan="3">产品名称：</td><td colspan="3"></td></tr>
<tr><td colspan="2">日产量（吨）：</td><td colspan="4">日食糖使用量（吨）：</td></tr>
<tr><td colspan="2">年产量（吨）：</td><td colspan="4">年食糖使用量（吨）：</td></tr>
<tr><td colspan="6">该产品年销售额（万元）：</td></tr>
<tr><td colspan="7">以下由有加工贸易进口实绩的企业填写：</td></tr>
<tr><td rowspan="3">2018 年加工贸易配额</td><td colspan="2">申请到配额量（吨）：</td><td rowspan="3">2019 年加工贸易配额</td><td colspan="3">已申领到配额量（吨）：</td></tr>
<tr><td colspan="2">实际进口量（吨）：</td><td colspan="3">已完成进口量（吨）：</td></tr>
<tr><td colspan="2">调整期退回量（吨）：</td><td colspan="3">调整期退回量（吨）：</td></tr>
<tr><td colspan="7">以下由有一般贸易进口实绩的企业填写（不包括代理进口）：</td></tr>
<tr><td rowspan="3">2018 年一般贸易配额</td><td colspan="2">分配量（吨）：</td><td rowspan="3">2019 年一般贸易配额</td><td colspan="3">分配量（吨）：</td></tr>
<tr><td colspan="2">实际进口量（吨）：</td><td colspan="3">已完成进口量（吨）：</td></tr>
<tr><td colspan="2">调整期退回量（吨）：</td><td colspan="3">调整期退回量（吨）：</td></tr>
<tr><td colspan="7">是否同意对外提供本企业基本信息和配额申领数量： ☐是 ☐否</td></tr>
</table>

本企业已阅知《2019 年农产品进口关税配额再分配公告》相关内容。本企业郑重承诺提交的食糖关税配额各项申报材料真实、准确、有效。获得食糖关税配额后，保证按照国家有关法律、法规、规章开展进口业务。如有违反本承诺，愿承担相关责任和后果。

申请企业盖章： 企业法人代表签字：

填表说明：“企业产品及生产能力”指以食糖为主要原料生产的产品日产量及年产量、食糖日使用量及年使用量。

2019年中央储备棉轮换有关安排的公告

【发布单位】国家粮食和物资储备局 财政部

【发布文号】2019年第1号

【发布日期】2019年4月19日

为优化中央储备棉结构，确保质量良好，2019年将对部分中央储备棉进行轮换。现将有关事项公告如下：

一、储备棉轮出有关安排

（一）时间。2019年5月5日至2019年9月30日期间的国家法定工作日。

（二）数量。总量安排100万吨左右。实行均衡投放，原则上每工作日挂牌销售1万吨左右。

（三）价格。挂牌销售底价随行就市动态确定，原则上与国内外棉花现货价格挂钩联动，由国内市场棉花现货价格指数和国际市场棉花现货价格指数各按50%的权重计算确定，每周调整一次。（具体计算公式见附件）

（四）方式。通过全国棉花交易市场公开竞价挂牌销售。

（五）公证检验。轮出的储备棉由中国纤维质量监测中心组织对质量和重量进行全面公证检验。

二、储备棉轮入有关安排

根据储备棉实际轮出情况和棉花市场供需情况，国家有关部门择机安排轮入。

三、相关规定

（一）为做好中央储备棉轮换工作，中国储备粮管理集团有限公司、全国棉花交易市场和中国纤维质量监测中心将制定储备棉出入库、竞价交易、公证检验等方面的实施细则，并通过各自官网和全国棉花交易市场网站（www.cnce.com）对外公布。

（二）在中央储备棉轮换过程中，如国内外棉花市场发生重大变化，根据市场调控等需要，国家粮食和物资储备局将会同国家发展改革委、财政部对轮换安排作必要调整，届时另行公布。

特此公告。

附件：中央储备棉轮出销售底价计算公式

国家粮食和物资储备局

财 政 部

2019年4月19日

附件

中央储备棉轮出销售底价计算公式

中央储备棉轮出销售底价每周调整确定一次，具体计算公式如下：

本周储备棉轮出销售底价（折标准级3128B）= 上一周国内市场棉花现货价格指数算术平均值 × 权重 50%+ 上一周国际市场棉花现货价格指数算术平均值 × 权重 50% 其中：1. 国内市场棉花现货价格指数 =[中国棉花价格指数（3128B 品种）+ 国家棉花价格指数（3128B 品种）] ÷ 2；

2. 国际市场棉花现货价格指数 = 考特鲁克 A 指数（折美元 / 吨）× 汇率 ×（1+ 关税 1%）×（1+ 增值税 9%）；

3. 汇率参照海关征税方式，采用上一个月第三个星期三（如逢法定节假日，则顺延采用第四个星期三）中国人民银行公布的外币对人民币的基准汇率。

质量等级差价按照中国棉花协会公布的棉花质量差价表执行。

关于组织 2019 年中央储备棉轮出销售的公告

【发布单位】中国储备粮管理集团有限公司

【发布文号】2019 年第 1 号

【发布日期】2019 年 4 月 30 日

各涉棉企业：

根据国家粮食和物资储备局、财政部公告（2019 年第 1 号）精神，中国储备粮管理集团有限公司制订了《2019 年中央储备棉出库实施细则》（见附件），现予以公布。

为确保储备棉轮出顺利开展，各竞买企业应及时按要求提货，加快出库。如不及时出库影响轮出进度及相关工作的，有关方面将采取措施限制其参与竞价交易。

特此公告。

附件：2019 年中央储备棉出库实施细则

中国储备粮管理集团有限公司

2019 年 4 月 30 日

附件

2019 年中央储备棉出库实施细则

根据国家粮食和物资储备局、财政部联合发布的 2019 年第 1 号公告有关精神，中国储备粮管理集团有限公司制订 2019 年中央储备棉出库实施细则。

一、出库储备棉数量、结构和库点安排

本年度出库储备棉为 2011—2013 年度储备棉。具体出库储备棉结构和库点根据出库公证检验情况，同时兼顾储备棉安全管理需要进行安排。

二、储备棉销售和提货流程

（一）储备棉销售方式。2019 年储备棉轮出通过全国棉花交易市场（以下简称“交易市场”）公开竞价挂牌销售。

（二）数据的发布和传递。储备棉出库库点和储备棉相关检验数据通过中国储备棉管理有限公司（以下简称中储棉公司）、中国纤维质量监测中心、全国棉花交易市场对外发布。交易数据由中储棉公司在交易的前一日向交易市场提供。交易闭市后交易市场将成交结果及时传中储棉公司。

（三）签订合同。竞卖交易成交即《中央储备棉购销合同》（见附件 1）生效。在成交后 3 个工作日内，买方应通过电子印章、传真等方式办理盖章签字手续并经交易市场见证以完备合同形式，否则视为买方违约。

（四）货款结算。买方须于成交后 5 个工作日内将成交货款汇至中储棉公司“储备棉结算专户”，账号为：

收款单位：中国储备棉管理有限公司

开户行：中国农业发展银行总行营业部

行　号：203100000027

账　号：20399990010100000242801

中储棉公司不接受承兑汇票和代付款。超过 5 个工作日未收到货款视同买方违约，中储棉公司通知交易市场扣除相应保证金。为加快结算速度，减少资金在途时间，买方要按照合同金额汇款，并在汇款备注栏标注成交合同号。

（五）办理提货单。中储棉公司确认资金到账后的 2 个工作日内开具《储备棉出库单》，《储备棉出库单》由中储棉公司客服中心统一办理。中储棉公司客服中心地址及联系方式：

地址：北京市海淀区紫竹院路 116 号嘉豪国际中心 B 座 15 层

邮编：100097

联系电话：010–58931136

传真号码：010–58931123

（六）提货要求。买方凭《储备棉出库单》原件或者电子验证码到相应承储单位办理提货手续。买方应于《储备棉出库单》开具之日起 10 个工作日（含）内提货，超过 10 个工作日（不含）未提货的，承储单位必须转作商品棉保管，并移出储备棉存储区域。买方应及时与承储单位签订商品棉保管合同，明确保管、保险等相关责任及费用标准，有关费用由买方承担。转为商品棉后，棉花若发生保管及出库等问题与中储棉公司无关。

应买方要求，承储单位应在代办运输、申报车皮计划、搬倒、装运等方面提供必要协助。储备棉出库费执行国家有关部门统一规定。除双方事先另有约定外，储备棉承储单位不得额外收取任何费用，不得强行要求买方使用指定的运输工具。提货批次中存在崩包、炸包情况的，买方与承储单位现场协商解决。储备棉提货过程中所有票据的合法性和有效性由提供方负责。

（七）释放交易保证金。开具《储备棉出库单》或提供电子验证码后，中储棉公司通知交易市场释放买方交易保证金。保证金已释放，如买方出现违约，中储棉公司将从买方货款中扣除违约金。

（八）开具增值税专用发票。买方需提货完成并验收无误后，方可向中储棉公司申请开具增值税专用发票。买方通过储备棉出库（自助）服务信息系统《开票申请》模块在线提交开具增值税专用发票申请，中储棉公司不接收纸质《开票申请》。

为提高开具发票速度，确保提供开票的相关资料准确无误，买方须通过储备棉出库（自助）服务信息系统在线填写《储备棉竞买企业基本信息备案表》（见附件2），并盖章传真至中储棉公司客服中心。

储备棉出库（自助）服务信息系统网址：http://paochu.emiancang.com/。

（九）交易手续费。中储棉公司根据有关规定，按照最终销售出库的数量支付交易手续费。

三、公证检验和质量纠纷处理

（一）储备棉出库公证检验

本年度出库的储备棉按照国家有关规定进行公证检验，质量和重量差异在允差范围内的按照轮出公证检验结果销售。出库储备棉质量和重量以相关机构出具的公证检验证书为准。

出库公证检验由中国纤维质量监测中心组织实施，相关细则按照《2015/2016年度国家储备棉轮出公证检验实施办法》(办法中“国家储备棉”即中央储备棉，下同）执行，相关承储单位要全力做好配合公正检验工作，确保储备棉出库任务顺利进行。

（二）质量重量纠纷处理

质量重量纠纷采用复检机制进行处理。买方按照《2015/2016年国家储备棉轮出公证检验实施办法》关于复检的有关规定，向交易市场提出申请，交易市场初审后转中国纤维质量监测中心受理复检。

已经销售的储备棉除以下情况，一律不予退货。

1. 经中国纤维质量监测中心认定属于掺杂使假。

2. 经中国纤维质量监测中心组织复检，质量或重量不相符的。

3. 棉包内部有污染、霉变情况。

鉴于储备棉按捆销售，发生以上情况退货时，仅接受整捆棉花全部退货，买方负责将退货棉花交回指定承储单位，经验收无误后方可退货。

在库复检和退货所发生的配合公检费、入库费按国家核定标准执行。退货棉花需保持包装完好，如需回包整理的，费用由买方承担。

四、信息发布和上报

中储棉公司通过中国棉花网和中国棉花信息网发布每日上市数据和相关公告，每周将出库情况汇总统计，连同存在的问题报有关部门。

五、其他事项

（一）此次出库储备棉按捆销售，每捆棉花具体情况以中国棉花网、交易市场官网、中国棉花信息网公布的上市数据为准。

（二）买方须出具委托书，委托指定经办人员办理《储备棉出库单》以及增值税专用发票领取等手续。

（三）中储棉公司委托中储棉花信息中心有限公司（以下简称信息中心）免费对《储备棉出库单》实行电子认证，买方可凭《储备棉出库单》验证码短信到相关承储库办理提货手续，也可凭中储棉公司出具的纸质《储备棉出库单》原件到相关仓库办理提货手续。使用《储备棉出库单电子认证服务》详见信息中心发布的《关于 < 储备棉出库单 > 电子认证服务有关事项的公告》。

（四）储备棉出库费为 45 元 / 吨（国家法定节假日出库费为 60 元 / 吨）。由于本年度储备棉提前进行出库公证检验，大部分储备棉压批堆码，装车出库时需倒垛。倒垛费最高不得超过 40 元 / 吨。以上费用由买方自行承担，提货前与相关承储单位结清。严禁承储单位超标准收费。

（五）各承储单位要进一步完善出库流程，接到中储棉公司出库指令后，及时联系买方，合理安排出库时间，不得以任何理由延迟出库。如发生买方投诉或提起诉讼，将由故意拖延提货的承储企业承担相应责任。

（六）买方违约后，交易市场定期将违约金划转至中储棉公司账户。本次储备棉竞卖结束后，由中储棉公司统一上缴财政部。

（七）中储棉公司投诉电话：400-660-2856，传真：010-58931123。买方企业也可登录储备棉出库（自助）服务信息系统《在线投诉与评价》模块进行投诉和在线评价。

附件：1.《中央储备棉购销合同》

2.《储备棉竞买企业基本信息备案表》

中国储备粮管理集团有限公司

2019 年 4 月 30 日

附件 1

中央储备棉购销合同
（2019 版）

出卖人：　　　　合同编号：签订地点：北京市西城区

买受人：　　　　见证编号：签订时间：　年　月　日

捆号	数量（吨）	单价（元 / 吨）	金额（元）	承储仓库	备注
					提货需倒垛、或转商品棉后需移出储备棉存放区域产生的费用由买方自行承担
人民币金额（大写）：					

第一条　根据《中华人民共和国合同法》及国家粮食和物资储备局、财政部公告（2019 年第 1 号），经双方协商一致，签订本合同。

第二条　数量、单价、承储仓库。

第三条　质量标准：按（GB1103.1-2012）《棉花锯齿加工细绒棉国家标准》、《2015/2016 年度国家储备棉轮出公证检验实施办法》及有关规定执行。

第四条　验收办法：按相关检验机构出具的公证检验证书及有关公告规定验收。

第五条　交（提）货方式：本合同项下货物所有权自出卖人将《储备棉出库单》或电子验证码交付买受人时转移至买受人。买受人自提。出库费由买受人自理。

第六条　运输方式：买受人负责运输，费用及风险自理，出卖人可代办运输。

第七条　货款支付方式、期限及结算：买受人自交易成交后 5 个工作日内，按合同载明的金额和出卖人账号向出卖人支付货款。出卖人不接受承兑汇票和代付款。出卖人在收到货款后向买受人开具《储备棉出库单》或提供电子验证码。买受人对所购买棉花验收无异议，且提货完毕后，提出开票申请，出卖人开具增值税发票。

第八条　履约保证金：经双方认可同意，各自向全国棉花交易市场交纳履约保证金 1000 元 / 吨。如合同执行完毕，双方没有异议，由全国棉花交易市场退还各自的履约保证金。如一方有违约行为，按第九条规定，由全国棉花交易市场负责从违约方的履约保证金中扣除相应的金额给另一方。

第九条　违约责任：

（一）买受人未按合同第七条付款，超过合同规定付款期限之日起，出卖人有权单方解除合同，买受人应按未履行的合同数量按 1000 元 / 吨的标准向出卖人偿付违约金。违约金由出卖人上交国家财政。

（二）买受人已支付货款，出卖人未按合同交货，并未能及时纠正的，买受人有权单方解除合同。合同终止后，出卖人应于 10 个工作日内退还货款，并按中国人民银行同期存款利率标准，支付已预付货款的利息。

（三）买受人须于出卖人开具《储备棉出库单》或生成电子验证码之日起 10 个工作日（含）内提货完毕。买受人 10 个工作日（含）内未完成提货的，买受人应与承储仓库签订商品棉保管合同，并将棉花移出储备棉存储区域，全部仓库费用包括但不限于仓储费等及货物毁损灭失风险由买受人承担。

（四）因不可抗力不能执行本合同或需修改合同时，需经双方协商认可并报全国棉花交易市场备案或见证。

第十条　合同履行中发生争议可由当事人双方协商解决；协商不成，可报请全国棉花交易市场调解；协商或调解不成，当事人双方一致同意向出卖人所在地人民法院提起诉讼。

第十一条《2019 年中央储备棉轮出竞价交易办法》、《2019 年中央储备棉出库实施细则》、《2015/2016 年国家储备棉出库公证检验实施办法》及中国棉花网（www.cncotton.com）或全国棉花交易市场官网（www.cnce.com）或中国棉花信息网（www.cottonchina.org）适时发布的相关规定与本合同具有同等法律效力。

第十二条其他事项：

（一）买受人如对购买的储备棉质量和重量检验结果有异议，应在《储备棉出库单》出具之日起的 10 个工作日内向全国棉花交易市场提交复检申请，全国棉花交易市场经初审符合申请条件的，及时转交中国纤维质量监测中心，中国纤维质量监测中心指定复检机构按买受人申请项目进行复检；超出 10 个工作日的，视为质量和重量符合要求。具体按《2015/2016 年国家储备棉出库公证检验实施办法》、《2019 年中央储备棉轮出竞价交易办法》、《2019 年中央储备棉出库实施细则》和有关规定处理；（二）出卖人交货是指出卖人在确认收到买受人货款后开具《储备棉出库单》或提供电子验证码，同时向承储仓库发出出库通知。承储仓库根据出库量情况及时安排合同项下货物出库；（三）未尽事宜，双方协商解决。

第十三条本合同一式三份，出卖人、买受人各一份，全国棉花交易市场见证一份。本合同由全国棉花交易市场给出唯一编号，并加盖全国棉花交易市场见证专用章。

出卖人（章）：	买受人（章）：	
地址：	地址：	
邮编：	邮编：	
法定代表人：	法定代表人：	
委托人：	委托人：	见证（章）：
电话：	电话：	
开户行：	开户行：	
行号：	行号：	
账号：	账号：	
税号：	税号：	
经办人：	经办人：	

附件 2

储备棉竞买企业基本信息备案表

企业基本信息	单位名称		交易商代码	
	所在地		企业类型	
	纱锭规模（万锭）		2018 年用棉总量（吨）	
	2018 年棉纱产量（吨）		是否织布	
	主要纱线品种（支）		使用进口棉产地	
	邮寄地址		邮编	
	法定代表人姓名		手机	
	业务联系人		手机	
	座机号码		传真号码	
增值税发票开票信息	单位名称			
	纳税人类型			
	纳税人识别号			
	地址			
	电话			
	开户行			
	银行账号			
	财务联系人		电话	

注：1. 交易商代码为竞拍企业在全国棉花交易市场的交易商代码；

2. 首次填写，请将纸质版备案表加盖公章传真至中储棉客户服务中心；

3. 如需变更信息请在线修改，并将纸质版备案表加盖公章传真至中储棉客户服务中心；

4. 提交前认真查看录入内容，保证信息正确性；

5. 联系电话：010-58931136；传真号码：010-58931123。

企业名称：

（盖章）

年　月　日

关于发布《2019 年中央储备棉轮出竞价交易办法》的公告

【发布单位】全国棉花交易市场

【发布日期】2019 年 4 月 30 日

各涉棉企业：

根据国家粮食和物资储备局、财政部公告（2019 年第 1 号），中央储备棉轮出通过全国棉花交易市场公开竞价挂牌销售。为此，全国棉花交易市场制订了《2019 年中央储备棉轮出竞价交易办法》（见附件），经有关部门同意，现予以公布。

特此公告。

附件：2019 年中央储备棉轮出竞价交易办法

全国棉花交易市场

2019 年 4 月 30 日

附件

2019 年中央储备棉轮出竞价交易办法

第一章　总则

第一条　为保证中央储备棉（以下简称“储备棉”）轮出交易按照“公开、公正、公平”的原则进行，根据《中华人民共和国合同法》及有关规定，制订本办法。

第二条　本办法适用于规范 2019 年储备棉轮出交易行为，全国棉花交易市场（以下简称“交易市场”）、买方、卖方和储备棉承储仓库等相关各方须遵守此办法。

第二章　交易时间

第三条　轮出交易时间暂定为 2019 年 5 月 5 日至 2019 年 9 月 30 日期间的国家法定工作日。每日具体交易时间为 10：00 开始交易，10：30 开始 30 秒倒计时，11：00 开始 15 秒倒计时，直至闭市。

第三章　交易资格

第四条　储备棉轮出交易的卖方为中国储备粮管理集团有限公司所属中国储备棉管理有限公司（以下简称“中储棉公司”）。

参与储备棉轮出交易的买方为经国家市场监管部门登记注册的法人企业，资信状况良好，无不良经营记录。

参与轮出交易的买方应注册为交易市场交易商。如企业尚未成为交易市场交易商，须按照交易市场有关规定办理入市手续，交易市场相应开通交易权限。

第五条　交易商通过网络远程参与轮出交易。交易商应对其在交易市场的一切交易活动承担经济和法律责任。

第四章　交易方式

第六条　储备棉轮出通过竞卖交易方式销售。

竞卖交易是指拟销售的储备棉质量和数量等基础数据通过交易市场预先公布后挂牌报价，由符合资格的买方交易商（以下简称“买方”）自主加价，按价格优先、时间优先原则，以最高购买价成交，双方通过交易市场签订购销合同的交易方式。

第七条　竞卖交易实行倒计时制。即所有参与交易的买方对当日所有批次的储备棉在规定时间内不再提出任何新的报价，则全场结束竞价，自动成交。

第八条　标准级（3128B）储备棉的销售底价按国家有关部门规定的方式计算确定，非标准级储备棉的销售底价由交易市场按中国棉花协会公布的有关质量差价表计算确定。每日上市数量和实际批次储备棉的销售底价以届时公布的上市数据为准。

买方在销售底价基础上自主加价，每次最小加价幅度为20元/吨。

第九条　成交后，买方与中储棉公司签订经国家市场监管部门登记备案的《储备棉购销合同》（见附件），交易市场见证。

第十条　交易的计量单位为“吨”，计价单位为“元/吨”（含增值税）。

第五章　交易信息披露

第十一条　可上市交易的轮出储备棉的公证检验数据及时通过交易市场网站发布。

第十二条　储备棉轮出交易资源由国家有关部门委托中国储备粮管理集团有限公司负责组织，由中国纤维质量监测中心按照GB1103.1-2012《棉花第1部分：锯齿加工细绒棉》国家标准组织全面公证检验，每批储备棉的公证检验证书标示结果作为参与交易和成交结算货款的质量、重量依据。

第十三条　中储棉公司至迟于上市交易前1个工作日前按照有关部门规定的格式向交易市场提供拟上市交易的储备棉生产年度、产地、存放仓库、质量、数量、上市日期等基础资料。

第十四　条交易市场至迟于上市交易前1个工作日对外公布拟上市交易的储备棉资料。

第十五条　交易市场通过官网（www.cnce.com）“2019年储备棉轮出”专栏免费提供交易实时行情服务。

第十六条　交易市场及时将成交情况报送国家有关部门。

第六章　保证金、货款收付和手续费

第十七条　参加储备棉轮出交易的买方须于交易前在交易市场指定账户存放不少于30万元的保证金。交易市场预存交易商的交易保证金实行专户管理。

交易市场只接受本单位的汇款作为交易保证金。为确保保证金及时入账，请在汇款用途里注明交易商代码和储备棉保证金。

第十八条　交易过程中，买方如保证金不足，将暂停交易，直至补足为止。

第十九条　成交后，交易市场从买方预存保证金中根据成交数量按1000元/吨的标准暂扣其保证金作为履约保证金。

第二十条　买方须于成交后3个工作日内签订《储备棉购销合同》，并于成交后5个工作日内将成交货款汇至中储棉公司“储备棉结算专户”，否则视为买方违约，交易市场扣除相应合同违约金后，相关批次棉花重新上市交易。

为简化操作手续，买方通过在交易市场提供的《储备棉购销合同》上加盖电子印章的方式完成买方签订购销合同的手续，具体办理手续按交易市场有关规定程序执行。

为加快结算速度，减少资金在途时间，买方应按照合同金额汇款，并在汇款备注栏中标注成交合同号。

第二十一条　交易市场根据中储棉公司的通知释放买方履约保证金，或将有关保证金扣为违约金。交易市场定期将违约金划转给中储棉公司，由中储棉公司上交中央财政。

为规范买方行为，凡参与2019年储备棉竞卖的买方发生一次违约，则在扣除其违约保证金的基础上暂停竞买一周，累计出现三次违约，则直接取消其本年储备棉购买资格。交易市场通过官网（www.cnce.com）“2019年储备棉轮出”专栏公布违约情况，接受公众监督。

第二十二条　交易市场按10元/吨（含税）向成交的买方收取交易手续费。中储棉公司的交易手续费按有关政策规定执行。

第七章　交货及提货

第二十三条　除不可抗力外，买方应于有关批次《储备棉出库单》开具之日起10个工作日（含）内提货完毕，承储仓库应及时办理出库有关事宜，不得无故拒绝、拖延、阻扰。

买方逾期未提货的，相关棉花转作商品棉管理，具体由买方与承储仓库协商签订商品棉保管合同，并按双方协议执行。

第二十四条　应买方要求，承储仓库应在代办运输、申报车皮计划、搬倒、装运等方面提供必要协助。

第二十五条　储备棉交货和提货过程中，所有票据的合法性和有效性由提供方负责。

第二十六条　储备棉出库相关费用执行国家有关部门统一规定的标准。除双方事先另有约定外，储备棉承储仓库不得额外收取任何费用，不得强行要求买方使用指定的运输工具。

第八章　质量重量保障和交易纠纷处理

第二十七条　买方如对购买的储备棉的质量和重量检验结果有异议，可以在《储备棉出库单》出具之日起的10个工作日内向交易市场提交复检申请，交易市场经初审符合申请条件的，及时转交中国纤维质量监测中心并抄送中储棉公司，中国纤维质量监测中心指定复检机构按申请人申请项目进行复检；超出10个工作日，有关单位不接受复检申请。

公证检验的储备棉可接受公定重量、颜色级、轧工质量、长度、马克隆值、断裂比强度和长度整齐度指数的复检申请。

有关复检程序和结果反馈按照中国纤维质量监测中心有关规定执行。

交易市场复检申请传真号码：010-88087278；联系电话：010-59338692。

第二十八条　买方在提交复检申请的同时，需将复检费用预存在交易市场储备棉交易保证金账户，或保障买方在交易市场预存的可动用保证金数额足够支付复检费用。

复检费用标准为：只检验质量的，费用标准为58元/吨；只检验重量的，费用标准为42元/吨；同时检验质量和重量的，费用标准为100元/吨。

第二十九条　储备棉的质量复检结果中，颜色级、轧工质量、长度级、马克隆值级、断裂比强度级、长度整齐度指数中任意一项指标与原公证检验结果不一致的，买方可提出退货，如买方选择不退货，仍按原公证检验结果结算货款。

储备棉的重量复检结果与原公定重量检验结果差异在1%及以内的，按原公定重量检验结果结算货款；重量复检结果与原公定重量检验结果差异在1%以上的，买方可提出退货，如买方选择不退货，仍按原公定重量检验结果结算货款。

仓库配合复检发生的搬倒费用（40元/吨）由买方承担。如复检结果与原公证检验结果一致的，有关复检费用由买方承担，否则，买方交易商不承担复检费用。

质量复检结果与原公证检验结果是否一致的标准按中国纤维质量监测中心有关规定执行。

第三十条　除非发生下列情形，已成交储备棉不予退货。

1. 经中国纤维质量监测中心认定的掺杂使假；

2. 经中国纤维质量监测中心复检认定质量或重量与原检验结果不一致的；

3. 棉包内部有污染、霉变现象。

轮出的储备棉如存在掺杂使假等严重质量问题，按照《棉花质量监督管理条例》由棉花质量监督机构予以处理。

第三十一条　在买方购买的储备棉符合退货条件且买方选择退货的情况下，中储棉公司按相关规定办理退货手续。

买方只能按成交时的整“捆”办理退货。

第三十二条　交易市场鼓励交易双方协商解决纠纷，协商不成的可向交易市场申请调解，协商或调解不成的，可以向合同签订地人民法院提起法律诉讼。

第九章　其他

第三十三条　买方可到中储棉公司自行领取《储备棉出库单》（纸质）以及增值税专用发票，也可委托指定人员凭委托书到中储棉公司办理有关单据和发票的领取手续。

第三十四条　在交易或提货过程中发现交易资料有误时，属于提供资料错误，由中储棉公司负责；属于交易市场数据处理错误，由交易市场负责。因上述原因造成的退货，不作为买方违约处理。

第三十五条　承储仓库和买方的历史债务纠纷，不得与储备棉提货业务挂钩。

第三十六条　买方对所购买储备棉验收无异议后，向中储棉公司申请开具增值税发票。

第三十七条　交易市场于轮出交易结束后及时向买卖双方交付各种费用清单和发票。

第十章　附　则

第三十八条　储备棉轮出交易期间，交易市场每日对外公布价格行情、成交量、成交单位、成交价格等信息。公布的价格行情主要包括最高价、最低价、加权平均价等。

第三十九条　储备棉轮出交易过程通过各种媒体向社会公开，接受公众监督。交易市场咨询、举报电话：4008106850。

第四十条　本办法由交易市场负责制订和解释。

附件：

储备棉购销合同

出卖人：　　　　　　　　　　　合同编号：　　　　　　　　　签订地点：北京市西城区
买受人：　　　　　　　　　　　见证编号：　　　　　　　　　签订时间：　年　月　日

捆号	数量（吨）	单价（元/吨）	金额（元）	承储仓库	备注
					提货需倒垛、或转商品棉后需移出储备棉存放区域产生的费用由买方自行承担
人民币金额（大写）：					

第一条　根据《中华人民共和国合同法》及国家粮食和物资储备局、财政部公告（2019年第1号），经双方协商一致，签订本合同。

第二条　数量、单价、承储仓库。

第三条　质量标准：按（GB1103.1-2012）《棉花锯齿加工细绒棉国家标准》、《2015/2016年度国家储备棉轮出公证检验实施办法》及有关规定执行。

第四条　验收办法：按相关检验机构出具的公证检验证书及有关公告规定验收。

第五条　交（提）货方式：本合同项下货物所有权自出卖人将《储备棉出库单》或电子验证码交付买受人时转移至买受人。买受人自提。出库费由买受人自理。

第六条　运输方式：买受人负责运输，费用及风险自理，出卖人可代办运输。

第七条　货款支付方式、期限及结算：买受人自交易成交后5个工作日内，按合同载明的金额和出卖人账号向出卖人支付货款。出卖人不接受承兑汇票和代付款。出卖人在收到货款后向买受人开具《储备棉出库单》或提供电子验证码。买受人对所购买棉花验收无异议，且提货完毕后，提出开票申请，出卖人开具增值税发票。

第八条　履约保证金：经双方认可同意，各自向全国棉花交易市场交纳履约保证金1000元/吨。如合同执行完毕，双方没有异议，由全国棉花交易市场退还各自的履约保证金。如一方有违约行为，按第九条规定，由全国棉花交易市场负责从违约方的履约保证金中扣除相应的金额给另一方。

第九条　违约责任：

（一）买受人未按合同第七条付款，超过合同规定付款期限之日起，出卖人有权单方解除合同，买受人应按未履行的合同数量按1000元/吨的标准向出卖人偿付违约金。违约金由出卖人上交国家财政。

（二）买受人已支付货款，出卖人未按合同交货，并未能及时纠正的，买受人有权单方解除合同。合同终止后，出卖人应于10个工作日内退还货款，并按中国人民银行同期存款利率标准，支付已预付货款的利息。

（三）买受人须于出卖人开具《储备棉出库单》或生成电子验证码之日起 10 个工作日（含）内提货完毕。买受人 10 个工作日（含）内未完成提货的，买受人应与承储仓库签订商品棉保管合同，并将棉花移出储备棉存储区域，全部仓库费用包括但不限于仓储费等及货物毁损灭失风险由买受人承担。

（四）因不可抗力不能执行本合同或需修改合同时，需经双方协商认可并报全国棉花交易市场备案或见证。

第十条　合同履行中发生争议可由当事人双方协商解决；协商不成，可报请全国棉花交易市场调解；协商或调解不成，当事人双方一致同意向出卖人所在地人民法院提起诉讼。

第十一条　《2019 年中央储备棉轮出竞价交易办法》、《2019 年中央储备棉出库实施细则》、《2015/2016 年国家储备棉出库公证检验实施办法》及中国棉花网（www.cncotton.com）或全国棉花交易市场官网（www.cnce.com）或中国棉花信息网（www.cottonchina.org）适时发布的相关规定与本合同具有同等法律效力。

第十二条　其他事项：

（一）买受人如对购买的储备棉质量和重量检验结果有异议，应在《储备棉出库单》出具之日起的 10 个工作日内向全国棉花交易市场提交复检申请，全国棉花交易市场经初审符合申请条件的，及时转交中国纤维质量监测中心，中国纤维质量监测中心指定复检机构按买受人申请项目进行复检；超出 10 个工作日的，视为质量和重量符合要求。具体按《2015/2016 年国家储备棉出库公证检验实施办法》、《2019 年中央储备棉轮出竞价交易办法》、《2019 年中央储备棉出库实施细则》和有关规定处理；（二）出卖人交货是指出卖人在确认收到买受人货款后开具《储备棉出库单》或提供电子验证码，同时向承储仓库发出出库通知。承储仓库根据出库量情况及时安排合同项下货物出库；（三）未尽事宜，双方协商解决。

第十三条　本合同一式三份，出卖人、买受人各一份，全国棉花交易市场见证一份。本合同由全国棉花交易市场给出唯一编号，并加盖全国棉花交易市场见证专用章。

出卖人（章）：	买受人（章）：	
地址：	地址：	
邮编：	邮编：	
法定代表人：	法定代表人：	
委托人：	委托人：	见证（章）：
电话：	电话：	
开户行：	开户行：	
行号：		
账号：	账号：	经办人：
税号：	税号：	

关于 2019 年中央储备棉轮出公证检验的公告

【发布单位】中国纤维质量监测中心

【发布日期】2019 年 4 月 30 日

根据国家粮食和物资储备局、财政部公告（2019 年第 1 号）精神，中国纤维质量监测中心组织对轮出的储备棉质量和重量进行全面公证检验。经研究，公证检验相关事宜按照原中国纤维检验局发布的《2015/2016 年度国家储备棉轮出公证检验实施办法》（见附件，办法中“国家储备棉”即“中央储备棉”）执行。

特此公告。

附件：《2015/2016 年度国家储备棉轮出公证检验实施办法》

中国纤维质量监测中心

2019 年 4 月 30 日

附件

2015/2016 年度国家储备棉轮出公证检验实施办法

第一章　总则

第一条　为配合 2015/2016 年度国家储备棉（以下简称中央储备棉）轮出工作，做好轮出中央储备棉的公证检验，保障轮出中央储备棉质量和重量检验数据的真实性和准确性，根据《棉花质量监督管理条例》、国家有关部门发布的 2015/2016 年度中央储备棉轮出计划，制定本办法。

第二条　本办法适用于 2015/2016 年度轮出的中央储备棉公证检验。

第二章　组织管理及检验项目

第三条　中国纤维检验局（以下简称中纤局）负责轮出中央储备棉公证检验的管理工作，并依据 2015/2016 年度中央储备棉轮出计划，负责组织承担中央储备棉公证检验的专业纤维检验机构（以下简称承检机构）对轮出的中央储备棉实施公证检验。

承检机构由承担在仓库检验的机构（以下简称在库机构）和承担实验室检验的机构（以下简称公检实验室）组成。

第四条　检验依据及检验方式：依据《棉花第 1 部分：锯齿加工细绒棉》国家标准（GB 1103.1–2012）和中纤局发布的技术规范，承检机构对轮出的中央储备棉实施公证检验，逐批出具公检证书。

第五条　公证检验项目：国产棉检验公定重量、颜色级、轧工质量、长度、马克隆值、断裂比强度、长度整齐度指数；进口棉检验颜色级、轧工质量、长度、马克隆值、断裂比强度、长度整齐度指数。

第三章　工作职责

第六条　中纤局职责

（一）根据国家有关部门研究确定的

2015/2016年度中央储备棉轮出工作职责分工和检验项目与要求，制定公证检验实施办法，组织承检机构做好相关准备。

（二）根据国家有关部门制定的2015/2016年度中央储备棉轮出计划及销售进度，以及中国储备棉管理总公司（以下简称中储棉总公司）提供的中央储备棉存放地点及数量，及时下达公证检验任务并组织承检机构实施公证检验。

（三）负责向国家有关部门提供轮出中央储备棉公证检验进度和相关情况，并及时协调有关单位解决公证检验中的新问题、新情况。

（四）负责向中储棉总公司提供轮出中央储备棉公证检验结果的电子数据。

第七条　检验机构职责

（一）按照中纤局的管理要求，提前做好中央储备棉轮出公证检验各项准备工作。

（二）在库机构根据中纤局下达的检验任务，及时与承储仓库联系接洽，督促其落实配合公证检验所需的现场工作条件及搬倒设备，确定启动公证检验的时间；按时到库，负责现场核验轮出中央储备棉的实物、数量、垛位卡、批号、包号等信息与中储棉总公司提供的台账等报验信息是否一致；按照国家标准和检验操作规程对国产棉进行重量公证检验、报送电子数据，出具重量公检证书；分别按照对进口棉和国产棉的抽样比例要求，逐批抽取品质公证检验所需的样品并与公检实验室在仓库进行交接。

在库机构需配合承储仓库做好各项安全防范工作。

（三）公检实验室根据中纤局下达的公证检验任务，及时与在库机构做好衔接，确定在库机构开始工作时间；按时到仓库与在库机构进行样品交接，在符合要求的公检实验室完成品质公证检验，报送电子数据，出具品质公检证书。

第八条　中储棉总公司职责

（一）负责提供轮出中央储备棉的存放地点、数量、台账明细表及承储仓库联系方式等报验信息。

（二）负责通知承储仓库做好公证检验相关准备工作，并抄送中纤局等有关单位。

（三）负责协调承储仓库配备满足现场检验所需的工作场地及装卸、搬倒、称重等设备。

（四）协调承储仓库配合公检机构做好公证检验，保证公证检验进度。

第九条　承储仓库职责

（一）根据承储仓库实际条件，提供满足现场公证检验所需的装卸、搬倒、称重等设备和配合人员。称重等现场设备应在有效法定检定周期内。

（二）开辟专门的检验工作区域，对需要公证检验的中央储备棉进行拆垛整理，按检验需求逐批码放在检验区，配合承检机构做好公证检验。

（三）指定专人负责解决公证检验期间相关事宜。

（四）保障现场检验安全；负责现场取样棉包的回包、回垛整理等。

第四章　公证检验工作流程

第十条　拆捆整理：

承储仓库将待公证检验的中央储备棉进行拆捆整理，按批次码放到检验区域。原则上应以4层8包或3层6包为一个单元，码放时要露出棉包两侧的取样口。同一批棉花应码放在同一个工作面上。

在可以达到随机抽样的比例要求的前提下，进口棉可以不进行拆捆，在原棉垛抽样。抽样时仓库应提供必要的配合人员和设备。

在确保安全作业和检验工作质量的前提下，在库机构应与承储仓库配合，根据仓库实际情况优化流程，可以采取棉花下垛、过磅、取样穿插进行的方式进行检验。

第十一条 核验货物：

中纤局将中储棉公司提供的台账明细表下发承检机构，在库机构据此现场核验棉包实物、数量、垛位卡、批号、包号等信息与中储棉公司提供的台账等报验信息是否一致。有以下任一情况，该批棉花暂不检验，在库机构与承储仓库确认情况后，及时上报中纤局，中纤局协调中储棉总公司进行检查核实后，由中纤局和中储棉总公司分别将处理意见书面通知在库机构和承储仓库。

（一）批次棉包实物与报验信息不一致或存在人为调换迹象的，如：同一批次棉包唛头标示不一致、悬挂条码与唛头标识不符、改换包头、无验讫印章等现象；

（二）在库机构收到中纤局下发的台账信息中批次总包数与导出条码明细的批次总数不一致的；

（三）承储仓进行拆捆时，整理出的某批次实际包数未达到该批次报验包数，且缺失数量达到或超过报验包数5%的；

（四）因复包等原因出现白包数量占该批次总包数的比例达到或超过5%的；

（五）棉包出现严重污染、水渍，发现火烧、霉变等现象，或者有异味及包装不完整、严重崩包（炸包）等现象的。

第十二条 国产棉重量公证检验：

国产棉重量公证检验的项目包括：毛重、皮重、净重、回潮率、含杂率、公定重量。

毛重检验由在库机构在承储仓库的配合下完成，相关记录填写在棉花衡重检验单上。

皮重检验的棉包皮重原则上采用入库检验的棉包皮重结果。必要时可在现场测试一个棉包。

回潮率检验执行现行有效的国家标准。遇有天气状况可能影响检验结果的，应暂停检验。

含杂率检验样品应当和品质检验样品同时抽取，依据《原棉含杂率试验方法》（GB/T 6499-2012）国家标准进行检验，填写棉花含杂率检验单。不得采取估验方式进行杂质检验。

在库机构应于每日将当日已完成批次的检验数据进行审核，审核后及时将相关电子数据报送至中纤局。数据一经上报，不得变更。

重量公证检验过程中的原始单据应与台账明细等报验材料装订成册，存档备查。

第十三条 取样：

所有样品抽取应当在称重之后进行。

在库机构依据棉花国家标准规定的取样方法及国家有关部门要求，进口棉按照10%的比例、国产棉按照100%比例对核验合格批次的中央储备棉逐批抽取品质检验样品，并抽取含杂率检验样品。

对于无法取到符合检验需求样品的棉包，可开包取样。但要避免对棉包包装的过度破坏，以减小对回垛及运输的影响。

第十四条 加盖验讫印章：

对取样的棉包应逐包加盖验讫印章，印章字迹应清晰可辨认。棉布包装的加盖在棉包包身和包头，塑料包装的棉包加盖在不干胶标签上。对无法加盖印章的棉包（如塑料材质包装），须标注便于辨认的标记。

印章内容包括：验讫标志、检验机构代码和中储棉公司英文缩写（CNCRC）。印章形状为圆形，直径6cm。印章第一行内容是中储棉公司英文缩写，第二行内容是检验机构代码，第三行内容是验讫标志。

第十五条 样品交接：

在库机构和公检实验室样品交接人员按照检验操作规程有关要求，逐批清点样品无误后，在样品交接单上签字确认，完成交接。

第十六条 品质公证检验：

依据棉花国家标准、相关技术规范和棉花颜

色级、轧工质量实物标准等，公检实验室对抽取棉样进行品质公证检验，检验项目包括：颜色级、轧工质量、长度、马克隆值、断裂比强度、长度整齐度指数。

品质公证检验执行中纤局制定发布的相关检验操作规程。

公检实验室应于每日将当日已完成批次的检验数据进行审核，审核后及时将电子数据报送中纤局。数据一经上报，不得变更。

第十七条　中纤局审核发送数据：

中纤局对承检机构上报的公证检验数据审核后，以电子数据形式发送至中储棉总公司。同时，中纤局将审核结果通知承检机构。

第十八条　出具公检证书：

在库机构和公检实验室分别根据中纤局通知的审核结果出具重量公检证书和品质公检证书。品质公检证书由公检实验室交予在库机构后，在库机构将品质公检证书与重量公检证书一并交予承储仓库，并与承储仓库办理证书交接手续。证书一式两联，一联由承储仓库留存，一联随货同行。

第十九条　交接公检证书时，相应批次的品质检验样品应随证书一同交接给承储仓库并办理交接手续，供承储仓库随货提供给购棉方（与中储棉总公司签署合同的买受人）。

第五章　复检规定

第二十条　购棉方应对所购中央储备棉质量、重量进行验收，对轮出中央储备棉中存在崩包、炸包问题的，应在提货时及时协调仓库予以解决。购棉方若对质量、重量有异议，且提供相关检验结果的，可在储备棉出库单开具后 10 个工作日内向全国棉花交易市场提交复检申请，全国棉花交易市场初审符合申请条件的交中纤局，中纤局指定复检机构，按申请人申请项目进行复检。

第二十一条　复检项目：2014/2015 年度公证检验的进口棉可接受颜色级、轧工质量、长度、马克隆值的复检申请；2015/2016 年度公证检验的进口棉可接受颜色级、轧工质量、长度、马克隆值、断裂比强度、长度整齐度指数的复检申请；2015/2016 年度公证检验的国产棉可接受公定重量、颜色级、轧工质量、长度、马克隆值、断裂比强度、长度整齐度指数的复检申请。

第二十二条　复检样品重新抽取，申请人应确保棉花按批次单独码放，件数完整、未经使用。

第二十三条　申请复检应当提交的材料:《国家储备棉（轮出）公证检验复检申请单》（附件 1）、购买合同复印件、储备棉出库单复印件、轮出中央储备棉公证检验证书复印件。复检所有申请材料应当加盖购棉方单位公章。

第二十四条　中纤局收到符合要求的复检申请资料后，出具《国家储备棉（轮出）公证检验复检受理通知书》（附件 2），向复检申请人告知复检机构或不予受理理由。

对超出规定时限的复检申请不予受理。

第二十五条　复检后由复检单位出具棉花国家公证检验复检证书，原公检证书作废。一次复检为终局检验。

第二十六条　根据复检允差值判定标准（附件 3），复检结果与原公证检验结果一致的，由复检申请方承担因复检发生的相关费用；复检结果与原公证检验结果不一致的，复检申请方不承担任何费用。

第六章　附则

第二十七条　对公证检验过程中发现质量违法问题线索的，停止公证检验，按照《棉花质量监督管理条例》予以处理。

第二十八条　中纤局接受各购棉企业、承储

仓库以及涉棉行业的企业单位对检验机构的工作质量、工作作风等进行监督。中纤局监督举报电话：010–51006258，举报邮箱：jubao@cfi.gov.cn。

第二十九条 本办法由中国纤维检验局负责解释。

第三十条 本办法自发布之日起实施。

附件：1. 国家储备棉（轮出）公证检验复检申请单

2. 国家储备棉（轮出）公证检验复检受理通知书

3. 国家储备棉（轮出）公证检验复检允差判定标准

附件 1：

国家储备棉（轮出）公证检验复检申请单

中国纤维检验局：

我公司竞拍购买的国家储备棉，经初步检验与公检结果不一致，特提出复检申请，请你局安排检验机构进行复检。

如复检结果与原验结果一致，我公司同意缴纳复检所需费用。

<table>
<tr><td colspan="4">申请单位：（加盖公章）</td><td colspan="2"></td><td>申请日期</td><td></td></tr>
<tr><td colspan="4">全国棉花交易市场初审意见</td><td colspan="2"></td><td>审核日期</td><td></td></tr>
<tr><td colspan="4">储备棉轮出提货仓库</td><td colspan="4"></td></tr>
<tr><td colspan="4">棉花现存放单位</td><td colspan="4"></td></tr>
<tr><td colspan="4">棉花现存放地址</td><td colspan="4"></td></tr>
<tr><td colspan="4">联系人及联系电话</td><td colspan="4"></td></tr>
<tr><td colspan="6">棉花是否未经使用、件数完整、按批次单独码放</td><td colspan="2"></td></tr>
<tr><td>序号</td><td>批号</td><td>产地</td><td>件数</td><td>公检证书编号</td><td>出证日期</td><td colspan="2">申请复检项目</td></tr>
<tr><td>1</td><td></td><td></td><td></td><td></td><td></td><td colspan="2"></td></tr>
<tr><td>2</td><td></td><td></td><td></td><td></td><td></td><td colspan="2"></td></tr>
<tr><td>3</td><td></td><td></td><td></td><td></td><td></td><td colspan="2"></td></tr>
<tr><td>4</td><td></td><td></td><td></td><td></td><td></td><td colspan="2"></td></tr>
<tr><td colspan="8">公检结果（附证书复印件）：</td></tr>
<tr><td colspan="8">自检结果（附检验报告复印件）：</td></tr>
<tr><td colspan="8">购棉企业质量验收过程、使用的仪器设备型号、仪器设备检定情况：</td></tr>
</table>

附件 2：

国家储备棉（轮出）公证检验复检受理通知书

____________：

你单位提出的轮出中央储备棉公证检验复检申请（轮出中央储备棉公检证书编号：________________________），经我局审核，□同意 / □不同意受理。

对我局同意复检的申请，请你单位据此受理通知书及时联系复检机构，安排复检事宜。

特此通知。

附表：

（一）复检机构：______________（同意受理情况下填写）

联系人：______________

电话：______________

（二）不予受理原因：____________（不同意受理情况下填写）

1.	
2.	
3.	
4.	
5.	

中国纤维检验局（复检受理章）

年　　月　　日

附件 3：

国家储备棉（轮出）公证检验复检允差判定标准

项目	单位	允差值	判定标准
上半部平均长度	mm	± 0.6	批次比对，平均长度在允差值范围内，判定为一致
长度整齐度指数	%	± 1.5	批次比对，长度整齐度指数平均值在允差值范围内，判定为一致
断裂比强度	cN/tex	± 1.5	批次比对，断裂比强度平均值在允差值范围内，判定为一致
马克隆值	——	± 0.2	批次比对，马克隆值平均值在允差值范围内，判定为一致
颜色级	——	——	逐样比对，每批棉花颜色级相符率不低于 80%，判定为一致
轧工质量	好、中、差	——	逐样比对，每批棉花轧工质量相符率不低于 80%，判定为一致
公定重量	Kg	± 1%	复检公定重量与原公定重量相差在 ± 1% 范围内，判定为一致

附　录

第七部分

附录 1 国内主要涉棉机构通讯录

涉棉机构	通信地址	电话
国家发展和改革委员会经济贸易司	北京市西城区月坛南街 38 号	010-68502000
财政部经济建设司	北京市西城区三里河南三巷 3 号	010-68551114
商务部对外贸易司	北京市东长安街 2 号	010-65197420
农业部种植业管理司	北京市朝阳区农展馆南里 11 号	010-64193366
农业部农村经济研究中心	北京市西城区西四砖塔胡同 56 号	010-66115901
中国海关总署信息中心	北京市建国门内大街 6 号	010-65195623
国家发展和改革委员会农村经济司	北京市西城区月坛南街 38 号	010-68783311
国家统计局工交司	北京市西城区月坛南街 57 号	010-68782859
中国农业发展银行	北京市西城区月坛北街甲 2 号	010-68081453
中国纤维检验局	北京市东城区安定门东大街 5 号	010-51106110
中国棉花协会	北京市复兴门内大街 45 号主楼 7 层	010-66053900
中国棉花协会棉花加工分会	北京市西直门南大街 2 号成铭大厦	010-66118607
中国棉纺织行业协会	北京东长安街 12 号	010-85229479
中国纺织品进出口商会	北京市朝阳区潘家园南里 12 号楼	010-67739316
中国储备棉管理有限公司	北京市西城区华远街 17 号	010-58519365
中华棉花集团有限公司	北京市西城区宣武门外大街甲 1 号环球财讯中心 B 座 11-12 层	010-59338189
中棉工业有限责任公司	北京市西城区宣武门外大街甲 1 号环球财讯中心 B 座 6 层	010-59338976
中纺棉花进出口公司	北京市建国门内大街 19 号中纺大厦 7 层	010-85112255
国家棉花市场监测系统	北京市海淀区紫竹院路 116 号嘉豪国际中心 B 座 15 层	010-58931122
全国棉花交易市场	北京市西城区宣武门外大街甲 1 号环球财讯中心 B 座 15 层	010-88086850
郑州商品交易所	河南省郑州市郑东新区商务外环路 30 号	0371-65610069
中国农科院棉花研究所	河南省安阳市开发区黄河大道 38 号	0372-2562200
安徽财经大学棉花工程研究所	安徽省蚌埠市宏业路 255 号	0552-3112124

附录 2　国内主要棉花纤维检验机构

单位名称	地址	电话
中国纤维检验局	北京市东城区安定门东大街 5 号	010-51106110
北京市纺织纤维检验所	北京市朝阳区朝阳北路 60 号	010-59796990
天津市纺织纤维检验所	天津市南开区科研西路 2 号增 6 号	022-60266979
河北省纤维检验局	河北省石家庄市中华南大街 537 号	0311-67568296
山西省纤维检验局	山西省太原市并州西街 51 号	0351-2024189
内蒙古自治区纤维检验局	内蒙古自治区呼和浩特市新城区内蒙展览馆东路	0471-4963542
辽宁省纤维检验局	辽宁省沈阳市和平区永安北路 8 号	024-23894057
吉林省纤维检验处	吉林省长春市卫星路 7440 号	0431-85315584
黑龙江省纤维检验局	黑龙江省哈尔滨市香坊区珠江路 100 号	0451-82309475
上海市纤维检验所	上海市长乐路 1228 号	021-62495305
江苏省纤维检验所	江苏省江苏省南京市光华东街 3 号	025-84670512
浙江省纤维检验局	浙江省杭州市天目山路 222 号	0571-85123534
宁波市纤维检验所	浙江省宁波市江南路 1588 号 F 座	0574-87326309
安徽省纤维检验局	安徽省合肥市包河工业园省质检中心园区内（延安路 13 号）	0551-63356467
福建省纤维检验局	福建省福州市仓山区照屿路 17 号	0591-83710801 0591-87893952
江西省纤维检验局	江西省南昌市高新技术开发区火炬大街 188 号	0791-8101480
山东省纤维检验局	山东省济南市经二路 343 号（济南二环北路 18 号）	0531-87911540

续表

单位名称	地址	电话
青岛市纺织纤维检验所	山东省青岛市延安三路 123 号	0532-83890032
河南省纤维检验局	河南省郑州市东明路北 17 号	0371-63297181
湖北省纤维检验局	湖北省武汉市武昌区公平路 8 号	027-88224867
湖南省纤维检验局	湖南省长沙市新建西路 41 号	0731-89967222
广州市纤维产品检测院	广东省广州市海珠区滨江中路草芳围 35-2 号	020-34402303
广西壮族自治区纤维检验所	广西南宁市新竹路 12 号	0771-5869795 0771-5843391
重庆市纤维检验局	重庆市渝北区高新园云杉北路 50 号	023-89232606
四川省纤维检验局	四川省成都市蜀都大道少城路 7 号（人民公园斜对面）	028-86639111
贵州省纤维检验局	贵州省贵阳市云岩区头桥海马冲街 45 号	0851-6518084
云南省纤维检验所	云南省昆明市教场东路 21 号	0871-5191011
陕西省纤维检验局	陕西省西安市西八路尚平路 18 号	029-87444832
甘肃省纤维检验局	甘肃省兰州市金昌南路 208 号质检大楼	0931-8828553
青海省纤维检验局	青海省西宁市西关大街 31 号古城台青海质监大楼	0971-6111169
宁夏回族自治区纤维检验局	宁夏银川市兴庆区凤凰南街 193 号	0951-7860500
新疆维吾尔自治区纤维检验局	新疆乌鲁木齐市新华南路 167 号	0991-2823582

附录 3　2018/2019 度全国新体制棉花加工企业名录

（全国统计 971 家，时间截至 2019 年 8 月 31 日 24 点）

序号	企业名称	序号	企业名称
自治区 664 家		23	新疆贝正国合棉业有限公司八家户轧花厂
1	博尔塔拉蒙古自治州中亚有限责任公司	24	精河县天顺祥棉花加工有限公司
2	博乐市聚鑫棉业有限责任公司	25	新疆贝正国合棉业有限公司南方轧花厂
3	博尔塔拉蒙古自治州恒昌棉业有限责任公司	26	新疆惠农棉业有限公司阿合其轧花厂
4	博州亚东有限责任公司	27	新疆惠农棉业有限公司棉种轧花厂
5	博乐市银博棉业有限责任公司	28	新疆贝正国合棉业有限公司二牧场轧花厂
6	博乐银丰棉花加工有限责任公司	29	精河县天顺祥棉花加工有限公司河西分公司
7	博乐捷福棉业有限公司贝乡轧花厂	30	精河县康瑞棉花加工有限公司
8	博乐市协力棉花加工有限责任公司	31	精河县和丰棉业有限公司
9	博尔塔拉蒙古自治州华棉棉业有限责任公司	32	新疆贝正国合棉业有限公司曼福轧花厂
10	博尔塔拉蒙古自治州恒昌棉业有限责任公司套特轧花厂	33	新疆贝正国合棉业有限公司托托轧花厂
11	博乐捷福棉业有限公司乌镇轧花厂	34	精河县裕泰棉业有限公司
12	博乐市华棉棉业有限公司	35	新疆丰汇棉业有限公司
13	新疆新贝棉业有限公司	36	昌吉一通工贸有限公司大西渠轧花厂
14	新疆金宏祥高科农业股份有限公司	37	新疆昌吉州棉麻有限责任公司二分公司
15	农五师八十四团保尔德轧花厂	38	中棉集团昌吉市棉花有限公司老龙河轧花厂
16	新疆贝正国合棉业有限公司贝正轧花厂	39	昌吉利华棉业有限责任公司昌吉市佃坝轧花厂
17	精河县恒隆棉业有限公司	40	昌吉市下巴湖棉花加工厂
18	精河县泽汇纺织有限责任公司	41	新疆锦华东戈壁棉业有限公司
19	精河县新棉织布有限公司原料加工厂	42	昌吉回族自治州海天棉花加工有限责任公司
20	精河县群品棉业有限公司	43	昌吉利华棉业有限责任公司昌吉市老龙河分公司
21	精河县托里金穗棉业有限公司	44	阜康市喜丰棉业有限责任公司
22	新疆惠农棉业有限公司大河沿子轧花厂	45	呼图壁县万源棉业有限公司

续表

序号	企业名称	序号	企业名称
46	呼图壁县新浙农业开发有限责任公司	75	玛纳斯银天棉业有限公司北五岔轧花厂
47	呼图壁县宏昌棉业有限公司	76	玛纳斯县丰元棉花育种基地良种棉轧花厂
48	呼图壁县新米棉业有限责任公司	77	玛纳斯县丰棉棉业有限公司
49	新疆锦华廿里店棉业有限公司	78	玛纳斯县沣泽棉业有限责任公司
50	新疆锦华大桥棉业有限公司	79	玛纳斯县兰桥棉业有限公司
51	呼图壁县隆祥轧花有限责任公司	80	玛纳斯万盈棉业有限公司
52	呼图壁县银丰棉业有限公司	81	玛纳斯县大漠棉业有限责任公司
53	呼图壁县嘉丰棉业有限公司	82	新疆宏祥棉业有限公司
54	呼图壁县天源棉业有限公司	83	玛纳斯县新民畜产品有限责任公司
55	新疆锦华祁家户棉业有限公司	84	玛纳斯县亮晶晶棉花加工有限公司
56	新疆锦华北戈壁棉业有限公司	85	玛纳斯县潮鑫棉业有限责任公司
57	呼图壁县康瑞棉花加工有限公司	86	哈密市锦渝棉业有限责任公司
58	呼图壁县西域良种棉有限责任公司	87	哈密市益加棉业有限公司
59	呼图壁县云龙棉业有限公司	88	哈密市万隆棉花有限责任公司
60	呼图壁县隆华棉业有限公司	89	哈密市绵棉种植专业合作社
61	呼图壁县天鼎棉业有限公司	90	哈密市祥腾农副产品专业合作社
62	呼图壁县东泉棉业有限公司	91	哈密二堡镇白银棉花专业合作社
63	呼图壁县大丰棉业有限公司	92	哈密市欢乐农民专业合作社
64	新疆万达棉业有限公司	93	新疆利嘉棉业有限公司哈密市二堡镇轧花厂
65	乌鲁木齐市米东区供销棉麻有限责任公司昌吉市农之鑫轧花厂	94	哈密天云棉业有限公司
66	吉木萨尔县庭州棉麻有限责任公司	95	哈密市良种棉加工厂
67	中棉集团玛纳斯棉业有限公司	96	哈密市中发农产品专业合作社
68	玛纳斯银天棉业有限公司乐土驿轧花厂	97	克拉玛依市独山子华银棉花产业有限责任公司
69	玛纳斯县拓宏棉业有限责任公司	98	克拉玛依华扬棉业有限公司
70	玛纳斯县金海利棉业有限公司	99	克拉玛依鑫达棉业有限公司
71	玛纳斯新众棉业有限责任公司	100	克拉玛依市银磊棉业有限公司
72	新疆鑫棉科技发展有限责任公司六户地镇轧花厂	101	克拉玛依市天地农牧实业有限公司棉花加工厂
73	新疆广物棉业有限责任公司	102	克拉玛依市小拐乡聚源机械化采棉农民专业合作社
74	玛纳斯银天棉业有限公司北五岔金仕达轧花厂	103	奎屯瑞丰轧花有限公司锦丰分公司

续表

序号	企业名称	序号	企业名称
104	奎屯利锦棉业有限公司	132	沙湾县鑫盛祥棉业有限公司
105	奎屯金龙棉业有限责任公司	133	沙湾县银瑞丰农业发展有限公司
106	奎屯聚丰棉业有限责任公司	134	沙湾县秦岭棉业有限责任公司
107	奎屯昌鑫棉业有限责任公司	135	沙湾德盛棉业有限责任公司
108	奎屯恒锦棉业有限公司	136	沙湾县康华工贸有限责任公司康华棉业分公司
109	奎屯林丰棉业有限责任公司	137	沙湾利华棉业有限公司第七棉花加工厂
110	奎屯起步达农业发展有限公司	138	沙湾利华棉业有限公司第二棉花加工厂
111	新疆佰郑棉纺有限公司	139	沙湾利华棉业有限公司第六棉花加工厂
112	伊犁哈萨克自治州伊欣棉业有限责任公司棉花油脂蛋白厂	140	沙湾利华棉业有限公司第五棉花加工厂
113	奎屯浩泰棉业有限公司	141	沙湾县棉花产业有限责任公司优质棉分公司
114	奎屯瑞丰轧花有限公司	142	沙湾利华棉业有限公司第四棉花加工厂
115	伊犁州奎屯银和棉业有限公司	143	新疆沙龙棉业有限责任公司柳毛湾分公司
116	奎屯世丰棉业有限公司	144	新疆天鹰鑫绿农业科技有限公司
117	新疆华纺纺织有限公司	145	沙湾县思远棉业有限责任公司
118	奎屯银雪棉业有限公司	146	沙湾县元一棉业有限责任公司
119	奎屯康瑞棉花加工有限公司	147	沙湾县棉花产业有限责任公司秦棉分公司
120	伊犁哈萨克自治州伊欣棉业有限责任公司奎屯棉花加工厂	148	中棉集团沙湾棉业有限公司
121	奎屯准噶尔棉业有限公司	149	沙湾县华瑞棉业有限责任公司
122	奎屯康泰棉麻有限公司	150	沙湾县棉花产业有限责任公司荣棉分公司
123	新疆银汇棉纺织有限公司	151	沙湾县棉花产业有限责任公司兴棉分公司
124	奎屯叁强棉麻工贸有限公司	152	沙湾县鑫达有限公司
125	奎屯裕盛棉业有限公司	153	沙湾县银珠棉业有限责任公司
126	奎屯银瑞棉花贸易有限公司	154	新疆宝地种业有限责任公司棉花加工厂
127	奎屯巨达农业科技发展有限公司	155	沙湾利华棉业有限公司第八棉花加工厂
128	和布克赛尔蒙古自治县新久棉业有限公司	156	沙湾县元康棉业有限公司
129	和布克赛尔县察和特开发区禹杰棉花加工厂	157	沙湾如意品诚棉业有限公司
130	和布克赛尔蒙古自治县华丰有限责任公司察和特棉花加工厂	158	沙湾利华棉业有限公司
131	沙湾县康瑞棉花加工有限责任公司	159	沙湾利华棉业有限公司第三棉花加工厂

续表

序号	企业名称	序号	企业名称
160	沙湾县泰和棉业有限公司	191	乌苏市杨帅棉花加工有限责任公司
161	新疆太和龙瑞农业发展有限责任公司	192	乌苏市顺达棉业有限公司
162	沙湾县锦棉有限责任公司	193	乌苏市光辉棉花加工有限责任公司隆兴分公司
163	托里县顺志棉业加工有限公司	194	乌苏市锦和棉业有限公司西湖分公司
164	托里县兵锦棉业有限公司	195	乌苏市百泉棉业有限责任公司
165	乌苏市锦鹏棉纺织有限公司宏发棉花加工厂	196	乌苏市锦泰棉花加工有限责任公司
166	乌苏市恒辉棉业有限责任公司	197	乌苏市光辉棉花加工有限责任公司新棉分公司
167	乌苏市骏腾工贸有限公司	198	乌苏市古尔图锦纺棉业有限责任公司
168	乌苏市昌和棉业有限公司	199	乌苏市新鑫棉业有限责任公司
169	乌苏市宏翔棉业有限公司	200	乌苏市康隆棉业有限责任公司
170	乌苏市新海棉业有限公司	201	乌苏市石桥银翔棉业有限责任公司
171	乌苏市天和祥瑞棉业有限公司	202	乌苏市皇宫银海棉业有限公司
172	乌苏市鑫胜棉业有限责任公司	203	乌苏市新棉创业棉业有限责任公司
173	乌苏市祥瑞棉业有限公司	204	乌苏市鑫丰益棉业有限公司第二棉花加工厂
174	乌苏市锦和棉业有限公司	205	乌苏市隆兴棉业有限责任公司
175	乌苏市江海棉业有限公司	206	乌苏市立新棉花加工有限责任公司
176	乌苏市星光棉麻有限责任公司头台分公司	207	乌苏市鼎瑞棉业有限责任公司
177	乌苏市锦丰祥良种棉科技开发有限公司	208	乌苏市康瑞棉花加工有限责任公司
178	乌苏市聚鑫棉业有限责任公司	209	乌苏市星亚棉花加工有限责任公司
179	乌苏市鑫力棉业有限责任公司	210	乌苏市新棉红星棉业有限责任公司
180	乌苏市光辉棉花加工有限责任公司	211	乌苏市甘河子恒丰棉业有限公司
181	乌苏市创锦棉业有限公司	212	乌苏市创新棉业有限公司
182	乌苏市江华棉业有限责任公司	213	乌苏市胜远棉业有限责任公司
183	乌苏市哈图布呼农牧发展有限责任公司	214	乌苏市鑫丰益棉业有限公司
184	乌苏市汇通棉花加工厂	215	乌苏市嘉鑫棉业有限公司
185	乌苏市星光棉麻有限责任公司	216	乌苏市鼎和祥棉业有限公司
186	乌苏市汇康棉业有限责任公司	217	乌苏市利鑫棉业有限公司
187	乌苏市鑫丰益棉业有限公司第三棉花加工厂	218	乌苏市盛飞棉业有限责任公司
188	乌苏市昌茂纺织有限责任公司九间楼棉花加工厂	219	乌苏市恒顺棉业有限责任公司
190	乌苏市光辉棉花加工有限责任公司汇银分公司	220	乌苏市丰和棉业有限责任公司

续表

序号	企业名称	序号	企业名称
221	乌苏市聚兴棉业有限公司	249	吐鲁番市华泰棉业有限责任公司艾丁湖乡棉花加工厂
222	乌苏市顺超棉业有限责任公司	250	托克逊县天马棉业有限责任公司
223	乌苏市锦辉棉业有限公司	251	托克逊县工尚棉花加工有限责任公司
224	乌苏市伟妍棉业有限公司	252	托克逊县天马棉业有限责任公司第一分公司
225	乌苏市祥顺棉业有限责任公司	253	托克逊县天马种子有限公司
226	乌苏市跃达棉业有限责任公司	254	托克逊县银星棉业有限责任公司
227	乌苏市伟林棉业有限公司	255	乌鲁木齐市米东区供销棉麻有限责任公司蒋家湾轧花厂
228	乌苏市益润棉业有限公司	256	乌鲁木齐市米东区供销棉麻有限责任公司昌吉市黎明轧花厂
229	乌苏市鑫启航棉业有限公司	257	乌鲁木齐市米东区供销棉麻有限责任公司昌吉市五十户轧花厂
230	乌苏市鼎晟棉业有限公司	258	奎屯华生棉业有限责任公司
231	乌苏市博远棉业有限公司	259	奎屯诚丰棉业有限公司
232	乌苏市远达棉业有限责任公司	260	奎屯盛丰祥棉业有限公司
233	乌苏市恒汇棉业有限公司	261	奎屯裕鼎棉业有限公司
234	乌苏市豫四通棉业有限公司	262	奎屯顺银棉业有限公司
235	乌苏市昌鑫棉业有限公司	263	奎屯升茂棉业有限公司
236	乌苏市康辉棉业有限责任公司	264	奎屯永光棉业有限公司
237	乌苏市强顺棉业有限公司	265	伊犁八棉锡达棉业有限公司
238	乌苏市棉鑫棉业有限责任公司	266	阿克苏市同旺纺织有限责任公司棉花加工厂
239	乌苏市康鑫棉业有限公司	267	阿克苏兴昌棉业有限公司
240	乌苏市东峰棉业有限责任公司	268	阿克苏地区金诚棉业有限责任公司
241	乌苏市恒信棉业有限责任公司	269	阿克苏地区天泉棉业有限责任公司
242	乌苏市新源河棉业有限公司	270	阿克苏地区友邦棉业有限责任公司
243	乌苏市福昌棉业有限公司	271	阿克苏联发棉业有限公司
244	乌苏市鹏飞棉业有限责任公司	272	阿克苏地区金泰棉业有限责任公司
245	鄯善县新昱棉麻有限责任公司达浪坎棉花加工厂	273	阿克苏润通仓储服务有限责任公司
246	鄯善县新昱棉麻有限责任公司新城棉花加工厂	274	阿克苏利华新创棉业有限公司二厂
247	吐鲁番市大林棉业有限公司	275	阿克苏建光棉业有限责任公司
248	吐鲁番同润棉业有限责任公司	276	阿克苏地区腾达棉业有限责任公司

续表

序号	企业名称	序号	企业名称
277	阿克苏地区宏丰棉业有限责任公司	305	阿克苏润德棉业有限公司
278	阿克苏大海实业有限公司	306	阿克苏昌盛实业轧花有限公司
279	阿克苏华鹰农业科技发展有限公司第一轧花厂	307	阿克苏泰星棉业有限公司
280	温宿县太自然棉业有限公司	308	阿克苏永翔棉业有限责任公司
281	阿克苏天成棉业有限责任公司	309	中棉集团阿瓦提棉花产业化有限公司阿瓦提县第二轧花厂
282	阿克苏西部棉业有限责任公司	310	阿克苏市侨兴棉业有限责任公司
283	阿克苏恒信棉业有限公司	311	阿克苏利华新创棉业有限公司一厂
284	阿克苏地区友谊棉花加工有限责任公司	312	阿克苏永华棉业有限责任公司
285	阿克苏市金田农场有限责任公司	313	新疆得力棉业有限公司塔里木轧花厂
286	阿克苏昌盛棉业有限责任公司	314	新疆鑫隆棉业有限公司
287	阿克苏新得利棉业有限公司	315	中棉集团阿瓦提县棉业有限公司
288	新疆阿克苏市广联实业有限公司	316	阿瓦提新新棉业有限责任公司乌鲁却勒棉花收购加工厂
289	阿克苏永兴棉业有限责任公司	317	新疆鲁泰丰收棉业有限责任公司第一加工厂
290	阿克苏地区兴盛棉业有限责任公司	318	阿瓦提银花棉业有限责任公司
291	阿克苏市纵横棉业有限责任公司	319	阿瓦提禾源棉业有限公司
292	阿克苏地区永衡棉业有限责任公司	320	新疆华孚恒丰棉业有限公司九连棉花加工厂
293	阿克苏地区供销社兴农合作农场棉花加工厂	321	阿克苏溢达农业发展有限公司
294	阿克苏贝乐棉业有限公司	322	阿瓦提县农科院丰元科技有限责任公司
295	阿克苏地区百隆棉业有限责任公司	323	阿瓦提县天韵棉业有限责任公司
296	新和县佳利农业发展股份有限公司塔木托克拉克乡轧花厂	324	阿瓦提新雅棉业有限公司一厂
297	阿克苏地区天宇棉业有限责任公司	325	阿克苏渝棉农业有限公司
298	库车盛华棉业有限公司	326	中棉集团阿瓦提棉花产业化有限公司
299	阿克苏市潘氏棉业有限公司	327	阿瓦提县金泰棉业有限公司
300	阿克苏鑫牛棉业有限公司	328	阿瓦提县泰兴棉业有限公司
301	阿克苏华鹰农业科技发展有限公司第二轧花厂	329	新疆嘉圣华棉业有限公司
302	阿克苏地区金翔棉业有限责任公司	330	新疆华孚恒丰棉业有限公司棉花加工厂
303	新疆汇联棉花加工有限公司	331	阿瓦提县棉麻公司多浪棉花收购加工厂
304	库车利生棉业有限责任公司	332	阿瓦提新新棉业有限责任公司塔木托拉克棉花收购加工厂

续表

序号	企业名称	序号	企业名称
333	阿瓦提县新雅宏伟棉业有限公司	361	新疆腾丰棉花产业有限公司库车墩阔坦棉花加工厂
334	柯坪县汇隆棉业有限责任公司	362	库车县金朋棉业有限责任公司轧花厂
335	柯坪县金泰棉业有限公司	363	库车联发棉业有限公司
336	柯坪县海峰棉业有限责任公司	364	库车金鑫棉业有限公司
337	柯坪县兴丰棉业有限责任公司	365	库车永翔棉业有限责任公司
338	库车县白金棉花油脂加工有限责任公司	366	库车腾丰棉业有限公司库车县二八台棉花加工厂
339	库车县兴合棉花有限责任公司	367	库车东新棉业有限公司
340	库车天润棉业有限公司	368	沙雅富力棉花有限责任公司托依堡轧花厂
341	库车县白钻石棉花油脂加工有限责任公司	369	沙雅利华棉业有限公司古力巴克加工厂
342	库车腾联棉业有限公司库车英叶棉花加工厂	370	沙雅利华棉业有限公司红旗加工厂
343	库车中棉棉业科技有限公司	371	沙雅新垦棉花有限责任公司
344	库车县棉麻公司哈尼喀塔木轧花三厂	372	沙雅银花棉业有限责任公司
345	库车昊昆棉业有限公司	373	沙雅塔里木兴农棉花有限责任公司
346	库车县龟兹种业公司比西巴格轧花厂	374	新疆天玉丰收棉业有限公司
347	库车腾欣棉业有限公司库车棉花加工厂	375	沙雅国泰棉花有限公司
348	库车泰昌棉业有限公司	376	沙雅益康棉业有限公司红旗轧花厂
349	新疆腾丰棉花产业有限公司库车草湖棉花加工厂	377	沙雅正大棉业有限责任公司
350	库车县天富棉业有限公司	378	沙雅纵横棉花有限责任公司
351	库车腾宏丰棉业有限公司库车宏达棉花加工厂	379	沙雅县华瑞棉业有限责任公司
352	库车昆仑棉业有限公司	380	新疆沙雅白云商贸有限责任公司努尔巴格轧花厂
353	库车县恒丰棉业有限责任公司	381	新疆守信种业科技有限责任公司
354	库车县纵横棉业有限责任公司	382	沙雅守信棉业有限公司
355	库车银花棉业有限责任公司	383	新疆国泰棉业有限公司
356	库车县龟兹种业公司良种棉轧花厂	384	阿克苏溢达棉业有限公司
357	库车县白泉棉业有限责任公司	385	沙雅银泰棉业有限公司
358	阿克苏英达雅军垦农场棉业有限公司	386	新疆鸿力棉业有限公司海楼乡包孜墩轧花厂
359	库车新盛农牧有限责任公司轧花厂	387	沙雅恒洋棉业有限责任公司
360	新疆恺缌珈棉业有限责任公司	388	沙雅塔里木润城农牧有限责任公司监狱轧花厂

续表

序号	企业名称	序号	企业名称
389	沙雅新源棉业有限责任公司	415	新和县宏信棉业有限责任公司
390	沙雅益康棉业有限公司托依堡分公司	416	新和县宏信机采棉有限公司
391	沙雅县利华创新棉业有限公司	417	新和县凯程兴农机采棉有限公司
392	沙雅县利华创新棉业有限公司沙雅第二棉花加工厂	418	博湖宝丰棉业有限责任公司博斯腾湖棉花收购加工厂
393	新疆鸿力棉业有限公司盖孜库木轧花厂	419	博湖县桦峰棉业有限责任公司
394	沙雅利华棉业有限公司盖孜库木加工厂	420	和静冠农棉业有限责任公司
395	沙雅县利华创新棉业有限公司沙雅第三棉花加工厂	421	和硕县利华棉业有限责任公司
396	温宿县银丰棉业有限公司	422	新疆豫棉惠农农业发展有限公司库尔勒第一棉花加工厂
397	温宿银花棉业有限责任公司	423	新疆豫棉惠农农业发展有限公司库尔勒第二棉花加工厂
398	新疆金丰源种业股份有限公司良种棉加工二厂	424	新疆豫棉惠农农业发展有限公司库尔勒第三棉花加工厂
399	新和益新棉业有限公司	425	库尔勒市良种棉轧花厂
400	温宿博嘉棉业有限责任公司	426	库尔勒宝丰棉业有限责任公司
401	温宿信泰棉业有限责任公司	427	库尔勒鑫福棉业有限责任公司
402	温宿县银利棉业有限公司	428	新疆维吾尔自治区国家农作物原种场库尔勒哈拉苏轧花厂
403	阿克苏大草原棉业有限公司	429	巴州正圣棉业有限公司
404	新疆金丰源种业股份有限公司良种棉加工一厂	430	新疆利华棉业股份有限公司第一棉花加工厂
405	阿克苏天玉种业有限公司原（良）种棉加工厂	431	新疆银通棉业有限公司库尔勒轧花厂
406	中棉集团新和棉业有限公司	432	库尔勒市银翔棉业有限公司
407	阿克苏丰盛棉花加工厂	433	库尔勒顺盛棉业有限责任公司
408	新和县永红有限责任公司棉花加工厂	434	新疆银通棉业有限公司哈拉玉宫轧花厂
409	新疆桑塔木种业股份有限公司良种棉轧花厂	435	新疆国家棉花原原种繁殖基地库尔勒市阿瓦提乡轧花厂
410	新和金泰实业有限公司	436	库尔勒包头湖棉花加工有限责任公司
411	新疆益康集团有限责任公司轧花厂	437	巴州万和棉业有限公司
412	新和县嘉丰棉业有限公司	438	巴州冠农库尔楚棉业有限公司
413	新和县永红有限责任公司玉奇喀特乡棉花加工厂	439	巴州恒熙棉业有限公司
414	新和银花棉业有限责任公司	440	巴州德润商贸有限公司普惠棉花加工厂

续表

序号	企业名称	序号	企业名称
441	巴州德福农贸有限责任公司	470	尉犁县众望纺织有限公司
442	新疆利华棉业股份有限公司第二棉花加工厂	471	巴州亿成棉业有限公司
443	新疆利华棉业股份有限公司第三棉花加工厂	472	中棉集团巴州棉业有限公司
444	新疆利华棉业股份有限公司第四棉花加工厂	473	巴州恒通棉业有限公司
445	新疆利华棉业股份有限公司第五棉花加工厂	474	新疆千棉棉业有限责任公司
446	库尔勒惠祥棉种有限公司	475	尉犁县中良棉业有限责任公司
447	新疆西部汇通棉业有限公司	476	尉犁县罗布淖尔国有资产投资有限公司塔里木棉花收购站
448	巴州尉杨棉业有限公司	477	尉犁县诸旺农牧业有限公司
449	巴州鸿泰棉业有限公司轧花二厂	478	尉犁县九九棉业有限公司
450	轮台鸿泰种业有限公司草湖乡棉花收购站	479	尉犁泰富棉业有限公司
451	巴州鸿泰棉业有限公司野云沟棉花收购站	480	巴州泰昌农业开发有限公司轧花厂
452	轮台县家家旺棉业有限责任公司	481	新疆承天种业科技股份有限公司
453	轮台县远江农工贸有限责任公司棉花加工厂	482	尉犁县瑞华棉业有限责任公司
454	轮台县塔河棉业有限责任公司	483	尉犁县棉麻公司琼库勒收购站
455	轮台县永盛棉花工贸有限责任公司	484	巴州孔雀棉业有限责任公司
456	巴州鸿泰棉业有限公司轧花一厂	485	巴州迈思创棉业有限公司
457	巴州鸿泰棉业有限公司轧花四厂	486	尉犁兴平棉业有限责任公司
458	轮台县银恒棉业有限公司	487	尉犁县林丰棉业有限公司
459	轮台鸿泰种业有限公司原种棉轧花厂	488	巴州顺泰棉业有限责任公司
460	巴州鸿泰棉业有限公司轧花三厂	489	尉犁县中良棉业有限责任公司库尔勒分厂
461	新疆国欣种业有限公司	490	尉犁县恒裕商贸有限公司
462	且末县昆仑棉业有限责任公司棉花加工一厂	491	和田银丰棉业有限责任公司
463	且末县新垦棉业有限责任公司	492	和田天王纺织有限公司
464	且末县昆仑棉业有限责任公司棉花加工二厂	493	和田县银河棉业有限责任公司
465	且末县昆仑棉业有限责任公司棉花加工三厂	494	和田县白金棉业有限公司
466	巴州宏业统其克棉花加工有限公司	495	新疆棉花产业（集团）巴楚棉业有限责任公司英吾斯坦轧花厂
467	巴州天华种业有限责任公司	496	巴楚县汇富棉业有限公司
468	巴州富德纺织有限责任公司	497	巴楚县银信棉纺有限公司
469	尉犁县全俊棉业有限公司	498	新疆棉花产业（集团）巴楚棉业有限责任公司恰瓦克轧花厂

续表

序号	企业名称	序号	企业名称
499	新疆棉花产业（集团）巴楚棉业有限责任公司唐巴扎轧花厂	521	新疆棉花产业集团伽师棉业有限公司米夏乡轧花厂
500	新疆棉花产业（集团）巴楚棉业有限责任公司群库恰克轧花厂	522	新疆棉花产业集团伽师棉业有限公司玉代克力克乡轧花厂
501	新疆棉花产业（集团）巴楚棉业有限责任公司阿拉根轧花厂	523	伽师县银丰棉花有限责任公司
502	巴楚县良种轧花厂（有限公司）三厂	524	新疆棉花产业集团伽师棉业有限公司县城轧花厂
503	巴楚县良种轧花厂（有限公司）	525	新疆棉花产业集团伽师棉业有限公司和夏瓦提乡轧花厂
504	巴楚县银鑫良种棉有限责任公司	526	新疆棉花产业集团伽师棉业有限公司夏普吐勒乡轧花厂
505	新疆棉花产业（集团）巴楚棉业有限责任公司下马力轧花厂	527	喀什广新纺织股份有限公司
506	新疆棉花产业（集团）巴楚棉业有限责任公司色力布亚轧花厂	528	伽师新雅棉业有限公司
507	巴楚县光大棉业有限责任公司	529	新疆棉花产业集团伽师棉业有限公司克孜勒苏乡轧花厂
508	巴楚县康顺棉业有限责任公司	530	伽师县中加棉业有限公司
509	巴楚县鑫鹏棉业有限责任公司	531	喀什实信棉业有限责任公司
510	新疆润孚棉业有限公司	532	喀什永泰现代农业开发有限公司
511	新疆棉花产业（集团）巴楚棉业有限责任公司阿瓦提轧花厂	533	喀什新粤纺织有限公司
512	巴楚县裕华棉业有限公司	534	新疆前海泽农棉业股份有限公司
513	巴楚县金谷棉业有限公司	535	新疆棉花产业（集团）麦盖提棉业有限责任公司尕孜库勒轧花厂
514	巴楚县华联棉业有限责任公司	536	麦盖提县机采棉加工厂有限公司
515	巴楚县冠农棉业有限责任公司	537	麦盖提县博锦农业发展有限公司
516	巴楚县德昌棉业有限公司	538	新疆棉花产业（集团）麦盖提棉业有限责任公司吐曼塔勒轧花厂
517	巴楚县利鑫强棉业有限公司	539	新疆棉花产业（集团）麦盖提棉业有限责任公司希依提墩轧花厂
518	新疆棉花产业集团伽师棉业有限公司卧里托呼拉克乡轧花厂	540	新疆棉花产业（集团）麦盖提棉业有限责任公司央塔克轧花厂
519	喀什伽师金诚棉业有限公司	541	新疆棉花产业（集团）麦盖提棉业有限责任公司县城轧花厂
520	新疆棉花产业集团伽师棉业有限公司古勒鲁克乡轧花厂	542	新疆棉花产业（集团）麦盖提棉业有限责任公司克孜勒阿瓦提轧花厂

续表

序号	企业名称	序号	企业名称
543	新疆棉花产业（集团）麦盖提棉业有限责任公司库尔玛轧花厂	565	新疆棉花产业（集团）莎车棉业有限责任公司再热甫夏提轧花厂
544	麦盖提良种棉业有限公司	566	莎车县新龙棉业有限责任公司
545	麦盖提九九棉业有限公司	567	莎车县叶尔羌棉业有限责任公司
546	喀什新花棉业有限公司	568	莎车县良种场轧花厂
547	喀什金盛棉业有限责任公司	569	莎车县叶尔羌棉业有限责任公司二厂
548	喀什水控棉业有限公司	570	新疆棉花产业（集团）莎车棉业有限责任公司阿拉买提轧花厂
549	麦盖提县宏丰棉业有限公司	571	新疆棉花产业（集团）莎车棉业有限责任公司阿扎提巴格轧花厂
550	喀什星宇农业开发有限公司	572	新疆棉花产业（集团）莎车棉业有限责任公司巴格阿瓦提轧花厂
551	喀什中利农业开发有限公司	573	新疆棉花产业（集团）莎车棉业有限责任公司恰热克轧花厂
552	伽师县皖新棉业有限责任公司	574	莎车县中加棉业有限公司
553	麦盖提县浩丰实业有限公司	575	莎车县叶尔羌叶河棉业有限责任公司
554	新疆棉花产业（集团）莎车棉业有限责任公司伯什坎轧花厂	576	莎车县昆仑棉业有限责任公司
555	莎车华丰棉业有限公司	577	莎车县银絮棉业有限责任公司
556	新疆棉花产业集团英夏尔棉业有限公司英尔力克乡轧花厂	578	新疆棉花产业（集团）疏附棉业有限责任公司栏杆轧花厂
557	新疆棉花产业集团英夏尔棉业有限公司牙甫泉镇轧花厂	579	喀什利明棉业有限公司
558	新疆棉花产业（集团）莎车棉业有限责任公司阿瓦提轧花厂	580	疏勒县润丰棉业有限公司
559	新疆棉花产业（集团）莎车棉业有限责任公司艾力西湖轧花厂	581	疏勒县忠兴棉业有限公司
560	新疆棉花产业（集团）莎车棉业有限责任公司阿斯兰巴格轧花厂	582	新疆棉花产业集团英夏尔棉业有限公司城区轧花厂
561	新疆棉花产业（集团）莎车棉业有限责任公司吾达力克轧花厂	583	新疆棉花产业（集团）叶城棉业有限责任公司零公里轧花厂
562	新疆棉花产业（集团）莎车棉业有限责任公司依干其轧花厂	584	新疆棉花产业（集团）叶城棉业有限责任公司江格勒斯轧花厂
563	新疆棉花产业（集团）莎车棉业有限责任公司依什库力轧花厂	585	喀什丝绸棉业有限公司
564	新疆棉花产业（集团）莎车棉业有限责任公司荒地轧花厂	586	新疆棉花产业（集团）叶城棉业有限责任公司库其轧花厂

续表

序号	企业名称	序号	企业名称
587	叶城县兵棉棉业有限公司	612	阿克陶县金泰棉业有限公司
588	英吉沙县棉麻公司克孜勒加工厂	613	阿克陶县盛丰棉业有限责任公司
589	英吉沙县棉麻公司芒申加工厂	614	阿克陶县鲁丰棉业有限责任公司
590	新疆棉花产业集团岳普湖棉业有限公司下巴扎乡轧花厂	615	新疆阿图什金泉商贸有限责任公司阿克陶县轧花厂
591	喀什富新棉业有限公司	616	阿克陶县新陆棉业有限公司
592	岳普湖县兵棉棉业有限公司	617	克州宏健棉业有限责任公司
593	喀什君丰农业发展有限公司	618	阿克陶县托塔依农场轧花厂
594	新疆棉花产业集团岳普湖棉业有限公司阿其克乡轧花厂	619	阿克陶县天人棉业有限责任公司
595	新疆棉花产业集团岳普湖棉业有限公司铁力木乡轧花厂	620	阿克陶县昌盛棉业有限责任公司
596	新疆棉花产业集团岳普湖棉业有限公司县城轧花厂	621	阿克陶县盛丰棉业有限责任公司第二轧花厂
597	新疆棉花产业集团岳普湖棉业有限公司绿洲轧花厂	622	阿克陶县恒丰棉麻有限公司轧花厂
598	岳普湖震源棉业有限公司	623	克州富民棉业有限公司
599	新疆棉花产业集团岳普湖棉业有限公司巴依瓦提轧花厂	624	克州百川棉业有限责任公司
600	喀什正阳纺织有限公司	625	阿图什市海纳棉业有限公司
601	新疆慕峰家纺有限公司	626	中棉集团克州棉业有限公司
602	岳普湖县良种棉轧花厂	627	阿图什市供销合作社联合社棉麻公司
603	喀什银利农业开发有限公司	628	克州建名棉业有限责任公司
604	岳普湖县双泓机采棉有限公司	629	中棉集团尉犁棉业有限公司
605	新疆棉花产业集团泽普棉业有限公司阿克塔木乡轧花厂	630	铁门关永瑞供销有限公司巴州棉麻二分公司
606	新疆棉花产业集团泽普棉业有限公司依玛乡轧花厂	631	巴州冠农棉业有限责任公司普惠轧花厂
607	新疆棉花产业集团泽普棉业有限公司古鲁巴格乡轧花厂	632	农二师群克棉业有限公司
608	泽普县富强棉业有限责任公司	633	尉犁银丰棉业有限公司
609	新疆棉花产业集团泽普棉业有限公司阿依库勒乡轧花厂	634	巴州冠农十八团渠棉业有限责任公司
610	阿克陶县恒丰棉麻有限公司	635	且末县昆山棉业有限公司
611	阿克陶县昌隆棉业有限公司	636	尉犁县银莱棉业有限公司

续表

序号	企业名称	序号	企业名称
637	新疆生产建设兵团第二师万佳棉业有限责任公司		建设兵团 127 家
638	新疆前海惠农生物科技股份有限公司	1	阿拉尔市鹏锦棉业有限责任公司
639	新疆前海新农棉业股份有限公司	2	阿拉尔市鹏远棉业有限责任公司
640	新疆前海益农棉业股份有限公司	3	阿拉尔市金银川镇金鹏棉业有限公司
641	新疆前海利农棉业股份有限公司	4	阿拉尔市鹏海棉业有限责任公司
642	莎车县三得利棉业有限责任公司	5	阿拉尔市鹏创棉业有限责任公司
643	奎屯创锦棉业有限公司	6	阿拉尔市鹏坤棉业有限责任公司
644	新疆博赛银丰棉业有限公司	7	阿拉尔市鹏发棉业有限责任公司
645	新疆生产建设兵团农五师种棉加工厂	8	阿拉尔市鹏硕棉业有限责任公司
646	沙湾县新赛棉业有限责任公司	9	阿拉尔市鹏盛棉业有限责任公司
647	新疆新赛精纺有限公司	10	新疆塔里木河种业股份有限公司金银川分公司
648	农五师师直棉花加工厂	11	阿拉尔市鹏岗棉业有限责任公司
649	麦盖提县邦顺棉业有限公司	12	阿拉尔市鹏运棉业有限责任公司
650	奎屯顺裕棉业有限公司	13	阿拉尔市鹏达棉业有限责任公司
651	呼图壁县宏盛棉业有限公司	14	新疆银徕通实业有限公司
652	新疆生产建设兵团第十三师立亨棉业有限公司	15	新疆塔里木河种业股份有限公司阿拉尔分公司
653	哈密市银华棉业有限责任公司	16	新疆生产建设兵团农一师一团沙井子民族农场
654	哈密市银盛棉业有限责任公司	17	阿拉尔农一师棉麻鹏飞棉业有限责任公司
655	新疆天之隆农业科技有限公司棉花加工厂	18	新疆蓝泊湾棉业有限责任公司
656	新疆生产建设兵团第十三师天元供销（集团）有限公司棉花加工厂	19	铁门关永瑞供销有限公司吾瓦一厂
657	阿拉尔市天绒棉业有限责任公司	20	铁门关永瑞供销有限公司双丰一厂
658	新疆生产建设兵团棉麻有限公司库尔勒轧花厂	21	巴州亿博棉业有限公司
659	伽师县兵棉棉业有限公司	22	铁门关永瑞供销有限公司尉犁县蒲昌一厂
660	新疆三丰棉业有限公司	23	铁门关永瑞供销有限公司尉犁县蒲昌二厂
661	昌吉金西域棉业有限责任公司玛纳斯县分公司	24	铁门关永瑞供销有限公司尉犁县乌鲁克二厂
662	哈密市兵棉棉业有限公司	25	铁门关永瑞供销有限公司尉犁县英库勒一厂
663	沙雅宏信棉花有限责任公司	26	铁门关永瑞供销有限公司尉犁县乌鲁克一厂
664	阿克苏锦阿棉业有限责任公司	27	巴州冠农棉业有限责任公司
		28	铁门关永瑞供销有限公司吾瓦二厂

续表

序号	企业名称	序号	企业名称
29	铁门关永瑞供销有限公司双丰二厂	58	新疆准噶尔棉麻有限公司一〇二团分公司
30	铁门关永瑞供销有限公司尉犁县卡拉厂	59	新疆准噶尔棉麻有限公司新湖一场分公司
31	铁门关市丰润棉业有限公司	60	新疆准噶尔棉麻有限公司枣园分公司
32	铁门关永瑞供销有限公司尉犁县英库勒二厂	61	新疆准噶尔棉麻有限公司芳草湖二场分公司
33	图木舒克市四十四团中心团场齐干却勒加工厂	62	新疆准噶尔棉麻有限公司芳草湖六场分公司
34	图木舒克市五十三团综合加工厂	63	新疆准噶尔棉麻有限公司共青团分公司
35	图木舒克市准噶尔棉业有限公司	64	新疆准噶尔棉麻有限公司新湖二场分公司
36	新疆生产建设兵团第三师四十二团加工厂	65	新疆准噶尔棉麻有限公司新湖六场分公司
37	第三师四十五团综合加工一厂	66	新疆准噶尔棉麻有限公司一〇六团分公司
38	新疆生产建设兵团伽师总场综合加工厂	67	新疆准噶尔棉麻有限公司芳草湖一场分公司
39	图木舒克市四十九团综合加工厂	68	新疆准噶尔棉麻有限公司芳草湖三场分公司
40	第三师四十五团轧花二厂	69	新疆准噶尔棉麻有限公司芳草湖五场分公司
41	图木舒克市五十一团综合加工厂	70	新疆芳草湖准噶尔棉业有限责任公司
42	新疆丰达农业有限公司	71	新疆鹏飞棉业有限公司
43	可克达拉市榆树庄子棉花加工厂	72	阜康市六运湖天山棉业有限公司
44	可克达拉市六十四团苇湖棉花加工厂	73	玛纳斯县旺隆农业开发有限公司
45	可克达拉市六十七团洪海棉花加工厂	74	玛纳斯县鑫裕棉业有限公司
46	双河市新赛博汇农业发展有限公司	75	新疆准噶尔棉麻有限公司新湖七场分公司
47	新疆生产建设兵团第五师八十三团场轧花厂一分厂	76	新疆准噶尔棉麻有限公司新湖四场分公司
48	新疆生产建设兵团农五师八十五团轧花厂	77	车排子农工商联合企业总公司加工厂
49	农五师八十六团综合加工厂	78	农七师柳沟总场加工厂
50	新疆生产建设兵团第五师八十九团	79	新疆锦棉棉业股份有限公司高泉棉花加工厂
51	新疆生产建设兵团第五师九十团	80	农七师前山总场综合加工厂
52	新疆生产建设兵团第五师九十一团轧花厂	81	奎屯锦垦棉业有限公司
53	新疆生产建设兵团第五师八十二团联合加工厂	82	农七师科克兰木总场加工厂
54	新疆准噶尔棉麻有限公司新湖三场分公司	83	克拉玛依市共青镇农工商联合企业总公司加工厂
55	新疆准噶尔棉麻有限公司一〇三团分公司	84	新疆克拉玛依市五五农工商联合企业总公司棉花加工厂
56	新疆准噶尔棉麻有限公司芳草湖四场分公司	85	新疆锦棉种业科技股份有限公司良种加工二厂
57	新疆准噶尔棉麻有限公司一〇五团分公司	86	农七师苏兴滩总场加工厂

续表

序号	企业名称	序号	企业名称
87	奎屯豫润棉业有限公司	116	石河子开发区华丰棉业有限责任公司
88	克拉玛依市乌尔禾区锦宏棉业有限公司	117	新疆银力棉业股份有限公司第一加工厂
89	新疆奎屯云森纺织有限公司	118	石河子市都邦天云棉业有限公司
90	新疆明瑞棉业有限公司	119	石河子市鸿福棉业有限公司
91	克拉玛依市杰鑫棉花加工厂	120	石河子开发区德威立业工贸有限责任公司基地轧花厂
92	奎屯锦姿棉业有限公司	121	哈密银天棉业有限责任公司
93	奎屯惠民棉业有限公司	122	新疆屯南圣洁棉麻有限公司
94	石河子市银康棉业有限公司	123	哈密市鑫棉棉业有限责任公司
95	石河子市银泽棉业有限公司	124	哈密市银顺棉业有限责任公司
96	石河子市银北棉业有限公司	125	哈密花乡棉业有限责任公司
97	石河子市银耀棉业有限公司	126	哈密花乡棉业有限责任公司黄田棉花加工厂
98	石河子市银宏棉业有限公司	127	哈密市鑫棉棉业有限责任公司二牧场棉花加工厂
99	石河子市银恒棉业有限公司		安徽 6 家
100	石河子市银硕棉业有限公司	1	东至县金湖工贸有限责任公司
101	石河子市银宝棉业有限公司	2	安徽白云棉业股份有限公司
102	石河子市银安棉业有限公司	3	宿松县松厦棉花有限公司
103	石河子市银鹏棉业有限公司	4	安庆市清怡良种轧花有限责任公司
104	石河子市银旭棉业有限公司	5	望江县宇洁纺织有限公司
105	石河子市银冠棉业有限公司	6	无为县华龙棉业有限公司
106	石河子市银鼎棉业有限公司		甘肃 14 家
107	石河子市银畅棉业有限公司	1	甘肃省敦煌种业股份有限公司瓜州优质棉种繁育加工厂
108	石河子市银沙棉业有限公司	2	瓜州县常鸿棉业有限责任公司
109	石河子市石城棉业有限责任公司	3	瓜州县广源农业开发有限责任公司
110	石河子市富银棉业有限公司	4	瓜州县长兴棉业有限责任公司
111	石河子开发区银祥棉业有限责任公司	5	敦煌市莫高棉业有限公司
112	石河子新安棉花加工厂	6	敦煌联友棉业有限责任公司
113	克拉玛依市银晓棉业有限公司	7	敦煌市飞天棉业有限责任公司
114	石河子市农丰良种棉脱棉加工有限公司	8	金塔县金举棉业有限公司
115	石河子市宏兴和棉业有限公司	9	敦煌富民棉业有限责任公司

续表

序号	企业名称	序号	企业名称
10	瓜州银地棉业有限公司	25	威县全财棉业有限公司
11	瓜州县六工棉业有限责任公司	26	广宗县顺兴棉业有限公司
12	瓜州县张氏农业综合开发有限责任公司	27	蕴德棉业有限公司
13	敦煌市银盛棉业有限公司	28	威县腾达棉业有限责任公司
14	瓜州县常捷棉业有限责任公司	29	威县巨久棉业有限公司
河北 45 家		30	威县银海棉业有限责任公司
1	东光县金源棉业有限公司	31	广宗县银海棉花加工厂
2	东光县兴业棉业有限公司	32	河北宁达棉花加工有限公司
3	东光县银瑞棉业有限公司	33	威县四通棉业有限公司
4	东光县玉洁棉业有限公司	34	临西县恒生棉花加工厂
5	东光县银利棉业有限公司	35	威县国龙棉业有限公司
6	东光县聚兴棉业有限公司	36	广宗县昌泰棉业有限公司
7	沧州优胜棉业有限公司	37	邢台市大曹庄管理区天和棉业有限公司
8	南皮华宇棉业有限公司	38	威县西环棉业有限公司
9	东光县裕丰棉业有限公司	39	威县西街棉业有限公司
10	吴桥县梁集镇龙腾棉花加工厂	40	河北腾盛棉业有限责任公司
11	东光县嘉汇棉业有限公司	41	广宗县东兴棉花加工厂
12	东光县华兴纺织有限责任公司宏业分公司	42	河北德博棉业有限公司
13	邱县瑞丰棉花加工厂	43	广宗县华海棉业有限公司
14	邱县永兴棉花加工厂	44	广宗县荆寨棉花加工厂
15	河北鑫强棉业有限公司	45	河北久旺棉业有限公司
16	邱县和润棉业有限公司	河南 1 家	
17	河北龙兴棉纺织印染有限公司	1	新野县华腾棉业有限公司
18	衡水市三益农产品有限公司	湖北 5 家	
19	故城县恒裕棉业有限公司	1	黄梅县高华棉业有限责任公司
20	衡水市聚强棉业有限公司	2	黄冈和泰棉业有限公司
21	故城县融润棉业有限公司	3	荆州市华盛棉业有限公司
22	故城县银沙棉业有限公司	4	湖北顺和棉业有限公司
23	河北德宏棉业有限公司	5	仙桃市银基棉业有限公司
24	威县裕华棉业有限责任公司		

续表

序号	企业名称	序号	企业名称
江苏 1 家		28	夏津县旺盛皮棉经营有限公司
1	江苏华星轧花油脂有限公司	29	夏津县宏丰棉业有限公司
山东 100 家		30	武城县星海棉业有限公司
1	滨州市泽兴棉业有限公司	31	武城县龙强棉业有限公司
2	阳信县润田棉业有限公司	32	武城县吉兴棉业有限公司
3	山东省惠民县聚鑫棉业有限责任公司	33	武城县广发棉业有限公司
4	博兴县嘉禾棉业有限公司	34	武城县金亿棉业有限公司
5	山东省博兴县宏润棉业有限公司	35	武城县鑫兴棉业有限公司
6	山东省博兴县德鑫棉业有限公司	36	广饶县鲁饶棉业有限公司
7	博兴县昌盛棉业有限公司	37	利津海盛工贸有限责任公司
8	山东省博兴县华茂棉业有限公司	38	广饶县华源工贸有限责任公司
9	滨州鑫源棉花加工有限公司	39	利津县鑫泽棉业有限公司
10	惠民县富国棉业有限公司	40	东营市瑞丰油棉加工有限责任公司
11	惠民县瑞银棉业有限公司	41	东营市富源棉业有限公司
12	无棣德海纺织有限公司	42	东营市庚泰棉业有限公司
13	山东顺鑫棉业有限公司	43	广饶县胜源工贸有限责任公司
14	滨州市恒昌棉业有限公司	44	利津振山棉油有限公司
15	巨野县立宇棉业有限公司	45	高唐昊宇棉业有限公司
16	沾化恒盛棉业有限公司	46	东营市华茂棉花收购有限公司
17	无棣华胜棉业有限公司	47	利津县棉花良种加工服务站
18	邹平县东岳棉业有限公司	48	广饶县华能油棉加工有限公司
19	武城县瑞金棉业有限公司	49	东营市德瑞源棉业有限公司
20	武城县發洋棉业有限公司	50	广饶县天鑫棉业有限公司
21	武城县天宏棉业有限公司	51	东营市艾维格谷物有限公司
22	武城县杨庄供销社棉花加工厂	52	利津县久翔农副产品有限公司
23	德州新明棉业有限公司	53	东营三益棉业有限公司
24	武城县银海棉花加工厂	54	巨野县泰金棉业有限公司
25	武城县银恒棉业有限公司	55	巨野县文媛棉业有限公司
26	武城县第九棉花加工厂	56	巨野县恒和棉业有限公司
27	武城县厚丰棉业有限公司	57	成武县鑫隆棉业有限公司

续表

序号	企业名称	序号	企业名称
58	成武县大田集供销专业合作社	84	金乡县恒创棉业股份有限公司
59	成武县新鲁棉棉业有限公司	85	济宁锦花商贸股份有限公司
60	巨野县国丰棉业有限公司	86	金乡县银星农贸有限公司
61	山东瑞星棉业有限公司	87	济宁市众鑫棉纺织品有限公司
62	成武县东仁棉业有限公司	88	金乡县泰升棉业有限公司
63	巨野祥和棉业有限公司	89	金乡县华星棉业有限公司
64	菏泽中泰棉业有限公司	90	金乡县顺源棉业有限公司
65	巨野县金秋棉花有限公司	91	济宁市明源棉业有限公司
66	成武县海韵棉业有限公司	92	金乡县泰鑫棉业有限公司
67	巨野县振烨棉业有限公司	93	金乡县东信棉业有限公司
68	成武县晨翔棉业有限公司	94	高唐县晟泽棉业有限公司
69	巨野县宏兴棉业有限责任公司	95	山东智德纺织有限公司
70	巨野县鑫原棉花加工有限公司	96	高唐县永恒棉业有限公司
71	夏津县银东弘润棉业有限公司	97	高唐县鑫洲棉业有限公司
72	济宁市利民棉纺织股份有限公司	98	高唐县利源棉业有限公司
73	金乡县谦源棉业有限公司	99	高唐县庆丰棉绒加工有限公司
74	金乡县霍古商贸有限公司	100	高唐县恒瑞源棉业有限公司
75	金乡县鑫东棉业有限公司	天津 8 家	
76	金乡县银利农贸有限公司	1	天津市宁河县金裕棉花加工有限公司
77	金乡县众鑫商贸有限公司	2	天津永泰棉业有限公司
78	金乡县威哥农贸有限公司	3	天津市宁河县福东棉业有限公司
79	金乡县金昊源农贸有限公司	4	天津市宁河县凤顺棉业有限公司
80	金乡县宏大棉业有限公司	5	天津市宁河县聚源达棉业有限公司
81	金乡县东方棉业有限公司	6	天津旺盛达棉业有限公司
82	金乡县银海商贸有限公司	7	天津市瑾虹棉业有限公司

图书在版编目（CIP）数据

中国棉花年鉴．2018/2019 / 中储棉花信息中心有限公司编．-- 北京：中译出版社，2020.9

ISBN 978-7-5001-6336-7

Ⅰ．①中… Ⅱ．①中… Ⅲ．①棉花—作物经济—中国—2018-2019—年鉴 Ⅳ．① F326.12-54

中国版本图书馆 CIP 数据核字（2020）第 153392 号

出版发行 / 中译出版社
地　　址 / 北京市西城区车公庄大街甲 4 号物华大厦 6 层
电　　话 /（010）68359376，68359827（发行部）　68359719（编辑部）
传　　真 /（010）68357870
邮　　编 / 100044
电子邮箱 / book@ctph.com.cn
网　　址 / http://www.ctph.com.cn

责任编辑 / 张　旭
封面设计 / 魏　倩

排　　版 / 冯　兴
印　　刷 / 北京玺诚印务有限公司
经　　销 / 新华书店

规　　格 / 880 毫米 ×1230 毫米　1/16
印　　张 / 18.5
字　　数 / 442 千字
版　　次 / 2020 年 9 月第一版
印　　次 / 2020 年 9 月第一次

ISBN 978-7-5001-6336-7　　**定价：**480.00 元